D1561206

Anne Buscha ▪ Szilvia Szita

SPEKTRUM DEUTSCH A2+

Integriertes Kurs- und Arbeitsbuch für Deutsch als Fremdsprache

Sprachniveau A2+

Teilband 2

Mit Zeichnungen von Jean-Marc Deltorn

SCHUBERT Verlag

Digitale Zusatzmaterialien

Audio-App

Zur Wiedergabe der zum Buch gehörenden Audiomaterialien auf dem Smartphone oder Tablet.

App „Wort+Satz“

Zum abwechslungsreichen Wortschatztraining für unterwegs mit dem Android-Smartphone.

Jetzt auch für iOS!

Apps und alle weiteren digitalen Zusatzmaterialien sowie Aufgaben und Übungen unter:
www.schubert-verlag.de/spektrum.a2.dazu.php

Das vorliegende Lehrwerk beinhaltet Hörübungen.

2 02 Hörtext (z. B. Teilband 2, Nr. 2)

Die Hörmaterialien sind mit unserer Audio-App oder auf unserer Website abrufbar.

Zeichnungen: Jean-Marc Deltorn
Verlagsredaktion: Albrecht Klemm
Layout und Satz: Diana Liebers

Die Hörtexte wurden gesprochen von:
Burkhard Behnke, Claudia Gräf, Susanne Prager, Axel Thielmann

© SCHUBERT-Verlag, Leipzig
1. Auflage 2018
Alle Rechte vorbehalten
Printed in Germany
ISBN: 978-3-941323-39-1

Inhaltsverzeichnis

Teilband 1

1 Was man so macht 9
- Vertiefungsteil 23
- Übersichten 27
- Abschlusstest 30

2 Ausflugsziele 31
- Vertiefungsteil 43
- Übersichten 47
- Abschlusstest 50

3 Essen mit Genuss 51
- Vertiefungsteil 65
- Übersichten 69
- Abschlusstest 72

4 Im Büro 73
- Vertiefungsteil 85
- Übersichten 89
- Abschlusstest 92

5 Tagesablauf und Ausbildung 93
- Vertiefungsteil 107
- Übersichten 111
- Abschlusstest 114

6 Was uns glücklich macht 115
- Vertiefungsteil 129
- Übersichten 133
- Abschlusstest 136

Anhang
- Lösungen IX
- Quellen XX

Teilband 2

Kursübersicht IV
Vorwort VIII

7 Sprachen und Reisen 137
- Vertiefungsteil 149
- Übersichten 153
- Abschlusstest 156

8 Medien und Politik 157
- Vertiefungsteil 171
- Übersichten 175
- Abschlusstest 178

9 Ideen und Produkte 179
- Vertiefungsteil 191
- Übersichten 195
- Abschlusstest 198

10 Fit und gesund 199
- Vertiefungsteil 213
- Übersichten 217
- Abschlusstest 220

11 Städte und Wohnungen 221
- Vertiefungsteil 235
- Übersichten 239
- Abschlusstest 242

12 Feste und Festivals 243
- Vertiefungsteil 253
- Übersichten 262
- Abschlusstest 264

Anhang
- Übungstest *Goethe-Zertifikat A2* 265
- Übersicht zu den Strukturen 275
- Lösungen IX
- Quellen XX

Was man so macht 9

Sprachhandlungen und Lernziele
▪ Sich und andere Personen vorstellen ▪ Einige Berufe und berufliche Tätigkeiten nennen ▪ Alltagsaktivitäten beschreiben und darüber diskutieren ▪ Über Vorlieben, Fähigkeiten und Notwendigkeiten sprechen ▪ Berichte über Tätigkeiten verstehen ▪ Über Vergangenes berichten ▪ Informationen über Freizeitwünsche in Deutschland wiedergeben ▪ Eine E-Mail schreiben ▪ Nach Informationen fragen

Themen und Wortschatz
▪ Sich kennenlernen ▪ Berufe und berufliche Tätigkeiten ▪ Alltagsaktivitäten ▪ Freizeit und Freizeitwünsche

Strukturen
▪ Modalverben im Präsens ▪ Verben im Perfekt ▪ Zeitformen von *haben* und *sein* ▪ Satzbau

Aussprache
▪ Der Wortakzent bei Verben

Ausflugsziele 31

Sprachhandlungen und Lernziele
▪ Informationen und Berichte über Ausflugsziele verstehen ▪ Landschaften und Bauwerke benennen ▪ Über Ausflugsziele sprechen ▪ Angebote vergleichen ▪ Richtungen und Orte angeben ▪ Einen Ausflug planen und über einen Ausflug berichten ▪ Informationen am Telefon erfragen ▪ Einige Tiere benennen und über Tiere sprechen ▪ Ein Gedicht lesen

Themen und Wortschatz
▪ Ausflugsziele: Orte, Landschaften, Bauwerke ▪ Informationen bei der Touristeninformation ▪ Tiere

Strukturen
▪ Adjektive im Komparativ und Superlativ ▪ Vergleiche ▪ Genitiv der Nomen ▪ Lokale Präpositionen: Orts- und Richtungsangaben

Aussprache
▪ Der Wortakzent bei Komposita

Essen mit Genuss 51

Sprachhandlungen und Lernziele
▪ Über Lebensmittel und Ernährung sprechen ▪ Texte zum Thema Essen verstehen und wichtige Informationen wiedergeben ▪ Ein Einkaufsgespräch führen ▪ Tätigkeiten beim Kochen beschreiben ▪ Restaurants und Spezialitäten vorstellen ▪ Im Restaurant bestellen und etwas reklamieren ▪ Eine Postkarte schreiben

Themen und Wortschatz
▪ Lebensmittel und Ernährung ▪ Essen in Deutschland ▪ Einkaufen ▪ Köche und kochen ▪ Im Restaurant ▪ Kulinarische Spezialitäten

Strukturen
▪ Verben im Präteritum ▪ Modalverben im Präteritum ▪ Gebrauch der Zeitformen ▪ Deklination der Adjektive nach bestimmtem Artikel und ohne Artikel ▪ *Dass*-Sätze

Aussprache
▪ *e*-Laute

Im Büro 73

Sprachhandlungen und Lernziele
▪ Über Tätigkeiten im Büro berichten ▪ Einen Text über Büroarbeit verstehen ▪ Zeitangaben machen ▪ Über die eigene Zeitplanung sprechen ▪ Telefongespräche und Gespräche im Büro führen ▪ Termine vereinbaren oder verschieben ▪ Jemandem etwas ausrichten ▪ Fragen formulieren und beantworten ▪ Tipps für Geschäftsleute verstehen ▪ Über Umgangsformen im Heimatland berichten

Themen und Wortschatz
▪ Tätigkeiten im Büro ▪ Termine ▪ Telefongespräche ▪ Bürokommunikation ▪ Umgangsformen im Geschäftsleben

Strukturen
▪ Verben mit Dativ und Akkusativ ▪ Personalpronomen ▪ Temporale Präpositionen ▪ Datumsangaben ▪ Indirekte Fragen

Aussprache
▪ *f*-Laut und *w*-Laut

Tagesablauf und Ausbildung 93

Sprachhandlungen und Lernziele
▪ Tagesabläufe von Personen, Radiointerviews und einen Text über Schulen in Deutschland verstehen ▪ Über den eigenen Tagesablauf berichten ▪ Ein Interview führen und die Ergebnisse zusammenfassen ▪ Bedingungen formulieren ▪ Informationen über Berufe verstehen und über die eigene Ausbildung sprechen ▪ Informationen über ein Studium erfragen ▪ Eine E-Mail und eine SMS schreiben

Themen und Wortschatz
▪ Tagesablauf ▪ Schulzeit ▪ Schulen in Deutschland ▪ Ausbildungsberufe und Studiengänge ▪ Lebenslauf ▪ Studieren in Österreich

Strukturen
▪ Reflexive Verben ▪ Verben mit Präpositionen (1) ▪ Konditionale Nebensätze mit *wenn*

Aussprache
▪ Der *ang*-Laut

Was uns glücklich macht 115

Sprachhandlungen und Lernziele
▪ Texte zu den Themen Glück und Heiraten verstehen ▪ Eine Umfrage zum Thema Glück/Zufriedenheit durchführen ▪ Über die Familie und Familienfeste sprechen ▪ Gründe angeben ▪ Auf Einladungen reagieren und Glückwünsche formulieren ▪ Geschenke benennen ▪ Ein Verkaufsgespräch verstehen und führen ▪ Texte über berühmte Kaufhäuser verstehen ▪ Sich auf einen gemeinsamen Termin einigen

Themen und Wortschatz
▪ Zufriedenheit und Glücksfaktoren ▪ Familie ▪ Hochzeit ▪ Einladungen und Glückwünsche ▪ Geschenke und Produkte ▪ Kaufhäuser

Strukturen
▪ Verben mit Präpositionen (2) ▪ Unbestimmter Artikel ohne Nomen ▪ Kausale Nebensätze mit *weil* ▪ Stellung der Ergänzungen im Satz

Aussprache
▪ Die Laute [d] und [t]

7

Sprachen und Reisen 137

Sprachhandlungen und Lernziele
▪ Interviews zu den Kapitelthemen führen ▪ Gründe und Ziele zum Thema Sprachenlernen nennen ▪ Einen Bericht über ein Sprachgenie verstehen ▪ Tipps zum Sprachenlernen formulieren ▪ Über Reiseziele, Aktivitäten im Urlaub und Verkehrsmittel sprechen ▪ Verkehrsdurchsagen verstehen ▪ Eine Urlaubskarte schreiben ▪ Ein Gedicht lesen

Themen und Wortschatz
▪ Sprachen ▪ Sprachenlernen ▪ Urlaub und Reisen ▪ Länder ▪ Landschaft und Natur ▪ Verkehrsmittel und Verkehr

Strukturen
▪ Empfehlungen ▪ Deklination der Adjektive ▪ Genus der Länder ▪ Lokale Präpositionen ▪ Finale Nebensätze mit *damit*

Aussprache
▪ *r*-Laute

8

Medien und Politik 157

Sprachhandlungen und Lernziele
▪ Über die Nutzung von Medien sprechen ▪ Gleichzeitige Handlungen beschreiben ▪ Nachrichten und einen Text zum Thema Multitasking verstehen ▪ Über Fernsehen und beliebte Fernsehsendungen berichten und diskutieren ▪ Eine Entscheidung treffen und begründen ▪ Ein Interview zum Thema Nachrichten führen ▪ Aktuelle Ereignisse formulieren ▪ Einige Fakten über die deutsche Politik kennen

Themen und Wortschatz
▪ Mediennutzung ▪ Multitasking ▪ Fernsehen und Fernsehsendungen ▪ Aktuelles und Nachrichten ▪ Fakten über deutsche Politik

Strukturen
▪ Passiv Präsens ▪ Genus der Nomen ▪ Temporale Nebensätze mit *wenn* ▪ Nominalstrukturen

Aussprache
▪ Informationen zur Aussprache in Wörterbüchern

9

Ideen und Produkte 179

Sprachhandlungen und Lernziele
▪ Über Erfindungen, Produkte und Technik sprechen ▪ Lesetexte zu Erfindungen und einer Firmengeschichte verstehen ▪ Ein Verkaufsgespräch verstehen ▪ Etwas reklamieren ▪ Über den Nutzen neuer Geräte diskutieren ▪ Telefongespräche führen ▪ Höfliche Bitten formulieren ▪ Eine Firma präsentieren ▪ Vorgänge in der Vergangenheit beschreiben ▪ Eine schriftliche Empfehlung formulieren

Themen und Wortschatz
▪ Erfindungen ▪ Technik und Geräte ▪ Einkaufsgespräche ▪ Reklamation ▪ Telefonieren ▪ Firmen

Strukturen
▪ Passiv Präteritum ▪ Höfliche Fragen und Bitten (Konjunktiv II) ▪ Temporale Nebensätze mit *wenn* und *als*

Aussprache
▪ Höflich sprechen

10 Fit und gesund 199

Sprachhandlungen und Lernziele
▪ Über Sportarten und Sport sprechen ▪ Lesetexte zu den Themen Sport, Gesundheit und positives Denken verstehen ▪ Empfehlungen geben ▪ Über das Gesundheitssystem im Heimatland berichten ▪ Ein Gespräch im Büro verstehen ▪ Bedingungen, Gründe und Gegengründe formulieren ▪ Über Freude und Ärger sprechen ▪ Eine E-Mail an eine Freundin/einen Freund schreiben

Themen und Wortschatz
▪ Sport und Sportarten ▪ Bewegung und Gesundheit ▪ Körperteile ▪ Gesundheitssystem ▪ Positives Denken ▪ Gefühle

Strukturen
▪ Fragewörter bei Verben und Wendungen mit Präpositionen ▪ Infinitiv mit *zu* ▪ Konzessive Nebensätze mit *obwohl* ▪ Redepartikeln

Aussprache
▪ Satzmelodie

11 Städte und Wohnungen 221

Sprachhandlungen und Lernziele
▪ Über Städtereisen und das Fotografieren sprechen ▪ Texte über historische Städte verstehen und inhaltlich wiedergeben ▪ Eine Stadt präsentieren ▪ Über einen Ausflug diskutieren und höfliche Vorschläge unterbreiten ▪ Wohnungen und die Wohnumgebung beschreiben ▪ E-Mails an Freunde schreiben ▪ Orts- und Richtungsangaben formulieren ▪ Über Arbeiten in der Wohnung und über Nachbarn sprechen

Themen und Wortschatz
▪ Städtereisen ▪ Fotografieren ▪ Historische Städte ▪ Wohnen und Wohnungen ▪ Heimwerkertätigkeiten ▪ Nachbarn

Strukturen
▪ Indefinitpronomen ▪ Relativsätze ▪ Verben mit lokalen Ergänzungen ▪ Höfliche Vorschläge und Meinungsäußerungen (Konjunktiv II)

Aussprache
▪ Der *h*-Laut und Vokale am Wortanfang

12 Feste und Festivals 243

Sprachhandlungen und Lernziele
▪ Über Familienfeste im Heimatland und Geschenke sprechen ▪ Texte über Weihnachten inhaltlich wiedergeben ▪ Eine Weihnachtskarte schreiben ▪ Berichte über Volksfeste und ein Musikfestival verstehen ▪ Eine Auswahl treffen und begründen ▪ Über Festivals und Volksfeste berichten ▪ Interviews zu Kunst und Kultur führen ▪ Gemeinsam einen Termin finden ▪ Eine Einladung formulieren

Themen und Wortschatz
▪ Familienfeste ▪ Weihnachten ▪ Geschenke ▪ Volksfeste ▪ Musikfestivals ▪ Kunst und Kultur

Strukturen
▪ Kausale Hauptsätze mit *deshalb* ▪ Konzessive Hauptsätze mit *trotzdem* ▪ Gesamtwiederholung Strukturen

Aussprache
▪ Sprechmelodie in Fragen

Vorwort

Spektrum Deutsch A2⁺ ist ein modernes und kommunikatives Lehrwerk, das sich an erwachsene Lerner im In- und Ausland richtet.

Spektrum Deutsch A2⁺ orientiert sich sowohl an den Beschreibungen des Gemeinsamen Europäischen Referenzrahmens für Sprachen, Niveau A2, als auch an den Bedürfnissen erwachsener Lerner nach schnellen und erkennbaren Lernerfolgen. Das Lehrbuch bietet relevanten Wortschatz für Alltag, Beruf und Studium und entspricht damit den sprachlichen und intellektuellen Anforderungen erwachsener Lerner. Das Plus im Titel verweist darauf, dass der Inhalt des Buches in einigen Bereichen (z. B. im Wortschatz oder bei der Verwendung sprachlicher Strukturen) über die im Referenzrahmen beschriebenen Lernziele für A2 hinausgeht.

Die Integration von Kurs- und Arbeitsbuch sorgt für eine einfache und schnelle Orientierung und eine hohe Effizienz beim Lernen.

Spektrum Deutsch A2⁺ ist klar strukturiert und besteht aus **12 Kapiteln**. Jedes Kapitel enthält folgende Elemente:

- Der **Hauptteil** umfasst Lese- und Hörtexte, Aufgaben zur mündlichen und schriftlichen Kommunikation, Wortschatztraining, Übungen und Erläuterungen zu den Strukturen und Phonetikübungen. Hier werden grundlegende Fertigkeiten behandelt und trainiert.
- Der **Vertiefungsteil** bietet Übungen zu Wortschatz und Strukturen, die im Selbststudium bearbeitet werden können.
- Die **Übersichten** über wichtige Wörter und Wendungen, Verben im Kontext und die im Kapitel behandelten Strukturen dienen zur Wiederholung, Vertiefung und zum Nachschlagen.
- Mithilfe eines kleinen **Abschlusstests** kann am Ende jedes Kapitels der Lernerfolg selbstständig überprüft werden.

Die vorliegende Ausgabe von **Spektrum Deutsch A2⁺** besteht aus zwei Teilbänden mit jeweils **6 Kapiteln: Teilband 1** – Kapitel 1 bis 6; **Teilband 2** – Kapitel 7 bis 12.
Jeder Teilband enthält einen Anhang mit den Lösungen zu den Übungen. Teilband 2 beinhaltet außerdem einen Vorbereitungstest auf die Sprachprüfung *Goethe-Zertifikat A2* und eine zusammenfassende Übersicht der auf den Sprachniveaus A1 und A2 behandelten Strukturen.

Spektrum Deutsch A2⁺ beinhaltet zahlreiche Übungen zur Schulung des Hörverstehens. Die hierfür benötigten Audiodateien können Sie mit unserer Audio-App offline auf Ihrem Mobilgerät hören. Daneben stehen die Audiodateien auch online bereit.

Eine **Übersicht aller digitalen Zusatzmaterialen** zum Buch ist unter *www.schubert-verlag.de/spektrum.a2.dazu* zusammengestellt. Hier finden Sie alle Hörmaterialien zum Buch, Links zur **Audio-App** und zur **Wortschatz-App „Wort+Satz“**, Übersetzungen der Wörter und Wendungen am Kapitelende sowie einen Link zu weiterführenden Übungen in unserem Aufgabenportal *www.aufgaben.schubert-verlag.de*.

Wir wünschen Ihnen viel Freude beim Lernen und Lehren!

Anne Buscha und Szilvia Szita

Sprachen und Reisen

- Ein Interview zum Thema Sprachen und Sprachenlernen führen
- Gründe und Ziele für das Sprachenlernen benennen
- Einen Bericht über ein Sprachgenie und die Sprachenpolitik der Europäischen Union verstehen
- Tipps zum Sprachenlernen geben
- Über Reiseziele, Urlaubsplanung und Aktivitäten im Urlaub sprechen
- Ein Interview zum Thema Urlaub führen
- Informationen über Verkehrsmittel wiedergeben
- Über Vor- und Nachteile von Verkehrsmitteln sprechen
- Verkehrsdurchsagen verstehen
- Eine Urlaubskarte schreiben
- Ein Gedicht lesen

1 Interview: Sprachen

a Fragen Sie zwei Kursteilnehmer und notieren Sie die Antworten.

① Welche Sprachen sprechen Sie?

....

....

② Welche Fremdsprache sprechen Sie am besten? Wann/Wo haben Sie diese Sprache gelernt?

....

....

③ Hören Sie Musik lieber in Ihrer Muttersprache oder in anderen Sprachen?

....

....

④ Sehen Sie manche Filme in der Originalsprache, wenn diese nicht Ihre Muttersprache ist?

....

....

⑤ Warum lernen Sie Deutsch? (z. B. aus Spaß ▪ aus Interesse ▪ aus beruflichen Gründen ▪ weil ich ...)

....

....

....

....

⑥ Was mögen Sie beim Sprachenlernen? Was finden Sie schwierig?

....

....

....

b Berichten Sie.

Antonio spricht Spanisch, Französisch, Englisch und ein bisschen Deutsch. ...
Er lernt Deutsch, weil er Deutsch/die Sprache für seinen Beruf braucht.

2 Warum lernen Sie Deutsch?

a Sie hören jetzt eine Umfrage. Sind die Aussagen richtig oder falsch? Kreuzen Sie an.

2 02

	richtig	falsch
1. Mario braucht Deutsch für sein Masterstudium.	☐	☐
2. Er möchte im Alltag Deutsch sprechen.	☐	☐
3. Bertus möchte mit der Familie seiner Freundin Deutsch sprechen.	☐	☐
4. Er sucht eine Stelle in Berlin.	☐	☐
5. Beatrice lernt Deutsch, weil sie in Brüssel wohnt.	☐	☐
6. Sie möchte sich mit deutschen Kollegen auf Deutsch unterhalten.	☐	☐
7. Sofia spricht zwei Fremdsprachen fließend.	☐	☐
8. Sie möchte ihre Arbeitsmöglichkeiten verbessern.	☐	☐

b Formulieren Sie Sätze mit *weil*. Arbeiten Sie zu zweit.

- *Mario ▪ nach München ▪ gehen → er ▪ seinen Master an der TU München ▪ machen wollen*
  Mario geht nach München, weil er seinen Master an der TU München machen will.
1. *Mario ▪ Deutsch ▪ lernen → er ▪ die Sprache für den Alltag in Deutschland ▪ brauchen*
2. *Bertus ▪ einen Deutschkurs ▪ machen → er ▪ sich ▪ in eine deutsche Frau ▪ verliebt haben*
3. *Bertus ▪ motiviert sein → er ▪ sich ▪ mit der Familie seiner Freundin ▪ unterhalten wollen*
4. *Beatrice ▪ drei Amtssprachen ▪ sprechen müssen → sie ▪ bei einer europäischen Organisation ▪ arbeiten*
5. *Beatrice ▪ Deutsch ▪ noch einmal lernen → sie ▪ alles wieder ▪ vergessen haben*
6. *Sofia ▪ Deutsch ▪ lernen → sie ▪ ihre Chancen auf dem Arbeitsmarkt ▪ verbessern wollen*

Strukturen

- *Weil* leitet einen Nebensatz ein. Wenn es mehrere Verben gibt, steht das konjugierte Verb an letzter Stelle:
  ..., **weil** er seinen Master in München machen **will**.

c Warum lernen Sie und andere Kursteilnehmer Deutsch? Formulieren Sie drei Sätze mit *weil*. Nutzen Sie die Informationen aus Aufgabe 1.

- Ich lerne Deutsch, weil ich in Deutschland studieren will.

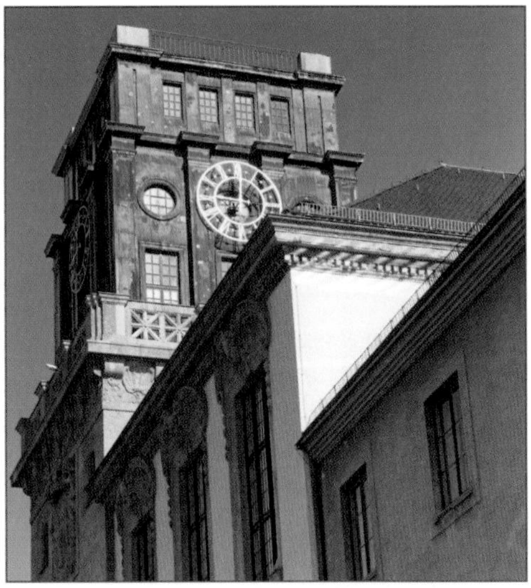

Technische Universität München

3 Diskussion: Sprachen lernen

Was meinen Sie? Diskutieren Sie in kleinen Gruppen. Berichten Sie danach über Ihre Ergebnisse.

- Wie viele Fremdsprachen kann man lernen?
- Wie viele Sprachen sollte man sprechen? Und welche?
- Kann man eine Sprache wieder vergessen?
- Was kann man tun, wenn man Vokabeln nicht vergessen möchte? (regelmäßig wiederholen ▪ viel sprechen ▪ Zeitung lesen ▪ sich in der Freizeit mit der Sprache beschäftigen ▪ die Sprache viel benutzen ...)

Strukturen

- Allgemeine Empfehlungen gibt man mit: **Man sollte ...**

4 Die europäische Sprachenpolitik

Lesen und hören Sie den Text.

2 03

■ Ein Sprachgenie

Ein Sonderauftrag bei der Europäischen Kommission: Jemand muss dringend vertrauliche* Dokumente aus dem Hebräischen und Aserbaidschanischen übersetzen. Den Auftrag übernimmt Ioannis Ikonomou.

Er ist Grieche, arbeitet als Übersetzer bei der Europäischen Kommission und spricht 32 Sprachen. Das gibt es nicht so oft auf der Welt. Schon als Kind interessierte sich Ioannis für Sprachen. Auf der Insel Kreta hörte er die ersten fremden Worte von Touristen und wollte sie unbedingt verstehen. Mit fünf Jahren lernte er Englisch, mit sieben Jahren Deutsch, danach Italienisch. Es folgten Russisch, Suaheli und Türkisch. Später reiste er in fremde Länder. Besonders fasziniert war er von Indien und den Sprachen Urdu, Hindi und Sanskrit. Heute spricht Ioannis 21 von insgesamt 24 Amtssprachen der EU. Für Irisch und Maltesisch hatte er keine Zeit, Litauisch hat er wieder vergessen.

Damit er die anderen Sprachen nicht ebenfalls vergisst, beschäftigt er sich in seiner Freizeit intensiv mit Sprachen, am liebsten nachts vor dem Computer. Dann sieht er auf dem PC chinesisches oder ungarisches Fernsehen. Oder er chattet stundenlang auf Russisch, Türkisch oder Bulgarisch. Normalerweise geht er um vier Uhr morgens ins Bett und schläft vier bis fünf Stunden. Jetzt will er Albanisch lernen, denn das Land ist EU-Beitrittskandidat geworden. Nach drei Monaten möchte er die Nachrichten des albanischen Rundfunks verstehen.

Brüssel: Europäisches Parlament

Natürlich ist Ioannis eine Ausnahme. Er ist ein Sprachgenie. Für normale Menschen bleiben solche Fähigkeiten ein Traum. Doch für die EU ist es wichtig, dass alle Bürger Sprachen lernen. Das Ziel der europäischen Sprachenpolitik ist, dass jeder EU-Bürger drei Sprachen spricht: die eigene Muttersprache, die Sprache eines Nachbarlandes und eine internationale Sprache (z. B. Englisch). Nach Meinung der Europäischen Kommission können die EU-Bürger mit guten Fremdsprachenkenntnissen ihre Chancen auf dem Arbeitsmarkt verbessern.

*vertrauliche Dokumente: Diese Dokumente dürfen nur einige Personen lesen.

Tipp

- Sprachen schreibt man groß: **Englisch, Italienisch ...**

5 Textarbeit

a Was steht im Text? Kreuzen Sie an: *a*, *b* oder *c*.

① Ioannis wollte schon als Kind
- a) ☐ Übersetzer werden.
- b) ☐ verstehen, was die Touristen sagen.
- c) ☐ besser sein als andere Kinder.

② Ioannis spricht
- a) ☐ alle EU-Amtssprachen.
- b) ☐ fast alle EU-Amtssprachen.
- c) ☐ besonders gern asiatische Sprachen.

③ Ioannis beschäftigt sich mit Sprachen
- a) ☐ nur als Übersetzer.
- b) ☐ auf Reisen und im Internet.
- c) ☐ beruflich und privat.

④ Ziel der Sprachenpolitik der EU ist, dass alle europäischen Bürger
- a) ☐ drei Fremdsprachen lernen.
- b) ☐ die Sprachen der Nachbarländer sprechen.
- c) ☐ durch Fremdsprachen ihre Arbeitsmöglichkeiten verbessern.

b Suchen Sie alle Sprachen im Text. Hören Sie die Sprachen danach zur Kontrolle der Aussprache.

2 04 ▶ *Hebräisch, ...*

c Was passt zusammen? Ordnen Sie zu.

▶	Dokumente	☒ → f)	a)	interessieren
1.	einen Auftrag	☐	b)	sein
2.	als Übersetzer	☐	c)	lernen
3.	sich für Sprachen	☐	d)	verstehen
4.	eine Sprache	☐	e)	reisen
5.	in fremde Länder	☐	f)	übersetzen
6.	ein Sprachgenie	☐	g)	übernehmen
7.	Nachrichten	☐	h)	verbessern
8.	Chancen auf dem Arbeitsmarkt	☐	i)	arbeiten

d Schwierige Nomen
Was passt zusammen? Bilden Sie Komposita. Hören Sie danach die Lösung.
Hinweis: Bei einigen Komposita steht zwischen den beiden Nomen ein -s-.

2 05

- die Kenntnisse *(Pl.)*
- die Sprache *(2 x)*
- der Markt
- ~~der Auftrag~~
- die Politik
- der Kandidat
- die Zeit
- das Genie
- das Land

▶ der Sonder*auftrag*
1. die Sprachen..........................
2. die Sprach..........................
3. der Arbeits..........................
4. das Nachbar..........................
5. die Mutter..........................
6. der Beitritts..........................
7. die Fremd..........................
8. die Frei..........................
9. das Sprach..........................

6 Strukturen: Finale Nebensätze mit *damit*

a Lesen Sie den Satz und danach die Hinweise.

> **Damit** er die anderen Sprachen nicht **vergisst**, beschäftigt er sich in seiner Freizeit intensiv mit Sprachen.

- Sätze mit *damit* geben ein Ziel an. Sie antworten auf die Frage *Wozu?/Mit welchem Ziel?* Sie können vor oder nach dem Hauptsatz stehen.
- Sätze mit *damit* sind Nebensätze. Das konjugierte Verb steht an letzter Stelle.

b Bilden Sie Sätze mit *damit*.

▶ Ich lese jeden Tag „Le Monde", → *ich* ▪ *mein Französisch* ▪ *nicht* ▪ *vergessen*
Ich lese jeden Tag „Le Monde", *damit ich mein Französisch nicht vergesse.*

1. *Max* ▪ *mit anderen Leuten zusammen* ▪ *lernen können,* → besucht er einen Sprachkurs.
2. Claudia fährt oft nach China, → *sie* ▪ *das Land* ▪ *besser kennenlernen*
3. Man muss mehrere Fremdsprachen sprechen, → *man* ▪ *gute Chancen auf dem Arbeitsmarkt* ▪ *haben*
4. *Frau Müller* ▪ *die richtigen Wörter* ▪ *finden,* → benutzt sie ein Online-Wörterbuch.
5. *Claudia* ▪ *mit den italienischen Kollegen* ▪ *besser kommunizieren können,* → lernt sie jetzt Italienisch.
6. Dr. Weber hält seinen Vortrag auf Englisch, → *alle* ▪ *den Inhalt* ▪ *verstehen*

Strukturen

Sprachen
- **Deutsch/Englisch** lernen/sprechen
- einen Vortrag **auf Englisch** halten
- ein Dokument **ins Deutsche** übersetzen

7 Tipps zum Sprachenlernen

a Lesen Sie die folgenden Tipps zum Sprachlernen. Welche Tipps finden Sie gut, welche weniger gut? Haben Sie eigene Tipps? Diskutieren Sie in kleinen Gruppen.

(1) Hören Sie deutschsprachige Musik. Rhythmus und Melodie helfen beim Lernen der neuen Sprache.

(2) Sehen Sie Filme oder Nachrichten auf Deutsch, damit Sie Ihren Wortschatz verbessern.

(3) Lernen Sie Wörter in Wortgruppen oder Sätzen. So kann man sich neue Wörter besser merken.

(4) Nutzen Sie das Internet. Suchen Sie nach Informationen auf Deutsch. Lesen Sie Texte über interessante Themen, das ist motivierend.

(5) Sprechen Sie so oft wie möglich Deutsch. Haben Sie keine Angst vor Fehlern.

(6) Lernen Sie wichtige Wendungen für den Alltag, dann können Sie besser kommunizieren.

(7) Beschäftigen Sie sich jeden Tag mit der Fremdsprache. Wiederholen Sie die neuen Wörter, damit Sie die Vokabeln nicht wieder vergessen.

(8) Lesen Sie viel. Lesen ist ein Schlüssel zum Erlernen einer neuen Sprache.

(9) Finden Sie Ihren persönlichen Lernstil. Lernen Sie lieber in der Gruppe oder alleine? Sprechen, lesen, hören oder schreiben Sie lieber?

b Geben Sie Empfehlungen. Präsentieren Sie die besten Tipps.

1. ....
   ....
2. ....
   ....
3. ....
   ....
4. ....
   ....

Strukturen

Empfehlungen
- Du **solltest** *(deutsche Filme sehen).*
- Ihr **solltet** *(einen Sprachkurs besuchen).*
- Sie **sollten** *(den Vortrag auf Deutsch halten).*

8 Länder: Hauptstadtquiz

a Suchen Sie zu den Hauptstädten die passenden Länder. Achten Sie darauf, dass einige Länder einen Artikel haben. Arbeiten Sie zu zweit und vergleichen Sie Ihre Ergebnisse mit anderen Kursteilnehmern.

b Ordnen Sie die Länder aus a) zu. Arbeiten Sie zu zweit.
Lesen Sie die Hinweise und ergänzen Sie die Beispielsätze.

	Singular			Plural
	maskulin	feminin	neutral	
Land	der Iran, …………	die Schweiz, …………	Frankreich, ………… ………… …………	die Niederlande, …………
Woher?	Ich komme aus dem Iran.	Ich komme ………….	Ich komme ………….	Ich komme aus den Niederlanden.
Wohin?	Ich fahre in den Iran.	Ich fahre ………….	Ich fahre ………….	Ich fahre in die Niederlande.

▸ Die meisten Ländernamen sind neutral. Man verwendet sie ohne Artikel.

c Geben Sie die Informationen wieder.

- Die meisten Touristen in Deutschland kommen (aus ...)
- Auf Platz zwei liegen die Touristen (aus ...)
- Es kommen auch viele Besucher (aus ...)
- Die meisten Deutschen fahren im Urlaub (nach/in ...)
- Viele Menschen fahren auch (nach/in ...)
- Sehr beliebt sind außerdem Urlaubsreisen (nach/in ...)

Herkunftsländer ausländischer Touristen in Deutschland

1. die Niederlande
2. die Schweiz
3. die USA
4. Großbritannien
5. Italien
6. Österreich

Reiseziele deutscher Urlauber

1. Spanien
2. Italien
3. Österreich
4. die Türkei
5. Frankreich
6. Belgien

Statista, 2016

d Klassenspaziergang: Reisen
In welchen Ländern waren Sie schon? Fragen Sie andere Kursteilnehmer. Berichten Sie.

▸ Viele waren schon in Frankreich, in der Schweiz ...
Einige waren ...
Nur eine Person war ...

▸ Strukturen

Orts- und Richtungsangaben
- Ortsangaben: Wo?
  Ich war schon **in** Frankreich und **in der** Schweiz.
- Richtungsangaben: Wohin?
  Ich fahre **nach** Frankreich oder **in die** Schweiz.

9 Urlaubsplanung

a Eva Kümmel und ihr Mann Hans sprechen über den Sommerurlaub. Hören Sie den Dialog einmal. Sind die Aussagen richtig oder falsch? Kreuzen Sie an.

2 06

		richtig	falsch
1.	Hans möchte den Urlaub planen, weil die Preise für Reisen steigen.	☐	☐
2.	Er möchte nach Griechenland, weil sie dort noch nicht waren.	☐	☐
3.	Eva möchte einen Abenteuerurlaub machen.	☐	☐
4.	Sie will in Kanada Bären beobachten.	☐	☐
5.	Hans mag Wärme, Hotels, Bücher und leckeres Essen.	☐	☐
6.	Eva und Hans bleiben in Deutschland.	☐	☐

b Lesen Sie die Sätze. Hören Sie danach den Dialog aus a) noch einmal und ergänzen Sie die Informationen.

▶ Die Reisen werden immer teurer.
1. Eva will in Kanada ein Auto .... und das Land entdecken.
2. In Kanada gibt es tolle Wälder, Seen und ....
3. Hans findet, dass Kanada viel zu .... ist und der Flug viel zu .... dauert.
4. Er möchte im Urlaub nicht mit ...., nicht in den Wald gehen und auch nicht angeln.
5. Hans will in einem schönen Hotel wohnen, am Pool ...., einen Krimi lesen und in guten Restaurants essen. Er möchte sich erholen.
6. Eva findet das ....
7. In Portugal gibt es gute .... und es ist warm.
8. Das Beste an einem Urlaub zu Hause ist: Der Urlaub ....
9. Das Ehepaar fährt nach ....

10 Landschaft und Natur

a Lesen Sie die Nomen laut.

der Wald

die Wiese

der Park

das Gebirge

der See

der Fluss

das Meer/die See

der Strand

b Was kann man wo machen? Ordnen Sie die Aktivitäten zu. Ergänzen Sie eigene Aktivitäten. Arbeiten Sie zu zweit und vergleichen Sie Ihre Ergebnisse mit anderen Kursteilnehmern.

- angeln
- wandern
- Ski fahren
- Pilze suchen
- schwimmen
- Kajak fahren
- sich sonnen
- tauchen
- mit dem Boot fahren
- segeln
- auf einen Berg steigen/klettern
- rudern
- Picknick machen
- spazieren gehen
- Blumen pflücken

1. Im Wald kann man ...
2. Auf einer Wiese kann man ...
3. Im Park kann man ...
4. Im Gebirge kann man ...
5. Auf einem See/In einem See kann man ...
6. Auf einem Fluss/In einem Fluss kann man ...
7. Auf dem Meer/Im Meer kann man ...
8. Am Strand kann man ...

11 Interview: Urlaub

a Fragen Sie zwei Kursteilnehmer und notieren Sie die Antworten. Nutzen Sie die folgenden Redemittel.

① Wohin fahren Sie am liebsten/dieses Jahr in den Urlaub?

– Ich fahre am liebsten …
- in ein warmes Land ▪ ins Gebirge
- nach Griechenland ▪ ans Meer …

② Mit welchen Verkehrsmitteln reisen Sie normalerweise/gern?

– Ich reise normalerweise …
- mit dem Flugzeug ▪ mit dem Auto
- mit dem Zug ▪ mit dem Fahrrad
- mit dem Motorrad ▪ mit dem Bus
- mit dem Boot/Schiff

③ Was nehmen Sie immer/fast immer in den Urlaub mit?

– Ich nehme immer … mit.
- Geld
- einen Reiseführer
- den Reisepass
- den Führerschein
- die Sonnencreme
- das Tablet
- Tabletten
- die Kreditkarte …

④ Was möchten Sie im Urlaub gerne machen?

– Ich möchte …
- mich erholen
- Bücher lesen
- am Pool liegen
- gut essen
- nichts tun
- Städte besichtigen
- Abenteuer erleben
- wandern …

⑤ Was möchten Sie auf keinen Fall machen?

– Ich möchte nicht …

b Berichten Sie.

▶ Marco fährt gern nach Schweden. Er fliegt mit dem Flugzeug nach Stockholm. Dort mietet er ein Auto und fährt in den Norden. Er möchte im Urlaub gern Abenteuer erleben.
Er wandert und schwimmt gern. Er nimmt immer seinen Reisepass, den Führerschein … mit.

12 Wichtige Dinge für unterwegs

a Erstellen Sie zu zweit eine Liste mit wichtigen Dingen für unterwegs. Vergleichen Sie Ihre Liste mit anderen Kursteilnehmern.

b Was nehmen Sie in den Urlaub mit? Bilden Sie Finalsätze.

▶ *Kreditkarte → die Rechnungen bezahlen können*
Ich nehme meine/eine Kreditkarte mit, damit ich die Rechnungen bezahlen kann.

1. *Führerschein → ein Auto mieten können*
2. *Angel → angeln können*
3. *Sonnencreme → sich vor der Sonne schützen können*
4. *Tablet → E-Mails checken können*
5. *Smartphone → mit der Familie telefonieren können*
6. *Reiseführer* → sich über das Urlaubsland informieren können*

*Reiseführer: Buch mit landeskundlichen Informationen für Touristen

c Warum nehmen Sie bestimmte Dinge in den Urlaub mit? Verwenden Sie Ihre Liste aus a) und bilden Sie Finalsätze.

13 Verkehrsmittel

a Lesen Sie den Zeitungsbericht.

Die beliebtesten Verkehrsmittel für den Urlaub

Für ihre Reisen benutzen 47,7 % der deutschen Urlauber das Flugzeug. 25,9 % fliegen mit einer Chartergesellschaft (z. B. Thomas Cook), 21,8 % buchen einen Linienflug (z. B. bei der Lufthansa). Damit belegt das Flugzeug den ersten Platz und bleibt das beliebteste Verkehrsmittel für Urlaubsreisen. Das Auto liegt mit 40,7 % auf Platz zwei. Im letzten Jahr war der Anteil des Autos noch bei über 45 %. Das bedeutet, dass immer mehr Menschen das Auto stehen lassen und lieber in den Urlaub fliegen. Bus und Bahn spielen mit etwa 7 % und 6 % für Urlaubsreisen keine große Rolle.

b Geben Sie den Inhalt des Textes wieder.

▸ *In dem Text steht, dass …*

c Welche Vorteile und welche Nachteile haben diese Verkehrsmittel? Arbeiten Sie zu zweit und vergleichen Sie Ihre Ergebnisse mit anderen Kursteilnehmern. Nutzen Sie die folgenden Redemittel.

- Die Reise geht schnell/dauert (zu) lange.
- Man hat viel Platz./Es ist sehr eng.
- Die Tickets sind preiswert/teuer.
- Man ist flexibel/kann abfahren, wann man will./Man muss zu einer bestimmten Zeit am Flughafen/Bahnhof sein.
- Das Verkehrsmittel ist sicher/nicht so sicher.
- Man steht stundenlang/nicht im Stau.
- Man kommt pünktlich an./*(Flugzeuge)* haben oft/meistens/manchmal/selten Verspätung.
- Der Service ist gut/schlecht.
- Man kann nur wenig/viel Gepäck mitnehmen.

+		−	+		−
schnell					
	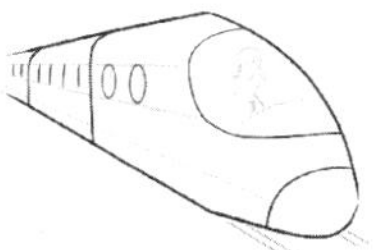				

▸ *Ein Vorteil beim Flugzeug ist/Das Flugzeug hat den Vorteil, dass die Reise schnell geht/man schnell am Zielort ist.*

d Was passt zusammen? Bilden Sie Komposita.

- das Ticket
- der Platz
- der Schalter
- die Kontrolle
- die Stelle

▸ der Park*platz*
1. die Sicherheits……………………
2. der Informations……………………
3. der Check-in-……………………
4. der Sitz……………………
5. die Fahrkarten……………………
6. die Halte……………………
7. das Flug……………………
8. die Tank……………………
9. die Pass……………………
10. die Verkehrs……………………
11. das Bahn……………………

14 Verkehrsdurchsagen

Sie hören fünf Durchsagen auf dem Flughafen und Bahnhof. Was ist richtig? Kreuzen Sie an: *a*, *b* oder *c*.

2 07

① Was soll man machen? Man soll

a) ☐ sein Gepäck nicht allein irgendwo stehen lassen.
b) ☐ das Gepäck einchecken.
c) ☐ sich beim Flughafenpersonal melden.

② Der Flug nach Rom

a) ☐ ist gestrichen.
b) ☐ hat einen anderen Flugsteig.
c) ☐ fällt heute aus.

③ Die Reisenden

a) ☐ müssen warten, weil Bäume auf den Gleisen liegen.
b) ☐ müssen in Busse umsteigen.
c) ☐ kommen heute nicht mehr nach Erfurt.

④ Sie kommen in Leipzig an und wollen weiter nach München reisen.

a) ☐ Der Anschlusszug fährt um 12.43 Uhr.
b) ☐ Der Anschlusszug kommt eine halbe Stunde später in Leipzig an.
c) ☐ Der Anschlusszug fährt von Gleis 14.

⑤ Sie sind auf dem Bahnhof und wollen das Fußballländerspiel sehen.

a) ☐ Sie müssen nach Grünau fahren.
b) ☐ Man kommt nur mit Extra-Bussen zum Stadion.
c) ☐ Sie können mit einem Sonderbus oder mit der Straßenbahn fahren.

15 Verspätungen

Sie können aus verschiedenen Gründen nicht pünktlich sein.
Informieren Sie Eva, Herrn Ehrmann und Anna mit einer Nachricht über das Smartphone.

①
Eva
Eva möchte Sie vom Bahnhof abholen. Der Zug nach Erfurt fuhr aber nicht. Sie kommen mit einer Stunde Verspätung mit dem Bus in Erfurt an.
②
Paul Ehrmann
Sie haben um 10.00 Uhr eine Besprechung im Büro mit Paul Ehrmann. Leider stehen Sie im Stau, weil es einen Unfall auf der Autobahn gab. Sie können auf keinen Fall um 10.00 Uhr im Büro sein.
③
Anna
Sie wollen nach Berlin fliegen. Dort halten Sie mit Ihrer Kollegin Anna einen Vortrag auf einer Konferenz. Anna ist schon in Berlin. Sie sind noch auf dem Flughafen in Athen, alle Flüge sind gestrichen, die Piloten streiken.

16 Viele Grüße aus dem Urlaub

a Lesen Sie die Urlaubskarte von der Insel Rügen.

Liebe Petra,

ganz liebe Grüße von der Insel Rügen senden dir Alex und Sandra. Wir sind diesen Sommer in Deutschland geblieben und machen Urlaub auf der größten deutschen Insel. Sie heißt Insel Rügen und liegt in der Ostsee. Es gibt hier wunderbare Strände, viel Wald und den berühmten Nationalpark Jasmund mit dem Wahrzeichen von Rügen, den Kreidefelsen. Wir wohnen in einem schönen Hotel in Binz und haben ein großes Zimmer mit Blick auf das Meer.

Man kann die Insel mit dem Fahrrad, zu Fuß oder mit dem Segelboot erkunden. Gestern haben wir einen langen Strandspaziergang gemacht. Morgen besuchen wir den Ort Sassnitz. Dort gibt es einen Hafen. Von hier kann man mit der Fähre nach Dänemark und Schweden fahren. Vielleicht machen wir mal einen kurzen Ausflug nach Dänemark. Dann schreiben wir dir noch eine Karte und bringen dir ein kleines Geschenk aus Dänemark mit.

Bis bald

Alex und Sandra

b Unterstreichen Sie wichtige Redemittel in Text a) und schreiben Sie selbst eine Postkarte aus Ihrem Urlaubsort. Schreiben Sie mindestens sechs Sätze.

17 Strukturen: Adjektivdeklination

a Unterstreichen Sie die Artikel und die Adjektivendungen. In welchem Kasus stehen die Adjektive?

- ▶ Hier gibt es <u>den</u> berühmt<u>en</u> Nationalpark Jasmund. — *Akkusativ*
1. Wir machen einen kurzen Ausflug. ....
2. Der kurze Ausflug war schön. ....
3. Wir bringen dir ein kleines Geschenk mit. ....
4. Wir machen Urlaub auf einer großen Insel. ....
5. Wir wohnen in einem schönen Hotel. ....

b Ergänzen Sie die Endungen der Artikel und Adjektive.

	Singular			Plural
	maskulin	feminin	neutral	
Nominativ	de... kurze Ausflug ein kurzer Ausflug	die große Insel eine große Insel	das schöne Hotel ein schönes Hotel	die großen Zimmer
Akkusativ	den kurz... Ausflug ein... kurz... Ausflug			
Dativ	dem kurzen Ausflug einem kurzen Ausflug	der großen Insel ein... groß... Insel	dem schönen Hotel ein... schön... Hotel	den großen Zimmern

▸ Im Dativ enden nach bestimmtem und unbestimmtem Artikel alle Adjektive auf *-en*.

c Ergänzen Sie die Nomengruppe im richtigen Kasus.

▶ Viele Grüße aus dem hohen Norden *(der hohe Norden).*
1. Wir grüßen euch aus .... *(der warme Süden).*
2. Wir fahren dieses Jahr in .... *(die wunderschöne Schweiz).*
3. Wir wohnen in .... *(ein sehr gutes Hotel).*
4. Wir haben ein Zimmer mit .... *(ein toller Ausblick).*
5. Gestern haben wir .... *(ein langer Spaziergang)* gemacht.
6. Heute Abend essen wir in .... *(ein gemütliches Restaurant).*

18 Partnerarbeit: Von sich erzählen

Sie bekommen eine Karte und berichten etwas über sich selbst.
Eine Teilnehmerin/Ein Teilnehmer bearbeitet Karte A, eine Teilnehmerin/ein Teilnehmer Karte B.

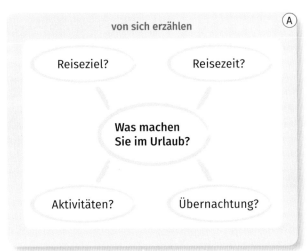

von sich erzählen (A)

Was machen Sie im Urlaub?
- Reiseziel?
- Reisezeit?
- Aktivitäten?
- Übernachtung?

von sich erzählen (B)

Welche Sprachen sprechen Sie?
- Wann? Wo?
- Wann/Wo gelernt?
- Warum?
- Lerntipps?

19 Reise, reise!

a Hören und lesen Sie ein Gedicht von Wilhelm Busch (1832–1908).

2 08

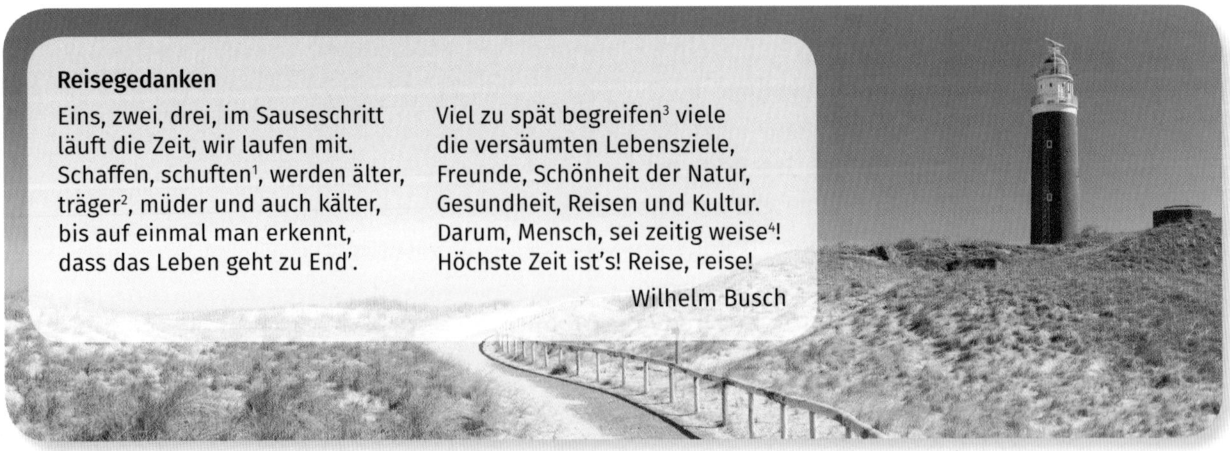

Reisegedanken

Eins, zwei, drei, im Sauseschritt
läuft die Zeit, wir laufen mit.
Schaffen, schuften[1], werden älter,
träger[2], müder und auch kälter,
bis auf einmal man erkennt,
dass das Leben geht zu End'.

Viel zu spät begreifen[3] viele
die versäumten Lebensziele,
Freunde, Schönheit der Natur,
Gesundheit, Reisen und Kultur.
Darum, Mensch, sei zeitig weise[4]!
Höchste Zeit ist's! Reise, reise!

Wilhelm Busch

[1]schaffen und schuften: hart arbeiten; [2]träge: langsam; [3]begreifen: verstehen; [4]weise: erfahren, klug

b Unterstreichen Sie im Gedicht alle Wörter mit dem Buchstaben *-r-*. Hören Sie danach das Gedicht noch einmal und markieren Sie den vokalischen *r*-Laut [ɐ].

c Lesen Sie das Gedicht laut vor. Achten Sie auf die *r*-Laute.

Hinweis

- Am Anfang von Wörtern und Silben *(**R**eise)*, nach kurzem Vokal *(No**r**den)* und Konsonanten *(d**r**ei)* spricht man das *-r-* als Konsonant [ʁ].
- Nach langem Vokal *(Natu**r**)* und in *-er/er- (ält**er**)* spricht man *-r-* als Vokal [ɐ].

Übungen zur Vertiefung und zum Selbststudium

Ü1 Wer hat welches Ziel?

Verbinden Sie die Sätze mit *damit*. Das konjugierte Verb steht am Satzende.

▶ Ich lerne jetzt Deutsch. Ich kann mich später in Deutschland um einen Job bewerben.
Ich lerne jetzt Deutsch, damit ich mich später in Deutschland um einen Job bewerben kann.

1. Barbara lernt Spanisch. Sie kann in Madrid in der Landessprache kommunizieren.
2. Joachim hat eine externe Festplatte für seinen Computer gekauft. Er hat mehr Speicherplatz.
3. Paula trifft sich zweimal in der Woche mit Marek. Sie kann ein bisschen Polnisch üben.
4. Ingo hat alle Termine abgesagt. Er kann sich auf seine Prüfung konzentrieren.
5. Ben macht seine Hausaufgaben in der Mittagspause. Er hat abends frei.
6. Wir haben einen Spezialisten gefragt. Wir finden schnell eine Lösung für das Problem.

Ü2 Satzverbindungen

Ergänzen Sie *weil*, *wenn*, *damit* oder *dass*.

▶ Ich rufe dich an, wenn ich wieder in Deutschland bin.

1. Meine Tochter lernt Englisch, ... sie in London studieren will.
2. Ich mache die Präsentation auf Deutsch, ... alle Kollegen das Ziel des Projekts verstehen.
3. Schaltest du bitte den Computer an, ... ich den Bericht der EU-Kommission ausdrucken kann?
4. .... ich im Zug sitze, lerne ich mit der Wortschatz-App neue Wörter.
5. Hast du schon gehört, ... der neue Direktor ausgezeichnet Spanisch spricht?
6. Das Ziel der Sprachenpolitik ist, ... jeder EU-Bürger drei Sprachen spricht.
7. Frank chattet auf Russisch, ... er die Sprache nicht vergisst.
8. Paul spricht ein bisschen Chinesisch, ... er die Kunden aus China besser verstehen will.

Ü3 Ratschläge

a Geben Sie Tipps zum Sprachenlernen. Bilden Sie Sätze mit *sollte-* in der 2. Person Singular.

▶ sich um ein Stipendium in Deutschland bewerben

Du solltest dich um ein Stipendium in Deutschland bewerben.

1. sich mit Freunden oft auf Deutsch unterhalten

....

2. sich jeden Tag mit der neuen Sprache beschäftigen

....

3. sich auch für deutsche Literatur interessieren

....

4. sich nicht über lange Wörter ärgern

....

5. sich über kleine Erfolge freuen

....

b Geben Sie Ihren Freunden Urlaubstipps. Bilden Sie Sätze mit *sollte-* in der 2. Person Plural.

▶	sich gut auf die Reise vorbereiten	Ihr solltet euch gut auf die Reise vorbereiten.
1.	sich über das Reiseland informieren	....
2.	einige Wörter in der Landessprache lernen	....
3.	rechtzeitig ein Hotelzimmer buchen	....
4.	hilfreiche Apps herunterladen	....
5.	andere Leute nach ihren Erfahrungen fragen	....
6.	eine Liste mit Sehenswürdigkeiten erstellen	....

Ü4 〉 Urlaubsziele

Lesen Sie die Übersicht zu lokalen Präpositionen in Kapitel 2, Aufgabe 11.
Ergänzen Sie danach die lokalen Angaben.

- ~~in München~~
- in die Türkei
- im Gebirge
- nach Spanien
- im Wald
- in ein warmes Land
- in der Schweiz
- in den Wald
- im Zoo
- auf eine einsame Insel

Wo wart ihr letzte Woche?	Wir waren in München,
Wohin fahrt/geht ihr nächste Woche?	Wir fahren/gehen

Ü5 〉 Eine Postkarte aus dem Urlaub

Ergänzen Sie die lokalen Präpositionen.

▪ am ▪ in *(4 x)* ▪ nach *(2 x)* ▪ aus ▪ auf *(2 x)*

Liebe Petra,

ganz liebe Grüße von der Insel Rügen senden dir Alex und Sandra. Wir sind diesen Sommer .... Deutschland geblieben und machen Urlaub .... der größten deutschen Insel. Sie heißt Insel Rügen und liegt .... der Ostsee. Es gibt hier wunderbare Strände, viel Wald und den berühmten Nationalpark Jasmund mit dem Wahrzeichen von Rügen, den Kreidefelsen. Wir wohnen .... einem schönen Hotel .... Binz und haben ein großes Zimmer mit Blick .... das Meer. Man kann die Insel mit dem Fahrrad, zu Fuß oder mit dem Segelboot erkunden. Gestern haben wir einen langen Spaziergang .... Strand gemacht. Morgen besuchen wir den Ort Sassnitz. Dort gibt es einen Hafen. Von hier kann man mit der Fähre .... Dänemark und Schweden fahren. Vielleicht machen wir mal einen kurzen Ausflug .... Dänemark. Dann schreiben wir dir noch eine Karte und bringen dir ein kleines Geschenk .... Dänemark mit.

Bis bald

Alex und Sandra

Insel Rügen: Kreidefelsen

Ü6 〉 Blogeintrag: Eine Reise durch Schweden

Ergänzen Sie die Verben im Partizip II. Hören Sie danach die Lösung.

2 09

- schwimmen
- spazieren gehen
- pflücken
- lernen
- ~~erholen~~
- kaufen
- fahren
- suchen
- angeln

Steffis Reiseblog

Start **Über mich** **Kontakt** **Archiv**

Letzten Sommer waren wir in Schweden. In Schweden ist die Natur wunderschön. Wir haben uns gut erholt. Wir sind im Wald ....(1) und haben Pilze .... (2). Auf einem See sind wir Kajak .... (3). Wir haben auch Fische .... (4) und sind im See .... (5). Auf den Wiesen gab es viele Blumen. Meine Freundin liebt Blumen und ich habe ein paar Blumen für sie .... (6). Man kann in Schweden gut mit dem Zug fahren. Wir haben einen Eurail-Pass .... (7), mit dem Pass kann man preiswert reisen. Ein paar schwedische Wörter haben wir auch .... (8), zum Beispiel *tack*, das heißt *danke*. Wenn man einen Naturlaub machen möchte, dann ist Schweden das richtige Land.

Ü7 〉 Verben mit Akkusativ

Bilden Sie Sätze. Achten Sie auf die Akkusativendung und die angegebene Zeitform.

▶ *gestern ▪ wir ▪ im Park ▪ ein langer Spaziergang ▪ machen (Perfekt)*
Gestern haben wir im Park einen langen Spaziergang gemacht.

1. *am Mittwochnachmittag ▪ wir ▪ der Botanische Garten ▪ besuchen (Perfekt)*
2. *in dieser Stadt ▪ es ▪ kein Zoo ▪ geben (Präsens)*
3. *man ▪ die Insel ▪ mit dem Segelboot ▪ erreichen können (Präsens)*
4. *ihr ▪ ein Flug ▪ nach Griechenland ▪ buchen? (Perfekt)*
5. *unter den beliebtesten Verkehrsmitteln ▪ das Flugzeug ▪ der erste Platz ▪ belegen (Präsens)*
6. *ich ▪ mein Reisepass ▪ immer ▪ mitnehmen (Präsens)*
7. *wir ▪ im Urlaub ▪ ein Abenteuer ▪ erleben wollen (Präsens)*
8. *du ▪ wieder ▪ ein Ausflug ▪ auf die Blumeninsel ▪ machen? (Präsens)*

Ü8 〉 Wohin möchten Sie fahren? Wo möchten Sie übernachten?

Ergänzen Sie die Nomengruppe. Achten Sie auf den richtigen Kasus und die Endungen der Adjektive.

a Wohin möchten Sie fahren?

Ich möchte ... fahren.

▶ *(ein fernes, exotisches Land)*
in ein fernes, exotisches Land

1. *(eine kleine Stadt)*
in ....
2. *(ein toller Abenteuerpark)*
in ....
3. *(ein charmantes Dorf)*
in ....
4. *(die spanische Küste)*
an ....
5. *(eine einsame Insel)*
auf ....

b Wo möchten Sie übernachten?

Ich möchte ... übernachten.

▶ *(ein charmantes Dorf)*
in einem charmanten Dorf

1. *(ein ausgezeichnetes Hotel)*
in ....
2. *(die französische Küste)*
an ....
3. *(eine kleine Stadt)*
in ....
4. *(eine einsame Insel)*
auf ....
5. *(ein dunkler Wald)*
in ....

Ü9 **Rätsel: Verkehr**
Wie heißt das Lösungswort? Schreiben Sie die Nomen mit großen Buchstaben.

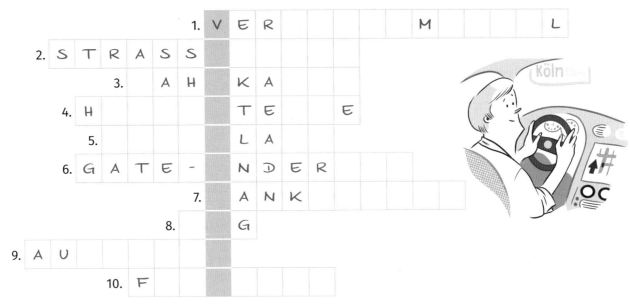

1.								V	E	R						M					L
2.		S	T	R	A	S	S														
3.						A	H		K	A											
4.			H						T	E			E								
5.									L	A											
6.			G	A	T	E	-		N	D	E	R									
7.									A	N	K										
8.									G												
9.	A	U																			
10.					F																

1. Das ist der Oberbegriff für Autos, Busse usw.
2. Damit fährt man vor allem in Großstädten.
3. Das braucht man, wenn man z. B. mit einem Bus fahren möchte.
4. Hier kann man in einen Bus einsteigen.
5. Hier kann man das Auto abstellen.
6. Man fliegt von einem anderen Flugsteig ab.
7. Hier kauft man Benzin.
8. Das ist ein anderes Wort für Bahn.
9. Hier dürfen Autos schnell fahren.
10. Damit kann man fliegen.

Ü10 **Verkehrsdurchsagen**
Ergänzen Sie die richtigen Nomen. Hören Sie danach die Lösungen.

2 10

- Sturm
- Ersatzbusse
- Unfall
- Ausgang
- ~~Gepäck~~
- Flugsteig
- Bäume
- Gleis
- Sonderbusse
- Staus
- Hinweisschilder
- Anschlusszug
- Autobahnen
- Richtung

▶ Sicherheitshinweis: Bitte lassen Sie Ihr Gepäck nicht unbeaufsichtigt.
1. Achtung: Ein Hinweis für Passagiere nach Moskau, Flug LH 6534. Bitte gehen Sie zu .... C 34.

2. Leider kann der Zug nicht nach Berlin weiterfahren. Durch den .... liegen zahlreiche .... auf der Bahnstrecke.
3. Sie können zur Weiterfahrt die .... der Deutschen Bahn benutzen.
4. Die Busse stehen am .... des Bahnhofs für Sie bereit.
5. Wir erreichen in Kürze Leipzig Hauptbahnhof. Der .... nach Frankfurt, Abfahrt 12.34 Uhr, fährt von .... 4.
6. Hier ist eine Information für die Besucher des Fußballländerspiels Deutschland gegen Italien. Am Bahnhofsausgang Südseite stehen kostenlose .... zum Stadion bereit.
7. Sie können mit den Straßenbahnen 8 und 15 .... Grünau fahren.
8. Es ist wieder Urlaubsverkehr und es gibt .... auf vielen .... in Bayern.
9. Auf der A8, Ausfahrt Holzkirchen, gab es einen .... Die Ausfahrt ist gesperrt. Bitte beachten Sie die ....

Wichtige Wörter und Wendungen

Wiederholen Sie die Wörter und Wendungen.
Die Redemittel zum Hören und zweisprachige Redemittellisten finden Sie unter *http://www.schubert-verlag.de/spektrum.a2.dazu.php#K7*

Sprachen

- eine Fremdsprache/die Sprachen der Nachbarländer (fließend) sprechen
- etwas beim Sprachenlernen wichtig finden
- eine Sprache aus Spaß/aus Interesse/aus beruflichen Gründen lernen
- einen Vortrag *(auf Deutsch)* halten
- ein vertrauliches Dokument *(ins Englische)* übersetzen
- als Übersetzer arbeiten
- einen Auftrag übernehmen
- drei Amtssprachen sprechen müssen
- sich *(auf Deutsch)* unterhalten
- eine Sprache/alles wieder vergessen
- ein Sprachgenie sein
- mit guten Sprachkenntnissen die Chancen auf dem Arbeitsmarkt verbessern
- besser kommunizieren können
- sich in der Freizeit mit Sprachen beschäftigen
- Filme in der Originalsprache sehen
- mit Freunden *(auf Russisch)* chatten
- Nachrichten verstehen/in der Zielsprache hören
- (keine) Angst vor Fehlern haben
- den persönlichen Lernstil finden
- sich (nicht) über lange Wörter ärgern
- das Internet nutzen
- nach Informationen *(auf Deutsch)* suchen
- Texte über interessante Themen lesen
- sich Wörter besser merken

Landschaft und Natur

- im Wald Pilze suchen
- auf der Wiese Blumen pflücken/Picknick machen
- im Park spazieren gehen
- im Gebirge klettern/auf einen Berg steigen
- auf einem See rudern/Fische angeln
- im Meer schwimmen/tauchen
- auf dem Meer segeln
- auf einem Fluss Kajak fahren
- am Strand liegen/sich sonnen
- auf Wanderwegen wandern

Urlaub und Reisen

- den Urlaub planen
- sich auf eine Reise vorbereiten
- eine App herunterladen
- eine Liste erstellen
- andere Leute nach ihren Erfahrungen fragen
- einen Abenteuerurlaub/einen Ausflug machen
- im Sommer *(nach Kanada)* fliegen
- am liebsten *(in ein warmes Land)* fahren
- Abenteuer erleben
- *(Bären)* beobachten
- das Land *(mit dem Auto)* entdecken
- die Insel *(mit dem Fahrrad)* erkunden
- sich im Urlaub erholen
- Wärme/gute Hotels/leckeres Essen mögen
- am Pool liegen
- etwas langweilig finden
- nichts tun
- Städte besichtigen
- sich über das Urlaubsland informieren
- in Deutschland/zu Hause bleiben
- viel/wenig Gepäck mitnehmen
- jemandem aus dem Urlaub ein Geschenk mitbringen

Verkehr und Verkehrsmittel

- das beliebteste Verkehrsmittel für Urlaubsreisen sein/bleiben
- das Flugzeug benutzen
- einen Linienflug buchen
- mit der Fähre *(nach Schweden)* fahren
- mit dem Bus/dem Schiff reisen
- ein Auto mieten
- das Auto stehen lassen
- stundenlang im Stau stehen
- Verspätung haben
- das Gepäck nicht unbeaufsichtigt lassen
- zu einem Gate/Flugsteig gehen
- sich am Ausgang befinden
- von Gleis 4 abfahren
- Ersatzbusse stehen zur Weiterfahrt bereit.

Verben im Kontext und Strukturen

Ausgewählte Verben des Kapitels

Lesen Sie die Verben. Üben Sie die Verben am besten mit Beispielsatz.

Einige regelmäßige Verben

Verb	Beispielsatz im Präsens	Verb im Präteritum	Verb im Perfekt
▪ angeln	Hans angelt gern.	er angelte	er hat geangelt
▪ sich ärgern	Ada ärgert sich über den Stau.	sie ärgerte sich	sie hat sich geärgert
▪ entdecken	Wir entdecken Kanada mit dem Auto.	wir entdeckten	wir haben entdeckt
▪ sich erholen	Sandra erholt sich an der Ostsee.	sie erholte sich	sie hat sich erholt
▪ erleben	Wir erleben viele Abenteuer.	wir erlebten	wir haben erlebt
▪ erkunden	Wir erkunden die Insel mit dem Fahrrad.	wir erkundeten	wir haben erkundet
▪ mieten	Wir mieten ein Auto.	wir mieteten	wir haben gemietet
▪ sich merken	So merkt sich Klaus das Wort besser.	er merkte sich	er hat sich gemerkt
▪ reisen	Wir reisen mit dem Bus.	wir reisten	wir sind gereist
▪ sich sonnen	Luise sonnt sich am Strand.	sie sonnte sich	sie hat sich gesonnt
▪ suchen	Steffi sucht im Wald Pilze.	sie suchte	sie hat gesucht
▪ übersetzen	Er übersetzt ein Dokument.	er übersetzte	er hat übersetzt
▪ verbessern	Gute Sprachkenntnisse verbessern die Chancen auf dem Arbeitsmarkt.	sie verbesserten	sie haben verbessert

Unregelmäßige Verben

Verb	Beispielsatz im Präsens	Verb im Präteritum	Verb im Perfekt
▪ fliegen	Marcus fliegt nach Kanada.	er flog	er ist geflogen
▪ herunterladen	Martin lädt eine App herunter.	er lud herunter	er hat heruntergeladen
▪ lassen	Der Tourist lässt das Gepäck unbeaufsichtigt.	er ließ	er hat gelassen
▪ mitbringen	Alex bringt ein Geschenk mit.	er brachte mit	er hat mitgebracht
▪ mitnehmen	Sandra nimmt viel Gepäck mit.	sie nahm mit	sie hat mitgenommen
▪ schwimmen	Petra schwimmt gern.	sie schwamm	sie ist geschwommen
▪ verstehen	Er versteht Nachrichten auf Russisch.	er verstand	er hat verstanden

Empfehlungen mit *sollte-*

Du **solltest** einen Sprachkurs besuchen.	▸ Für Empfehlungen verwendet man *sollte-*. Das ist eine besondere Form (Konjunktiv II) von *sollen*: du **solltest**, ihr **solltet**, Sie **sollten**.

Adjektive: Deklination nach bestimmtem und unbestimmtem Artikel

Kasus	Singular			Plural
	maskulin	feminin	neutral	
Nominativ	der kurze Ausflug ein kurzer Ausflug	die große Insel eine große Insel	das schöne Hotel ein schönes Hotel	die großen Zimmer
Akkusativ	den kurzen Ausflug einen kurzen Ausflug	die große Insel eine große Insel	das schöne Hotel ein schönes Hotel	die großen Zimmer
Dativ	dem kurzen Ausflug einem kurzen Ausflug	der großen Insel einer großen Insel	dem schönen Hotel einem schönen Hotel	den großen Zimmern

▸ Im Dativ enden nach bestimmtem und unbestimmtem Artikel alle Adjektive auf *-en*.

Nomen: Genus der Länder

Singular			Plural
maskulin	feminin	neutral	
der Iran der Irak der Libanon der Sudan	die Schweiz die Türkei die Slowakei die Ukraine die Mongolei	Dänemark, China, Griechenland, Italien, Japan, Kanada, Mexiko, Norwegen, Portugal, Russland, Schweden, Deutschland, Frankreich	die Niederlande die Malediven die USA
‣ Nur ganz wenige Ländernamen sind maskulin.	‣ Wenige Ländernamen sind feminin.	‣ Die meisten Ländernamen sind neutral. Man verwendet sie ohne Artikel.	‣ Es gibt nur wenige Ländernamen im Plural.

Präpositionen: Lokalangaben

an	+ Dativ	Susi liegt **am** Strand.	Wo?
	+ Akkusativ	Wir gehen **an den** Strand.	Wohin? *(siehe Kapitel 2)*
auf	+ Dativ	Wir sind **auf der** Insel Rügen.	Wo?
	+ Akkusativ	Wir fahren **auf die** Insel Rügen.	Wohin?
in	+ Dativ	Wir waren **in der** Schweiz.	Wo?
	+ Akkusativ	Wir fahren **in die** Schweiz.	Wohin?
aus	+ Dativ	Ich komme **aus der** Schweiz.	Woher?
nach	+ Dativ	Wir fahren **nach** China. *(bei Ländern ohne Artikel)*	Wohin?

Finale Nebensätze mit *damit*

Hauptsatz	Nebensatz
Ich wiederhole jeden Tag Vokabeln,	**damit** ich die Wörter nicht **vergesse**.

Nebensatz	Hauptsatz
Damit ich die Wörter nicht **vergesse**,	wiederhole ich jeden Tag Vokabeln.

‣ Sätze mit *damit* geben ein Ziel an. Sie antworten auf die Fragen: *Wozu? Mit welchem Ziel?*
Damit ist eine Subjunktion und leitet einen Nebensatz ein. Das konjugierte Verb steht an letzter Stelle. Der Nebensatz kann vor oder nach dem Hauptsatz stehen.

Kleiner Abschlusstest

Meine Gesamtleistung
................/20

Was können Sie schon? Testen Sie sich selbst.

T1 Lerntipps

.........../8

Ordnen Sie das richtige Nomen zu.
Formulieren Sie dann Empfehlungen mit *sollte-*.

- Sprache
- Wörter
- Lernstil
- ~~Filme~~
- Angst

▶ Filme in der Zielsprache sehen
(du) Du solltest Filme in der Zielsprache sehen.

1. deinen persönlichen .... finden
(du) ....

2. neue .... regelmäßig wiederholen
(Sie) ....

3. sich jeden Tag mit der .... beschäftigen
(Sie) ....

4. keine .... vor Fehlern haben
(ihr) ....

T2 Was ist das Ziel?

.........../2

Bilden Sie Nebensätze mit *damit*.

▶ *(ich ▪ mit einigen Kollegen ▪ auf Deutsch ▪ reden können)*
Ich lerne Deutsch, damit ich mit einigen Kollegen auf Deutsch reden kann.

1. *(er ▪ sein Spanisch ▪ nicht vergessen)*
Thomas liest spanische Zeitungen, ...

2. *(sie ▪ bessere Chancen auf dem Arbeitsmarkt ▪ haben)*
Viele Menschen lernen Sprachen, ...
....

T3 Urlaub

.........../6

a Welches Verb passt? Ordnen Sie zu.

- pflücken
- sonnen
- erleben
- entdecken
- fahren
- ~~machen~~
- steigen

Ich möchte ...

▶ einen Spaziergang machen,
1. mit dem Auto Kanada ....,
2. ein Abenteuer ....,
3. auf einer Wiese Blumen ....,
4. Kajak ....,
5. auf einen Berg ....,
6. mich am Strand ....

b Ergänzen Sie die richtige Präposition und die Endung der Artikel, wenn nötig.

.........../4

Wir fahren im Sommer

▶ nach Spanien.
1. .... ein..... Insel.
2. .... d..... Schweiz.
3. .... Bulgarien.
4. .... d..... Niederlande.

Wir waren am Wochenende

▶ im Zoo.
5. .... Wald.
6. .... d..... Schweiz
7. .... ein..... Restaurant.
8. .... Park.

Medien und Politik

- Über die Nutzung von Medien sprechen
- Gleichzeitige Handlungen beschreiben
- Einen Text über Forschungsergebnisse zum Thema Multitasking verstehen
- Über Fernsehen, Fernsehprogramme und beliebte Fernsehsendungen diskutieren
- Gemeinsam eine Entscheidung treffen und diese begründen
- Ein Interview zum Thema Aktuelles und Nachrichten führen
- Nachrichten verstehen
- Vorgänge und Ereignisse formulieren
- Einige Fakten über die deutsche Politik kennen
- Kurznachrichten schreiben

1 **Partnerinterview: Mediennutzung**

a Sprechen Sie mit Ihrer Partnerin/Ihrem Partner. Finden Sie Gemeinsamkeiten und Unterschiede und machen Sie Notizen.

(1) Wo/Wie informieren Sie sich über aktuelle Politik?
- Ich lese Zeitung.
- Ich sehe Nachrichten im Fernsehen.
- Ich höre Nachrichten im Radio.
- Ich informiere mich im Internet.
- ...
- Ich interessiere mich nicht für Nachrichten und Politik.

(2) Wo/Wie sehen Sie Filme?
- Ich sehe Filme im Fernsehen/auf DVD.
- Ich nutze Streaming-Portale oder Mediatheken von Fernsehsendern.
- Ich gehe gern/oft ins Kino.
- ...
- Ich sehe keine Filme.

(3) Wo/Wie lesen Sie Literatur/Fachliteratur?
- Ich lese Bücher/Fachzeitschriften.
- Ich lese Romane auf meinem e-Reader/Tablet.
- ...
- Ich lese selten/keine Bücher.
- Ich lese in meiner Freizeit keine Fachliteratur.

(4) Wo/Wie hören Sie Musik?
- Ich höre Musik im Radio/mit meinem Smartphone.
- Ich höre CDs.
- Ich gehe gern/oft in Konzerte.
- ...
- Ich höre keine/nicht oft Musik.

(5) Wie tauschen Sie mit Bekannten/Freunden Informationen aus? Wie senden Sie Grüße oder Glückwünsche?
- Ich schicke eine Mail/eine SMS.
- Ich nutze Online-Netzwerke.
- Ich twittere, blogge, poste alles.
- Ich telefoniere.
- Ich schreibe einen Brief.
- ...

b Berichten Sie.

Gemeinsamkeiten sind: Wir hören beide Nachrichten im Radio und sehen Nachrichtensendungen im Fernsehen.

Ein Unterschied ist: Paolo liest jeden Tag Zeitung, meistens im Zug. Ich lese keine Zeitung.

c Welches Verb passt zu welchem Nomen? Ordnen Sie zu. Orientieren Sie sich an Aufgabe 1a. Arbeiten Sie zu zweit. Manchmal gibt es mehrere richtige Lösungen.

▶ Nachrichtensendungen	☐	☐	a)	schreiben
1. einen Brief	☐	☐	b)	gehen
2. sich über aktuelle Politik	☐	☐	c)	sehen
3. eine SMS	☐	☐	d)	hören
4. Musik im Radio	☐	☐	e)	interessieren
5. ins Kino	☐	☐	f)	informieren
6. sich für Nachrichten	☐	☐	g)	herunterladen
7. Filme im Internet	☐	☐	h)	lesen
8. Fachzeitschriften	☐	☐	i)	senden

2 Etwas gleichzeitig machen

a Interview: Tun Sie manchmal zwei Dinge gleichzeitig?
Hören Sie die Antworten zweimal und ergänzen Sie die Informationen.

2 11

1. Petra bügelt Wäsche, wenn sie .... Manchmal telefoniert sie .... mit ihrer Mutter oder mit Freunden.
2. Birgit hört .... gern Musik, am liebsten Opern. Wenn sie ...., checkt sie ihre E-Mails, manche E-Mails .... sie gleich.
3. Luka liest auf seinem Tablet die Nachrichten, wenn er .... Außerdem hört er .... Musik.
4. Wenn Yannick an der Uni ...., sendet er oft Nachrichten an seine Freunde.
5. Jan ...., wenn er Auto fährt. .... liest er oft Berichte oder .... mit Kollegen.

b Strukturen: Temporale Nebensätze mit *wenn*
Lesen Sie die Sätze und unterstreichen Sie die Verben. Lesen Sie danach die Hinweise.

Wenn ich fernsehe, bügle ich die Wäsche.
Wenn ich Auto fahre, telefoniere ich mit Kunden.

▸ *Wenn* leitet einen Nebensatz ein. *Wenn* kann eine Bedingung *(siehe Kap. 5)* oder eine Zeit angeben. Die Handlungen in Haupt- und Nebensatz laufen gleichzeitig ab.

Beim Fernsehen bügle ich die Wäsche.
Beim Autofahren telefoniere ich mit Kunden.

▸ Nach der Präposition *bei* steht der Dativ. *Bei* verwendet man für gleichzeitige Handlungen *(siehe Kap. 4)*.

c Ergänzen Sie die Nomengruppe oder den Nebensatz.

▶ wenn ich laufe – beim Laufen
1. wenn ich Fußball spiele – ....
2. .... – beim Telefonieren
3. wenn ich bügle – ....
4. .... – beim Fahrradfahren
5. wenn ich esse – ....
6. wenn ich lerne – ....
7. .... – beim Kartoffelschälen

d Was machst du, wenn ...?
Formulieren Sie Fragen und Antworten. Orientieren Sie sich am Beispiel.

▶ A: *(wenn ▪ frühstücken)*
Was machst du, wenn du frühstückst?
B: *(Zeitung lesen)*
Wenn ich frühstücke, lese ich Zeitung.

1. A: *(wenn ▪ fernsehen)*
   B: *(E-Mails checken)*
2. B: *(bei ▪ Autofahren)*
   A: *(auf den Verkehr achten)*
3. A: *(bei ▪ Zugfahren)*
   B: *(Hausaufgaben machen oder Vokabeln lernen)*
4. B: *(wenn ▪ Vorlesungen besuchen)*
   A: *(zuhören oder ein Spiel auf dem Smartphone spielen)*
5. A: *(wenn ▪ einen Kaffee trinken)*
   B: *(mit Kollegen oder Freunden reden)*
6. B: *(wenn ▪ Essen kochen)*
   A: *(Musik hören und laut mitsingen)*

e Welche Dinge tun Sie gleichzeitig? Schreiben Sie vier Sätze.
Vergleichen Sie danach Ihre Sätze mit anderen Kursteilnehmern.

3 Kann man mehrere Dinge gleichzeitig tun?

a Lesen und hören Sie den Text. Schlagen Sie vor dem Lesen die Wörter *Gehirn* und *Leistungsfähigkeit* im Wörterbuch nach.

2 12

■ Multitasking

Multitasking bedeutet, dass ein Mensch mehrere Tätigkeiten gleichzeitig durchführt. Einige Wissenschaftler meinen jetzt, wir können nicht mehrere Dinge zur gleichen Zeit mit gleicher Konzentration und Leistungsfähigkeit tun. Wenn wir uns auf eine Sache konzentrieren, funktionieren andere Fähigkeiten nicht mehr hundertprozentig. Es ist natürlich möglich, dass jemand fernsieht und gleichzeitig bügelt. Das Bügeln läuft in der Regel automatisch ab, man braucht dazu keine volle Konzentration. Anders sieht es beim Autofahren aus. Untersuchungen haben ergeben, dass die Konzentrationsfähigkeit sinkt, wenn man beim Autofahren telefoniert. Schreibt man dazu noch eine SMS, liegt die Leistungsfähigkeit nur noch bei 60 Prozent, die Fehlerquote steigt. Neurobiologen sind nach vielen Experimenten zu dem Ergebnis gekommen, dass es Multitasking gar nicht gibt. Das Gehirn kann sich nicht auf mehrere Aufgaben gleichzeitig konzentrieren. Konkret bedeutet das: Wenn wir z. B. telefonieren und gleichzeitig mitschreiben, verstehen wir nur die Hälfte.

b Was steht im Text? Sind die Aussagen richtig oder falsch? Kreuzen Sie an.

		richtig	falsch
1.	Das Wort Multitasking bedeutet, dass man mehrere Dinge gleichzeitig macht.	☐	☐
2.	Menschen können sich auf viele Dinge gleichzeitig konzentrieren.	☐	☐
3.	Multitasking funktioniert, wenn eine von zwei Tätigkeiten automatisch abläuft.	☐	☐
4.	Man kann sehr gut Auto fahren und telefonieren.	☐	☐
5.	Wenn man beim Telefonieren mitschreibt, versteht man nur 50 Prozent.	☐	☐
6.	Wissenschaftler sagen, Multitasking ist nicht möglich.	☐	☐

c Rätsel: Schwierige Nomen
Wie heißt das Lösungswort? Schreiben Sie die Nomen mit großen Buchstaben.
Arbeiten Sie zu zweit. Orientieren Sie sich am Text.

1. M _ L T I T A S K _ _ _
2. T _ _ _ _ K _ I T E N
3. D _ _ _ E
4. _ I _ _ _ S C H A _ _ _ _ _
5. K O N Z _ _ _ R A _ _ _ _ _ F Ä _ _ _ K _ _ _
6. F E H _ _ _ Q _ O _ _
7. E R _ _ _ _ I _
8. _ _ H I _ N

1. Wenn man mehrere Aufgaben parallel erledigt, heißt das ① .
2. Viele Menschen führen mehrere ② gleichzeitig durch.
3. Aber können wir überhaupt mehrere ③ gleichzeitig tun?
4. ④ sagen, dass Multitasking nicht möglich ist.
5. Wenn wir beim Autofahren telefonieren, sinkt die ⑤ .
6. Die ⑥ steigt.
7. Zu diesem ⑦ sind Neurobiologen nach vielen Experimenten gekommen.
8. Das ⑧ kann sich nicht gleichzeitig auf mehrere Aufgaben konzentrieren.

d Welches Verb passt? Ergänzen Sie die Verben in der richtigen Form.

- ablaufen
- verstehen
- ~~ausüben~~
- konzentrieren
- kommen

▶ Niemand kann zwei Tätigkeiten mit gleicher Konzentration ausüben.
1. Man kann sich nur auf eine Sache ....
2. Manche Tätigkeiten .... automatisch ....
3. Zu diesem Ergebnis .... Wissenschaftler nach vielen Experimenten.
4. Wer beim Telefonieren noch etwas anderes macht, ... nur die Hälfte.

4 Gruppenarbeit: Fernsehen

a Sprechen Sie über Ihren Fernsehkonsum. Arbeiten Sie in kleinen Gruppen und vergleichen Sie Ihre Antworten mit anderen Kursteilnehmern.

Wie lange sehen Sie am Tag fern?
Was sehen Sie gern/oft?
- Nachrichtensendungen
- Spielfilme
- Serien
- Shows
- Dokumentarfilme/Reportagen
- Sport
- politische Magazine

b Sie möchten heute Abend gemeinsam fernsehen. Wählen Sie eine Sendung aus. Arbeiten Sie in Gruppen. Präsentieren und begründen Sie Ihre Auswahl.

SA 18. Juni

20 Uhr

Deutsche TV-Komödie
Liebe vergisst man nicht
20.15–21.45 Uhr

Talentshow
Deutschland sucht den Superstar
20.15–22.30 Uhr

Reportagen aus dem Ausland
Auslandsjournal
20.15–21.15 Uhr

Britische Krimiserie
Sherlock
20.15–21.15 Uhr

20 Uhr

Reportage
Schönes Österreich
20.15–21.45 Uhr

Amerikanischer Sci-Fi-Film
Star Trek
20.15–22.30 Uhr

Krimi aus der Reihe „Tatort“
Mord ist die beste Medizin
20.15–21.45 Uhr

Viertelfinale Handball
Handball Europameisterschaft
20.15–22.15 Uhr

- Ich möchte heute Abend ... sehen./Ich finde ... am interessantesten.
- Ich mag (keine) .../Ich bin ein/kein *(Krimifan)*.
- Was meinst du? Was hältst du von ...?/Magst du ...?
- Ich möchte lieber ... sehen./Ich finde ... interessanter als .../Mich interessiert ... mehr als ...
- Wir haben uns für ... entschieden./Die meisten von uns wollen ... sehen, weil ...
- Ein Grund dafür ist, dass *(wir die Serie gut finden)*.

5 Die beliebtesten Fernsehsendungen in Deutschland

a Lesen Sie den Text.

Was die Deutschen gern sehen

Die Statistik zu den beliebtesten Fernsehsendungen bietet keine Überraschungen: Auf Platz eins liegt wie jedes Jahr der Fußball. Die Spiele zur Qualifikation der Fußballeuropameisterschaft waren die Sendungen mit den meisten Zuschauern (10,79 Millionen).

Auf Platz zwei folgt die beliebte Krimireihe „Tatort“ mit durchschnittlich 9,61 Millionen Zuschauern. Bei den Tatortkrimis aus verschiedenen Städten Deutschlands, Österreichs und der Schweiz steht der Tatort aus Münster an der Spitze. Auch das ist kein neuer Trend.

Dahinter folgen wieder Fußballereignisse: der DFB-Pokal (8,91 Millionen) und die UEFA Champions League (8,42 Millionen). Die nächsten Plätze belegen drei weitere deutsche Krimiserien („Polizeiruf 110“, „Wilsberg“ und „Ein starkes Team“).

Immer noch beliebt sind deutsche Serien wie „Der Bergdoktor“, Quizshows wie „Wer wird Millionär?“ oder Sendungen für die Partnersuche wie „Bauer sucht Frau“. Das Interesse an Showsendungen (z. B. „Das Supertalent“) ist gesunken. Die Talentshow belegt nur Platz 53.

b Ergänzen Sie die Informationen aus dem Text.

1. Die Deutschen sehen am liebsten ....
2. Auf Platz zwei liegt ....
3. Dass .... und .... an der Spitze stehen, ist kein neuer ....
4. Auch auf den nächsten Plätzen folgen .... und ....
5. Die Zuschauerzahlen zeigen, dass deutsche Serien, ... und .... immer noch beliebt sind.
6. Weniger interessant finden die Zuschauer ....

c Vertiefen Sie den Wortschatz des Textes. Wie heißt der Plural? Ergänzen Sie.

▸	die Sendung	– die Sendungen	4.	die Überraschung	– ....
1.	der Platz	–	5.	die Serie	– ....
2.	der Krimi	–	6.	die Stadt	– ....
3.	das Fußballereignis	–	7.	der Zuschauer	– ....

d Bilden Sie Sätze. Achten Sie auf den richtigen Kasus nach den Präpositionen und das Verb.

▸ *die Statistik ▪ zu → die beliebtesten Fernsehsendungen ▪ keine Überraschungen ▪ bieten*
Die Statistik zu den beliebtesten Fernsehsendungen bietet keine Überraschungen.

1. *auf Platz eins ▪ wie jedes Jahr ▪ der Fußball ▪ liegen*
   ....
2. *auf Platz zwei ▪ die beliebte Krimireihe Tatort ▪ mit → 9,61 Millionen Zuschauer ▪ folgen*
   ....
3. *bei → die Tatortkrimis ▪ der Tatort aus Münster ▪ an → die Spitze ▪ stehen*
   ....
4. *die folgenden Plätze ▪ wieder ▪ Fußballereignisse und deutsche Krimiserien ▪ belegen*
   ....
5. *zu → die beliebten Fernsehsendungen ▪ auch ▪ deutsche Serien, Quizshows oder Sendungen für die Partnersuche ▪ zählen*
   ....
6. *das Interesse an Showsendungen ▪ seit → einige Jahre ▪ sinken*
   ....

6 Beliebte Fernsehsendungen in meinem Heimatland

Recherchieren Sie und berichten Sie über beliebte Fernsehsendungen in Ihrem Heimatland. Haben Sie eine Lieblingssendung?

- Die *(Griechen)* sehen am liebsten ...
- ... ist/sind in *(Griechenland)* auch sehr beliebt.
- Die Sendung mit den meisten Zuschauern war/ist ...
- Auf Platz zwei folgt ... Das ist ein/kein neuer Trend.
- Platz drei belegt ...
- Immer noch (sehr) beliebt sind ...
- ... sehen die Leute in ... nicht mehr so gern.
- Das Interesse an ... ist gesunken/gestiegen.
- Das ist (nicht) überraschend.

7 Strukturen: Genus der Nomen

Kennen Sie den richtigen Artikel? Ordnen Sie die Nomen zu.
Unterstreichen Sie die Endung, wenn vorhanden. Ergänzen Sie dann die Hinweise. Arbeiten Sie zu zweit.

▪ ~~Sendung~~ ▪ Fußball ▪ Experiment ▪ Auto ▪ Tätigkeit ▪ Ergebnis ▪ Autofahren ▪ Handy ▪ Konzentration ▪ Überraschung ▪ Leistung ▪ Partner ▪ Partnersuche ▪ Land ▪ Reportage ▪ Montag ▪ Telefon ▪ Museum ▪ Redakteurin ▪ Buch ▪ Information ▪ Untersuchung ▪ Zuschauerin ▪ Zeit ▪ Kochen ▪ Erlebnis ▪ Studio ▪ Fernsehen ▪ Dokument ▪ Spitze

der *(maskulin)*	die *(feminin)*	das *(neutral)*
	die Send<u>ung</u>	

▸ Für viele Nomen gibt es keine Genus-Regel. Man sollte das Nomen zusammen mit dem Artikel lernen: *der Fußball, die Zeit, das Buch, das Land*

▸ Bei einigen Nomen kann man das Genus an der Endung erkennen:
- Nomen auf **-ung**, **-keit**, **-ion** sind immer ....
  Viele Nomen auf **-e** sind auch ....
- Viele Nomen auf **-ment** und **-nis** sind ....

▸ Einige weitere Regeln sind:
- Nomen, die aus dem Infinitiv gebildet werden *(das Autofahren)*, und viele internationale Wörter *(das Radio, das Telefon)* sind ....
- Männliche Personen *(der Partner)* und Zeitangaben wie Tage oder Monate sind ....
- Weibliche Personen *(die Zuschauerin)* sind .... (Ausnahme: *das Mädchen*).

8 Interview: Aktuelles

Fragen Sie zwei Kursteilnehmer und notieren Sie die Antworten. Berichten Sie anschließend.

① Wie oft hören/lesen/sehen Sie am Tag Nachrichten?

② Welche Nachrichten interessieren Sie besonders?
- Neuigkeiten aus dem Inland
- Neuigkeiten aus dem Ausland
- Nachrichten aus der Wirtschaft
- Nachrichten aus der Wissenschaft
- Sportereignisse
- regionale Nachrichten
- Neues von Prominenten
- Aktuelles aus Kunst und Kultur
- das Wetter
- ...

③ Mit wem sprechen Sie über aktuelle Ereignisse?

9 Nachrichten

Lesen und hören Sie fünf Kurznachrichten. Ordnen Sie den Nachrichten eine Kategorie zu und überlegen Sie sich eine Überschrift. Arbeiten Sie zu zweit.

2 13

- Internationale Beziehungen
- Wirtschaft
- Kunst und Kultur
- Umwelt
- ~~Innenpolitik~~

①

❖ Innenpolitik ❖

■ 300 000 neue Wohnungen

In Deutschland werden zurzeit so viele Wohnungen gebaut wie seit zehn Jahren nicht mehr. Nach Angaben der Bauindustrie werden in diesem Jahr etwa 300 000 neue Wohnungen fertiggestellt. Doch das reicht nicht. Damit sich die Lage auf dem Wohnungsmarkt verbessert, müssen jedes Jahr 350 000 bis 400 000 neue Wohnungen entstehen. Die Regierung will nun Maßnahmen für den Bau von mehr Wohnungen treffen.

②

❖ .... ❖

■ ....

Heute beginnt das deutsch-polnische Regierungstreffen in Berlin. Themen sind die Verbesserung der Zusammenarbeit und die Intensivierung der wirtschaftlichen Beziehungen. An der Besprechung im Kanzleramt nehmen Vertreter der Regierung und der Wirtschaft teil. Konkrete Ergebnisse werden vor allem im Bereich der Sicherheitspolitik erwartet.

③

❖ .... ❖

■ ....

Nach einer Studie der deutschen Banken sind fast 60 Prozent der Bundesbürger mit ihrer finanziellen Situation zufrieden. Das ist der höchste Wert seit zehn Jahren. Doch vor allem die jungen Leute wollen ihr Geld nicht sparen. Sie geben es lieber für Kleidung, Reisen und andere Dinge aus. Ein Grund dafür ist, dass Geld auf der Bank im Moment keinen Gewinn bringt.

④

❖ .... ❖

■ ....

Die meisten Menschen haben Angst vor Schlangen, Haien oder Löwen. Doch diese Tiere stehen nicht auf der Liste der gefährlichsten Tiere für den Menschen. Durch Haie zum Beispiel sterben pro Jahr zehn Menschen. Das gefährlichste Tier ist die Mücke. Etwa 750 000 Menschen sterben jedes Jahr an den Folgen eines Mückenstichs, denn Mücken übertragen tödliche Krankheiten. Klimaforscher warnen jetzt vor der Gefahr, dass sich Mücken weiter ausbreiten. Die Temperaturen steigen, der Regen nimmt zu – das sind ideale Lebensbedingungen für Mücken.

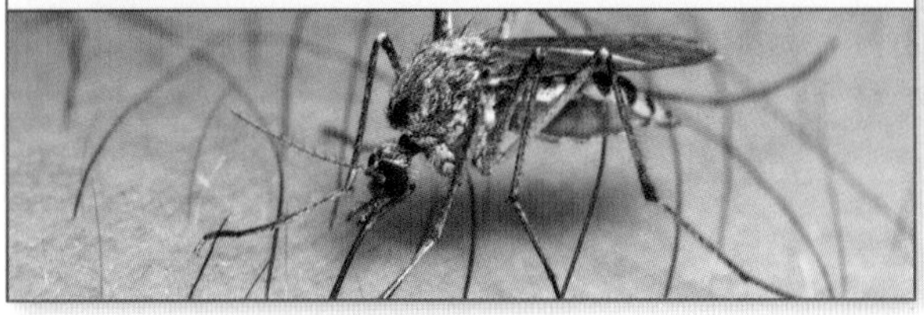

⑤

❖ .... ❖

■ ....

Größer, höher, teurer – auf der *Art Basel* wird noch bis zum Sonntag mit moderner Kunst gehandelt. 286 Galeristen aus 88 Ländern bieten Kunstwerke für Interessenten mit großem Geldbeutel an. Gleich am ersten Tag der Kunstmesse fand die Skulptur „Tomato Head" von Paul McCarthy für 4,75 Millionen Dollar einen Käufer. Das Interesse an Kunst ist weiter gestiegen, so berichten die Kunsthändler. Viele Käufer, darunter auch Prominente aus dem Showbusiness, sehen Kunst als gute Geldanlage.

10 Textarbeit

Was steht in den Texten? Sind die Aussagen richtig oder falsch? Kreuzen Sie an: *a*, *b* oder *c*.

① In Deutschland
a) ☐ gibt es genügend Wohnungen.
b) ☐ fehlen pro Jahr 50 000 bis 100 000 neue Wohnungen.
c) ☐ fehlen pro Jahr 350 000 bis 400 000 neue Wohnungen.

② Beim deutsch-polnischen Regierungstreffen
a) ☐ stehen wirtschaftliche Themen auf dem Programm.
b) ☐ geht es nur um Politik.
c) ☐ wird über verschiedene Themen gesprochen.

③ Die Deutschen
a) ☐ sparen ihr Geld.
b) ☐ wünschen sich mehr Geld.
c) ☐ sind überwiegend zufrieden mit ihrem Einkommen.

④ Klimaforscher warnen vor
a) ☐ gefährlichen Tieren.
b) ☐ Haien und Löwen.
c) ☐ der weiteren Ausbreitung von Mücken.

⑤ Auf der *Art Basel*
a) ☐ laufen die Geschäfte mit der Kunst gut.
b) ☐ gibt es zu viele Besucher und Prominente.
c) ☐ kann man eine Ausstellung über moderne Kunst sehen.

11 Nominalstrukturen

a Ergänzen Sie die Angaben in Klammern im Genitiv oder mit der angegebenen Präposition.

▶ Nach Angaben der Bauindustrie *(die Bauindustrie)* werden in diesem Jahr etwa 300 000 neue Wohnungen fertiggestellt.
1. Die Regierung will nun Maßnahmen .... *(für ▪ der Bau von mehr Wohnungen)* treffen.
2. Ein Thema .... *(das Regierungstreffen)* ist die Verbesserung .... *(die Zusammenarbeit)*.
3. Konkrete Ergebnisse werden vor allem im Bereich .... *(die Sicherheitspolitik)* erwartet.
4. Fast 60 Prozent .... *(die Bundesbürger)* sind mit ihrer finanziellen Situation zufrieden.
5. 286 Galeristen aus 88 Ländern bieten Kunstwerke .... *(für ▪ Interessenten mit großem Geldbeutel)* an.
6. Gleich am ersten Tag .... *(die Kunstmesse)* fand die Skulptur „Tomato Head" einen Käufer.
7. Das Interesse .... *(an ▪ Kunst)* ist weiter gestiegen.
8. Etwa 750 000 Menschen sterben jedes Jahr an den Folgen .... *(ein Mückenstich)*.

Strukturen

In formellen Texten verwendet man viele Nominalstrukturen, z. B.:
- Strukturen mit dem Genitiv *(siehe Kapitel 2)*: **die Verbesserung der Zusammenarbeit**
- Strukturen mit einer Präposition: **das Interesse an Kunst**

b Ergänzen Sie.

- an *(2 x)*
- für
- als
- ~~mit~~
- vor *(2 x)*

▶ Nach einer Studie des Deutschen Bankenverbandes sind viele Bundesbürger mit ihrer finanziellen Situation zufrieden.

1. Junge Leute geben ihr Geld lieber .... Kleidung, Reisen und andere Dinge aus.
2. Viele Käufer sehen Kunst .... gute Geldanlage.
3. Die meisten Menschen haben Angst .... Schlangen, Haien oder Löwen.
4. Etwa 750 000 Menschen sterben jedes Jahr .... den Folgen eines Mückenstichs.
5. Klimaforscher warnen jetzt .... der Gefahr durch Mücken.
6. Vertreter der Regierung und der Wirtschaft nehmen .... der Besprechung im Kanzleramt teil.

Berlin: Bundeskanzleramt

c Was passt zusammen? Ordnen Sie zu. Arbeiten Sie zu zweit: Eine/Einer löst Aufgabe A, eine/einer Aufgabe B. Kontrollieren Sie danach die Lösungen der Partnerin/des Partners.

Ⓐ

▶	Maßnahmen für den Bau von Wohnungen	☐ →	☐	a)	ausgeben
1.	an einer Besprechung	☐	☐	b)	sparen
2.	mit der finanziellen Situation zufrieden	☐	☐	c)	teilnehmen
3.	Geld auf der Bank	☐	→ ☐	d)	treffen
4.	Geld für Reisen	☐	☐	e)	sein

Ⓑ

▶	Kunstwerke	☐ →	☐	a)	stehen
1.	einen Käufer	☐	☐	b)	übertragen
2.	Kunst als Geldanlage	☐	☐	c)	sehen
3.	auf der Liste der gefährlichsten Tiere	☐	☐	d)	sterben
4.	vor einer Gefahr	☐	→ ☐	e)	anbieten
5.	an einer Krankheit/durch Mückenstiche	☐	☐	f)	warnen
6.	tödliche Krankheiten	☐	☐	g)	finden

12 Strukturen: Das Passiv im Präsens

a Lesen Sie die Sätze aus den Zeitungsmeldungen. Unterstreichen Sie die Verben.

▶ In Deutschland werden zurzeit viele Wohnungen gebaut.

1. Nach Angaben der Bauindustrie werden in diesem Jahr etwa 300 000 neue Wohnungen fertiggestellt.
2. Konkrete Ergebnisse werden vor allem im Bereich der Sicherheitspolitik erwartet.
3. Auf der *Art Basel* wird noch bis zum Sonntag mit moderner Kunst gehandelt.

b Lesen Sie die Beispielsätze und Hinweise.

Aktiv	Die Firma **baut** neue Wohnungen. Die Politiker **erwarten** konkrete Ergebnisse. Galeristen **handeln** auf der Messe mit Kunst.	▸ Im Mittelpunkt stehen die Personen/ Institutionen: *die Firma, die Politiker, die Galeristen.*
Passiv	Neue Wohnungen **werden gebaut.** Konkrete Ergebnisse **werden erwartet.** Auf der Messe **wird** mit Kunst **gehandelt.**	▸ Im Mittelpunkt steht der Vorgang: *der Bau, die Erwartung, der Handel.* ▸ Bildung: *werden + Partizip II*

c Ergänzen Sie die Verben im Passiv.

▸ Die Firmen stellen neue Wohnungen fertig.	Neue Wohnungen *werden fertiggestellt*.
1. Die Regierung trifft Maßnahmen.	Maßnahmen ....
2. Die Politiker führen Gespräche.	Gespräche ....
3. Junge Menschen geben viel Geld für Kleidung aus.	Für Kleidung .... viel Geld ....
4. Galeristen bieten Kunstwerke an.	Kunstwerke ....
5. Händler verkaufen moderne Kunst.	Moderne Kunst ....
6. Umweltforscher warnen vor Gefahren.	Vor Gefahren ....
7. Mücken übertragen Krankheiten.	Krankheiten ....

13 Nachrichten im Radio

a Lesen Sie die Aussagen und suchen Sie die Wörter *Weltkulturerbe*, *Straftat* und *Einbruch* im Wörterbuch. Hören Sie danach die Nachrichten. Sind die Aussagen richtig oder falsch? Kreuzen Sie an.

2 14

	richtig	falsch
1. Eine japanische Wirtschaftsdelegation fährt nach Deutschland.	☐	☐
2. Die Zusammenarbeit zwischen Deutschland und Japan wird vor allem in den Bereichen Technik, Digitalisierung und Städtebau intensiviert.	☐	☐
3. Die Zahl der Straftaten in Deutschland ist gestiegen.	☐	☐
4. Es gibt in Deutschland mehr politisch motivierte Straftaten.	☐	☐
5. Die UNESCO hat sieben Häuser in Stuttgart zum Weltkulturerbe erklärt.	☐	☐
6. Der neue Sieger in der Champions League heißt Real Madrid.	☐	☐
7. Im Norden von Deutschland regnet es.	☐	☐

b In einigen Wörterbüchern finden Sie Informationen zur Aussprache.

Sie bekommen u. a. Informationen
- zur Aussprache der Laute
- zur Länge der Laute
- zum Wortakzent.

Der Buchstabe -s- wird als [ʃ]-Laut gesprochen.

Straftat [ˈʃtʀaːftaːt]

Der Wortakzent [ˈ] ist auf der ersten Silbe.

Der Vokal *a* wird lang gesprochen.

c Wie spricht man das Wort *Einbruch* aus? Suchen Sie im Wörterbuch nach Informationen.

d Hören Sie die Nachrichten noch einmal und ergänzen Sie die Verben in der richtigen Form.

①
Wirtschaftsminister in Japan

Der deutsche Wirtschaftsminister ist heute mit einer Wirtschaftsdelegation nach Japan .... Ab morgen .... Gespräche mit dem japanischen Wirtschaftsminister und Vertretern der Wirtschaft .... Im Mittelpunkt .... eine Vertiefung der Zusammenarbeit in den Bereichen Technik, Digitalisierung und Städtebau. Konkret .... es um neue technische Standards in der Telekommunikation.

②
Straftaten in Deutschland

Heute hat der Innenminister die neue Kriminalstatistik .... Laut Statistik hat sich die Anzahl der Straftaten in Deutschland nicht .... Eine Zunahme .... es bei politisch motivierten Straftaten und bei Einbrüchen in Wohnungen und Häuser. Die Anzahl anderer Straftaten .... Die gefährlichste Stadt in Deutschland .... wie im letzten Jahr Frankfurt.

③
Weltkulturerbe in Stuttgart

Zwei Häuser in Stuttgart .... ab jetzt zum Weltkulturerbe. Die UNESCO .... am Sonntag einige Bauwerke des Architekten Le Corbusier in sieben Ländern in die Liste des Weltkulturerbes .... Dazu .... auch die Corbusier-Häuser in Stuttgart. Laut UNESCO hat Le Corbusier einen großen Einfluss auf die Architektur des 20. Jahrhunderts.

④
FC Bayern verliert im Finale

Der FC Bayern .... gestern Abend das Finale der UEFA Champions League gegen Real Madrid 1:2. Das .... für die Bayern bereits die dritte Niederlage in einem Finale der Champions League.

⑤
Das Wetter

Und zum Schluss das Wetter: Im Norden von Deutschland .... die Sonne, im Süden ist es überwiegend wolkig. Vor allem in Niederbayern .... es seit gestern Abend. Die Temperaturen .... zwischen 18 und 22 Grad.

14 Wortschatzarbeit

a Ordnen Sie Wörter und Ausdrücke aus Aufgabe 13d den folgenden Themen zu:

1. Politik und Wirtschaft *Wirtschaftsminister, Wirtschaftsdelegation, Gespräche finden statt,* ....
2. Kriminalität ....
3. Architektur ....
4. Sport ....
5. Wetter ....

b Schreiben Sie Nachrichten. Wählen Sie drei neue Themen und schreiben Sie zu jedem Thema zwei bis drei Sätze.

15 Einige Fakten über die deutsche Politik

Lesen und hören Sie die Texte.

2 15

① Der Bundestag

Das Parlament der Bundesrepublik Deutschland ist der Deutsche Bundestag. Die Sitzungen des Bundestages finden im Reichstagsgebäude in Berlin statt.
Der Bundestag hat viele Funktionen. Seine wichtigste Aufgabe ist die Entscheidung über neue Gesetze. Er kann auch das Grundgesetz (die Verfassung) ändern. Er genehmigt internationale Verträge und bestimmt über die finanziellen Mittel der verschiedenen Ministerien. Der Bundestag entscheidet über den Einsatz der Armee, der Bundeswehr.

② Die Bundestagswahl

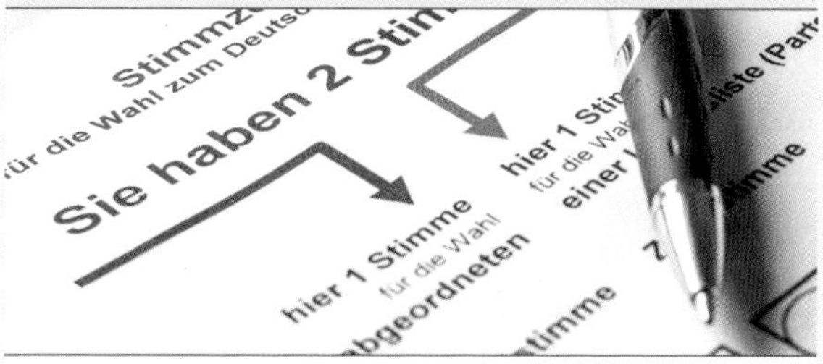

In Deutschland finden alle vier Jahre Bundestagswahlen statt. Jeder Wähler hat zwei Stimmen. Mit der ersten Stimme wählt man einen Kandidaten aus dem Wohnort, mit der zweiten Stimme wählt man eine Partei.
In Deutschland gibt es viele Parteien, z. B. die sozialdemokratische Partei SPD, die konservativen Unionsparteien CDU und CSU, Bündnis 90/Die Grünen, die Linke oder die liberale Partei FDP. Wenn eine Partei mindestens fünf Prozent der Stimmen gewinnt, kommt sie in den Bundestag. Im Bundestag sitzen etwa 600 Abgeordnete.

③ Die Bundeskanzlerin/Der Bundeskanzler

Die Regierungsgeschäfte führt die Bundeskanzlerin/der Bundeskanzler. Sie/Er ist die mächtigste Person in der deutschen Politik. Die Bundeskanzlerin/Der Bundeskanzler bestimmt die Minister und die politischen Richtlinien.

④ Die Bundespräsidentin/Der Bundespräsident

Die Bundespräsidentin/Der Bundespräsident ist das Staatsoberhaupt der Bundesrepublik Deutschland. Sie/Er vertritt die Bundesregierung völkerrechtlich und übernimmt repräsentative Aufgaben im In- und Ausland.

16 Textarbeit

a Ergänzen Sie die Informationen aus dem Text.

1. Das deutsche Parlament heißt ....
2. Die deutsche Verfassung ist das ....
3. Die Armee heißt ....
4. Bei der .... wählt man mit der zweiten Stimme eine ....
5. Die mächtigste Person der deutschen Politik ist ....
6. Die Bundespräsidentin/Der Bundespräsident ist das .... der Bundesrepublik Deutschland.

b Ergänzen Sie die Nomen.

- Abgeordnete
- Stimmen
- ~~Sitzungen~~
- Gesetze
- Richtlinien
- Regierungsgeschäfte
- Funktionen
- Mittel
- Aufgaben

▶ Die Sitzungen des Bundestages finden im Reichstagsgebäude in Berlin statt.

1. Der Bundestag hat viele ...., zum Beispiel entscheidet er über neue ....
2. Der Bundestag genehmigt internationale Verträge und bestimmt über die finanziellen .... der verschiedenen Ministerien.
3. Jeder Wähler hat zwei ....
4. Im Bundestag sitzen etwa 600 ....
5. Die .... führt die Bundeskanzlerin/der Bundeskanzler.
6. Die Bundeskanzlerin/Der Bundeskanzler bestimmt die Minister und die politischen ....
7. Die Bundespräsidentin/Der Bundespräsident übernimmt repräsentative .... im In- und Ausland.

17 Bericht: Politik in meinem Heimatland

Berichten Sie. Arbeiten Sie in kleinen Gruppen.

1. Wer regiert zurzeit in Ihrem Heimatland?
2. Welche Parteien gibt es im Parlament?
3. Wo und mit wem spricht man in Ihrem Heimatland über politische Themen? (zu Hause, mit Freunden, mit Kollegen ...)

Verwenden Sie einige Redemittel aus den Aufgaben 15 und 16.

18 Sich verabreden

Schreiben Sie zwei Textnachrichten.

①
Sie möchten mit Ihrer Freundin Julia den Reichstag in Berlin besichtigen. Sie wollten sich um 11 Uhr vor dem Gebäude treffen, aber Sie sind zu spät.

- Entschuldigen Sie sich dafür, dass Sie zu spät kommen.
- Schreiben Sie, warum Sie zu spät kommen.
- Sagen Sie, ob Ihre Freundin auf Sie warten soll.

Schreiben Sie 20 bis 30 Wörter. Schreiben Sie etwas zu allen drei Punkten.

②
Sie wollen mit Ihrem Freund Jakob die Kunstmesse in Basel besuchen. Die Messe geht von Donnerstag bis Sonntag.

- Schreiben Sie, an welchem Tag Sie Zeit haben.
- Sagen Sie, wo und wann Sie sich treffen.
- Schreiben Sie, was Sie abends machen wollen.

Schreiben Sie 20 bis 30 Wörter. Schreiben Sie etwas zu allen drei Punkten.

Übungen zur Vertiefung und zum Selbststudium

Ü1 Wann tun Sie das?

Antworten Sie wie im Beispiel.
Verwenden Sie *wenn* und *bei*.

▶	Wann hören Sie Radio? *(Auto fahren)*	a) Ich höre Radio, wenn ich Auto fahre.	b) Ich höre beim Autofahren Radio.
1.	Wann sprecht ihr über Politik? *(Kaffee trinken)*	a)	b) ....
2.	Wann erholst du dich? *(malen)*	a)	b) ....
3.	Wann chattest du mit deinen Freunden? *(fernsehen)*	a)	b) ....
4.	Wann hörst du Musik? *(laufen)*	a)	b) ....
5.	Wann fühlt ihr euch besonders wohl? *(wandern)*	a)	b) ....
6.	Wann lest ihr Zeitung? *(frühstücken)*	a)	b) ....

Ü2 Multitasking

Bilden Sie Sätze im Präsens.

▶ *Multitasking ▪ es ▪ nicht ▪ geben*
Multitasking gibt es nicht.

1. *ein Mensch ▪ nicht ▪ mehrere Tätigkeiten ▪ gleichzeitig ▪ durchführen ▪ können*
2. *wir ▪ nur ▪ auf eine Sache ▪ hundertprozentig ▪ sich konzentrieren ▪ können*
3. *für einige Tätigkeiten ▪ wir ▪ keine volle Konzentration ▪ brauchen*
4. *wenn ▪ man ▪ beim Autofahren ▪ telefonieren, ▪ die Fehlerquote ▪ steigen*
5. *wenn ▪ wir ▪ telefonieren ▪ und ▪ gleichzeitig ▪ mitschreiben, ▪ wir ▪ nur die Hälfte ▪ verstehen*

Ü3 Fernsehen

a Lesen Sie den Text und ergänzen Sie die Verben im Präteritum.

▪ Fernsehgeschichte in Österreich

Am 1. August 1955 sendete *(senden)* der Österreichische Rundfunk die erste Fernsehsendung. Das Thema der ersten Sendung .... (1) *(sein)* das neue Medium selbst: Die Redakteure der großen österreichischen Tageszeitungen .... (2) *(diskutieren)*, ob die Menschen jetzt noch Zeitungen kaufen oder ob das Fernsehen der Presse schadet.

Damals .... (3) *(geben)* es in Österreich etwa 1 000 Fernsehgeräte. Die Geräte .... (4) *(kosten)* sehr viel Geld: 8 000 Schilling. So viel .... (5) *(verdienen)* die Österreicher im Durchschnitt in fünf Monaten.

Das Fernsehprogramm .... (6) *(laufen)* im ersten Jahr nur wenige Stunden am Tag. Ab 1957 .... (7) *(können)* die Zuschauer den ganzen Tag fernsehen, nur am Dienstag .... (8) *(haben)* das Fernsehen Sendepause.

b *Der, die* oder *das*? Ergänzen Sie die Artikel.

- ▶ die Stunde
1. .... Sendepause
2. .... Dienstag
3. .... Fernsehen
4. .... Sendung
5. .... Tageszeitung
6. .... Medium
7. .... Presse
8. .... Chefredakteur

Ü4 Die beliebtesten Fernsehsendungen in Österreich

Ergänzen Sie die Nomen.

- Wettbewerb
- ~~Fernsehsendung~~
- Partnersuche
- Überraschung
- Wahlen
- Spiele
- Sportsendung
- Zuschauer

Die beliebteste Fernsehsendung im letzten Jahr war eine Musiksendung: das Finale des Eurovision Song Contest (1,67 Millionen Zuschauer). Das ist keine .... (1), denn ein österreichischer Künstler hat den .... (2) gewonnen. Auf Platz zwei folgt eine .... (3). Die Ski-Weltmeisterschaft im Slalom der Damen sahen 1,64 Millionen Sportfans. Und dass sich die Österreicher neben Sport auch für Politik interessieren, zeigt der dritte Platz: 1,6 Millionen .... (4) schalteten zu den .... (5) im Oktober den Fernseher ein. Dahinter folgen, wie in Deutschland, die .... (6) der UEFA Champions League. Sehr beliebt ist in Österreich auch eine Sendung zur .... (7): „Bauer sucht Frau".

Ü5 Nachrichten

a Ergänzen Sie die Verben im Passiv.

▶ Die Regierungen verbessern die Zusammenarbeit zwischen Deutschland und Norwegen.
Die Zusammenarbeit zwischen Deutschland und Norwegen wird verbessert.

1. Die Bauindustrie baut 300 000 neue Wohnungen.
   300 000 neue Wohnungen ....
2. Der Innenminister präsentiert die neue Kriminalstatistik.
   Die neue Kriminalstatistik ....
3. Der Kulturminister eröffnet in Paris die größte europäische Kunstmesse.
   Die größte europäische Kunstmesse .... in Paris ....
4. Die EU-Minister führen wichtige Gespräche über die Sicherheitspolitik.
   Wichtige Gespräche über die Sicherheitspolitik ....
5. Heute geben junge Leute mehr Geld für Kleidung und Reisen aus.
   Heute .... mehr Geld für Kleidung und Reisen ....
6. Auf der *Art Basel* kaufen reiche Leute teure Kunstwerke.
   Auf der *Art Basel* .... teure Kunstwerke ....
7. Die UNESCO erklärt Bauwerke von Le Corbusier zum Weltkulturerbe.
   Bauwerke von Le Corbusier .... zum Weltkulturerbe ....

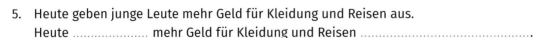

b Hast du schon gehört, dass ...?
Formen Sie die Sätze 1 bis 5 aus Teil a) um. Achten Sie auf den Satzbau.

▶ Hast du schon gehört, dass die Zusammenarbeit zwischen Deutschland und Norwegen verbessert wird? – Ja, ich habe das heute Morgen im Radio gehört.

1. Hast du schon gehört, dass ....?
   – Noch nicht. Ich finde das gut, die Städte brauchen neue Wohnungen.
2. Weißt du, dass ....?
   – Nein. Die Kriminalstatistik interessiert mich auch nicht.
3. Weißt du, dass ....?
   – Ja. Wenn ich Zeit habe, fahre ich nach Paris und besuche die Messe.
4. Hast du auch gelesen, dass ....?
   Ja, das habe ich heute in der Zeitung gelesen.
5. Hast du schon gehört, dass ....?
   – Ja, das mache ich auch.

Ü6 › Wortschatz

a Welches Verb passt? Ordnen Sie zu.

Der Minister will

▶ viele Wohnungen	☐	☐	a) führen.
1. die Lage auf dem Wohnungsmarkt	☐	☐	b) fertigstellen.
2. Maßnahmen	☐	☐	c) verbessern.
3. intensive Gespräche	☐	☐	d) präsentieren.
4. die wirtschaftliche Zusammenarbeit	☐	☐	e) treffen.
5. konkrete Ergebnisse	☐	☐	f) intensivieren.

b Ergänzen Sie das passende Verb in der richtigen Form und unterstreichen Sie die zum Verb gehörende Präposition.

- zählen
- warnen
- ~~teilnehmen~~
- gehören
- handeln
- gehen

▶ Vertreter der Regierung und der Wirtschaft nehmen an dem Gespräch teil.
1. In dem Projekt .... es um neue technische Standards in der Telekommunikation.
2. Zwei Häuser in Stuttgart .... jetzt zum Weltkulturerbe.
3. Zu den beliebten Fernsehsendungen .... Serien und Quizshows.
4. Umweltforscher .... vor der Ausbreitung von Mücken.
5. Galeristen .... auf der *Art Basel* noch bis zum Sonntag mit moderner Kunst.

c Wie heißt das Nomen? Nennen Sie auch den Artikel.

▶ etwas/jemanden unterstützen – die Unterstützung
1. etwas verbessern – ....
2. etwas intensivieren – ....
3. etwas besprechen – ....
4. etwas untersuchen – ....
5. regieren – ....
6. wohnen – ....

▶ etwas verkaufen – der Verkauf
7. zusammenarbeiten – ....
8. etwas gewinnen – ....
9. Wohnungen bauen – ....
   Wohnungs..........................
10. experimentieren – ....

Ü7 › Nachrichten aus der Schweiz
Lesen und hören Sie die Nachrichten. Ergänzen Sie die Wörter in der richtigen Form.

2 16

- Moment
- Arbeit
- Zahl
- Grund
- ~~Bevölkerungszahl~~

① **Panorama: Mehr Zürcherinnen und Zürcher**

Die Bevölkerungszahl des Kantons Zürich steigt mehr als erwartet. Im .... leben im Kanton Zürich 1 482 003 Einwohner. Die .... der Einwohner ist im letzten Jahr um 18 000 gestiegen. Als einen möglichen .... geben die Politiker an, dass immer mehr Menschen in der Schweiz .... suchen und finden. Bis 2040 rechnen sie mit 1,8 Millionen Einwohnern im Kanton.

② **Wissenschaft: Fossilien-Fund im Tessin**

Am Berg Monte San Giorgio .... Forscher letzten Montag zwei Fossilien. Es .... sich um Fische aus der Urzeit. Die neu entdeckte Fischart .... vor etwa 240 Millionen Jahren. Die Forscher .... der neuen Fischart den Namen Tricinolepis.

- handeln
- leben
- entdecken
- geben

- Rennen
- Sonntag
- Woche
- Folgen
- Aussagen

③ **Sport: Iron(wo)man startet wieder**

Vor einer .... gewann die 29-jährige Ironman-Weltmeisterin Daniela Ryf bereits ein .... über die Ironman-Distanz. Nun startet die Schweizerin schon wieder: am .... in Zürich.

Nach .... von Ärzten ist das ein großes Risiko. Bei extremen Sportarten ist eine Woche Pause zu wenig. Die Ärzte warnen vor negativen .... für die Gesundheit und vor Unfällen.

Ü8 › Rätsel: Regieren
Wie heißt das Lösungswort? Schreiben Sie die Nomen mit großen Buchstaben.

1.							P	A								
2.	S	T	A			S					H	A	U			
3.		R	I					I	N							
4.						M		N	I							
5.			G	E												
6.					S	T										
7.								A	N	D	I					

1. Das ① der Bundesrepublik ist der Deutsche Bundestag.
2. Das ② der Bundesrepublik ist die Bundespräsidentin/der Bundespräsident.
3. Die Bundeskanzlerin/Der Bundeskanzler bestimmt die ③ der Politik.
4. Die Bundeskanzlerin/Der Bundeskanzler bestimmt auch die ④.
5. Der Bundestag entscheidet über neue ⑤.
6. Bei der Bundestagswahl hat jeder Wähler zwei ⑥.
7. Bei den Wahlen gibt es verschiedene ⑦.

Wichtige Wörter und Wendungen

Wiederholen Sie die Wörter und Wendungen.
Die Redemittel zum Hören und zweisprachige Redemittellisten finden Sie unter
http://www.schubert-verlag.de/spektrum.a2.dazu.php#K8

Mediennutzung

- Nachrichtensendungen im Fernsehen sehen
- sich über aktuelle Politik informieren
- E-Mails checken
- eine SMS senden
- Informationen mit Freunden austauschen
- Musik im Radio hören
- ins Kino gehen
- Filme im Internet herunterladen
- Fachzeitschriften lesen
- Spiele auf dem Smartphone spielen

Fernsehen

- gern/am liebsten Spielfilme, Dokumentarfilme, Serien, Shows, Reportagen, politische Magazine sehen
- sich für eine Sendung entscheiden
- sehr beliebt sein
- wenige/viele/die meisten Zuschauer haben
- auf dem Spitzenplatz liegen
- auf Platz zwei folgen
- Platz drei belegen
- ein/kein neuer Trend sein
- (keine) Überraschungen bieten
- Das Interesse an Sendungen steigt/sinkt.

Deutsche Politik

- der Bundestag; die Bundestagswahl
- die Bundeskanzlerin/der Bundeskanzler
- die Bundespräsidentin/der Bundespräsident
- die Ministerin/der Minister
- die/der Abgeordnete
- die Regierung
- die Partei
- repräsentative Aufgaben übernehmen
- die Bundesregierung vertreten
- Richtlinien der Politik bestimmen
- die Regierungsgeschäfte führen
- einen Kandidaten/eine Partei wählen
- über Gesetze entscheiden
- das Grundgesetz (die Verfassung) ändern
- über finanzielle Mittel bestimmen
- den Einsatz der Bundeswehr kontrollieren

Multitasking

- mehrere Tätigkeiten gleichzeitig durchführen
- Dinge zur gleichen Zeit machen/tun
- beim Fernsehen bügeln
- beim Telefonieren mitschreiben
- nur die Hälfte verstehen
- sich auf eine Sache konzentrieren
- Eine Tätigkeit läuft automatisch ab.
- Die Leistungsfähigkeit sinkt.
- Die Fehlerquote steigt.
- zu einem Ergebnis kommen

Aktuelles

- sich für (*Neuigkeiten aus dem Inland, aus dem Ausland, aus der Wirtschaft, aus Kunst und Kultur*) interessieren
- neue Wohnungen fertigstellen/bauen
- Maßnahmen treffen
- an einer Besprechung teilnehmen
- Ergebnisse erwarten
- unterschiedliche Folgen haben
- (*mit der finanziellen Situation*) zufrieden sein
- Geld (*auf der Bank*) sparen
- Geld (*für Reisen*) ausgeben
- Gewinn bringen
- Kunstwerke anbieten
- einen Käufer finden
- Kunst als Geldanlage sehen
- auf der Liste der gefährlichsten Tiere stehen
- vor einer Gefahr warnen
- an einer Krankheit/durch Mückenstiche sterben
- tödliche Krankheiten übertragen
- ideale Lebensbedingungen (*für Mücken*) bieten
- Gespräche finden statt.
- im Mittelpunkt stehen
- die Zusammenarbeit vertiefen und verbessern
- zum Weltkulturerbe gehören
- Bauwerke in die Liste des Weltkulturerbes aufnehmen
- großen Einfluss (*auf die Architektur*) haben
- die Kriminalstatistik präsentieren
- die gefährlichste Stadt in Deutschland sein
- ein Fußballspiel verlieren/gewinnen
- Die Sonne scheint. Es ist wolkig. Es regnet.

Verben im Kontext und Strukturen

Ausgewählte Verben des Kapitels
Lesen Sie die Verben. Üben Sie die Verben am besten mit Beispielsatz.

Einige regelmäßige Verben

Verb	Beispielsatz im Präsens	Verb im Präteritum	Verb im Perfekt
▪ ändern	Das Parlament ändert die Verfassung.	es änderte	es hat geändert
▪ austauschen	Wir tauschen Informationen aus.	wir tauschten aus	wir haben ausgetauscht
▪ belegen	Krimiserien belegen Platz zwei.	sie belegten	sie haben belegt
▪ bügeln	Sie bügelt beim Fernsehen.	sie bügelte	sie hat gebügelt
▪ erwarten	Politiker erwarten Ergebnisse.	sie erwarteten	sie haben erwartet
▪ führen	Der Bundeskanzler führt die Regierungsgeschäfte.	er führte	er hat geführt
▪ handeln	Galeristen handeln mit Kunst.	sie handelten	sie haben gehandelt
▪ senden	Er sendet eine Nachricht.	er sendete	er hat gesendet
▪ sparen	Otto spart sein Geld.	er sparte	er hat gespart
▪ vertiefen	Die Minister vertiefen die Zusammenarbeit.	sie vertieften	sie haben vertieft
▪ wählen	Man wählt eine Partei.	man wählte	man hat gewählt
▪ warnen	Wissenschaftler warnen vor Mücken.	sie warnten	sie haben gewarnt

Unregelmäßige Verben

Verb	Beispielsatz im Präsens	Verb im Präteritum	Verb im Perfekt
▪ ablaufen	Eine Tätigkeit läuft automatisch ab.	sie lief ab	sie ist abgelaufen
▪ aufnehmen	Die UNESCO nimmt die Bauwerke in die Liste des Weltkulturerbes auf.	sie nahm auf	sie hat aufgenommen
▪ bringen	Geld auf der Bank bringt keinen Gewinn.	es brachte	es hat gebracht
▪ entscheiden	Der Bundestag entscheidet über Gesetze.	er entschied	er hat entschieden
▪ kommen	Die Forscher kommen zu interessanten Ergebnissen.	sie kamen	sie sind gekommen
▪ mitschreiben	Sie schreibt beim Telefonieren mit.	sie schrieb mit	sie hat mitgeschrieben
▪ scheinen	Die Sonne scheint.	sie schien	sie hat geschienen
▪ sterben	Er stirbt an einer Krankheit.	er starb	er ist gestorben
▪ übertragen	Mücken übertragen Krankheiten.	sie übertrugen	sie haben übertragen
▪ verlieren	Der Fußballverein verliert das Spiel.	er verlor	er hat verloren
▪ vertreten	Er vertritt die Bundesregierung.	er vertrat	er hat vertreten

Verben im Passiv Präsens

	Aktiv	Passiv
ich	warne	werde gewarnt
du	warnst	wirst gewarnt
er/sie/es	warnt	wird gewarnt
wir	warnen	werden gewarnt
ihr	warnt	werdet gewarnt
sie	warnen	werden gewarnt
Sie	warnen	werden gewarnt

- Das Passiv wird gebildet aus: *werden + Partizip II.*
- Im Passivsatz steht die Handlung im Vordergrund, nicht die Person: *Umweltforscher warnen vor Gefahren.* → *Vor Gefahren wird gewarnt.*

Genus der Nomen

- Jedes Nomen hat ein Genus. Man erkennt das Genus am Artikel: *der, die, das*. Für viele Nomen gibt es keine Genus-Regel. Man sollte das Nomen zusammen mit dem Artikel lernen.
- Bei einigen Nomen gibt es Regeln:

maskulin	▪ der Ingenieur, der Mann ▪ der Dienstag, der März ▪ der Regen, der Sturm ▪ der Drucker, der Fernseher	▸ Maskulin sind männliche Personen, Tage, Monate, Jahreszeiten, viele Nomen zum Thema Wetter, Geräte auf *-er*.
feminin	▪ die Ingenieurin, die Frau ▪ die Send**ung** ▪ die Tätig**keit** ▪ die Sicher**heit** ▪ die Informat**ion** ▪ die Partnersuch**e**	▸ Feminin sind weibliche Personen, Nomen auf *-ung, -keit, -heit, -ion*, viele Nomen auf *-e*.
neutral	▪ das Autofahren ▪ das Radio, das Auto ▪ das Doku**ment** ▪ das Erleb**nis**	▸ Neutral sind Nomen, die aus dem Infinitiv gebildet werden, viele internationale Wörter, viele Nomen auf *-ment, -nis*.

Nominalstrukturen

die Zusammenarbeit verbessern →	die Verbesserung **der Zusammenarbeit**
sich für Kunst interessieren →	Interesse **an** Kunst haben

- In formellen Texten verwendet man oft Nomen im Genitiv oder mit einer Präposition.

Präpositionen

bei	+ Dativ	Ich bügle **beim** Fernsehen. *(gleichzeitige Handlungen)*
laut	+ Genitiv	**Laut** Statistik sank die Anzahl der Straftaten. *(oft ohne Artikel)*

Temporale Nebensätze mit *wenn*

Hauptsatz	Nebensatz
Ich telefoniere oft mit Peter,	**wenn** ich Mittagspause **habe**.

Nebensatz	Hauptsatz
Wenn ich Mittagspause **habe**,	telefoniere ich oft mit Peter.

- Sätze mit *wenn* geben eine Zeit an. Sie antworten auf die Frage *Wann?* Die Handlungen in Haupt- und Nebensatz laufen gleichzeitig ab. Sätze mit *wenn* können auch eine Bedingung angeben. *(siehe Kapitel 5)*
- *Wenn* leitet einen Nebensatz ein. Das konjugierte Verb steht an letzter Stelle. Der Nebensatz kann vor oder nach dem Hauptsatz stehen.

Kleiner Abschlusstest

Meine Gesamtleistung .... /20

Was können Sie schon? Testen Sie sich selbst.

T1 Wer macht was? .... /3

Ergänzen Sie die Verben.

- sehen
- herunterladen
- ~~gehen~~
- senden
- hören
- lesen
- interessieren

▶ Anton geht jede Woche ins Kino.
1. Berta .... am liebsten Krimiserien.
2. Doris .... Nachrichten im Radio.
3. Emil .... sich für Außenpolitik.
4. Elias .... viele Nachrichten an seine Freunde.
5. Georg .... Filme im Internet ....
6. Hans .... zwei Fachzeitschriften.

T2 Wann tun Sie das? .... /3

Antworten Sie wie im Beispiel. Bilden Sie Sätze mit *wenn*.

▶ Wann bügeln Sie?
(fernsehen) Ich bügle, wenn ich fernsehe.
1. Wann lesen Sie Zeitung?
(frühstücken) ....
2. Wann trinken Sie Kaffee?
(Pause machen) ....
3. Wann treffen Sie Dr. Klein?
(in München sein) ....

T3 Was passiert gerade? .... /6

Ergänzen Sie die Verben im Passiv.

▶ bauen: Wohnungen werden gebaut.
1. treffen: Maßnahmen ....
2. verkaufen: Teure Kunstwerke ....
3. präsentieren: Die Kriminalstatistik ....
4. verbessern: Die Zusammenarbeit ....
5. führen: Wichtige Gespräche ....
6. übertragen: Krankheiten ....

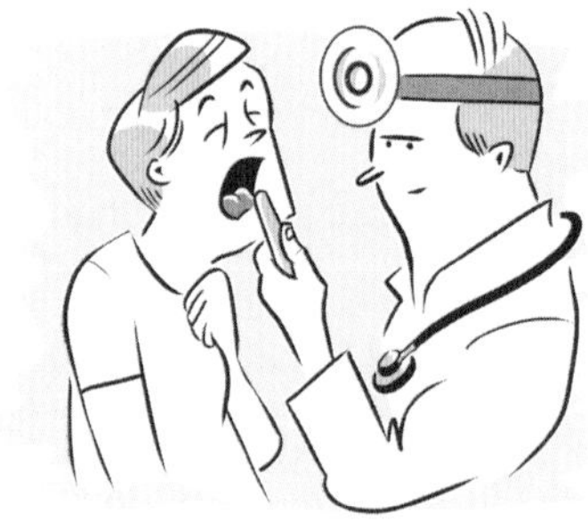

T4 Kurznachrichten .... /8

Ergänzen Sie die passenden Nomen.

- Wohnungen
- Zusammenarbeit
- ~~Gespräche~~
- Maßnahmen
- Lage
- Kriminalstatistik
- Wirtschaft
- Mittelpunkt
- Anzahl

1. Ab morgen finden Gespräche mit dem japanischen Wirtschaftsminister und Vertretern der .... statt. Im .... steht eine Verbesserung der .... in den Bereichen Technik, Digitalisierung und Städtebau.
2. Heute hat der Innenminister die neue .... präsentiert. Laut Statistik hat sich die .... der Straftaten in Deutschland nicht verändert.
3. Damit sich die .... auf dem Wohnungsmarkt verbessert, müssen jedes Jahr 350 000 bis 400 000 neue .... entstehen. Die Regierung will .... für den Bau von mehr Wohnungen treffen.

Ideen und Produkte

- Über Erfindungen und Produkte sprechen
- Kurztexte zu Erfindungen verstehen
- Ein Interview zum Thema Technik führen
- Ein Verkaufsgespräch verstehen
- Etwas reklamieren
- Über den Nutzen neuer technischer Geräte diskutieren
- Telefongespräche führen
- Höfliche Bitten formulieren
- Einen längeren Text über eine Firmengeschichte verstehen
- Eine Firma präsentieren
- Vorgänge in der Vergangenheit beschreiben
- Eine schriftliche Empfehlung formulieren

1 Kleine Erfindungen mit großer Wirkung

a Ordnen Sie den Produkten den passenden Text zu. Arbeiten Sie zu zweit.

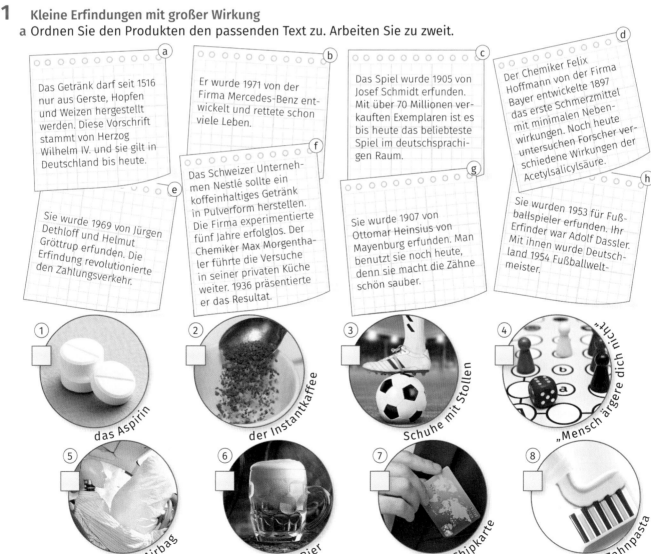

(a) Das Getränk darf seit 1516 nur aus Gerste, Hopfen und Weizen hergestellt werden. Diese Vorschrift stammt von Herzog Wilhelm IV. und sie gilt in Deutschland bis heute.

(b) Er wurde 1971 von der Firma Mercedes-Benz entwickelt und rettete schon viele Leben.

(c) Das Spiel wurde 1905 von Josef Schmidt erfunden. Mit über 70 Millionen verkauften Exemplaren ist es bis heute das beliebteste Spiel im deutschsprachigen Raum.

(d) Der Chemiker Felix Hoffmann von der Firma Bayer entwickelte 1897 das erste Schmerzmittel mit minimalen Nebenwirkungen. Noch heute untersuchen Forscher verschiedene Wirkungen der Acetylsalicylsäure.

(e) Sie wurde 1969 von Jürgen Dethloff und Helmut Gröttrup erfunden. Die Erfindung revolutionierte den Zahlungsverkehr.

(f) Das Schweizer Unternehmen Nestlé sollte ein koffeinhaltiges Getränk in Pulverform herstellen. Die Firma experimentierte fünf Jahre erfolglos. Der Chemiker Max Morgenthaler führte die Versuche in seiner privaten Küche weiter. 1936 präsentierte er das Resultat.

(g) Sie wurde 1907 von Ottomar Heinsius von Mayenburg erfunden. Man benutzt sie noch heute, denn sie macht die Zähne schön sauber.

(h) Sie wurden 1953 für Fußballspieler erfunden. Ihr Erfinder war Adolf Dassler. Mit ihnen wurde Deutschland 1954 Fußballweltmeister.

1 ☐
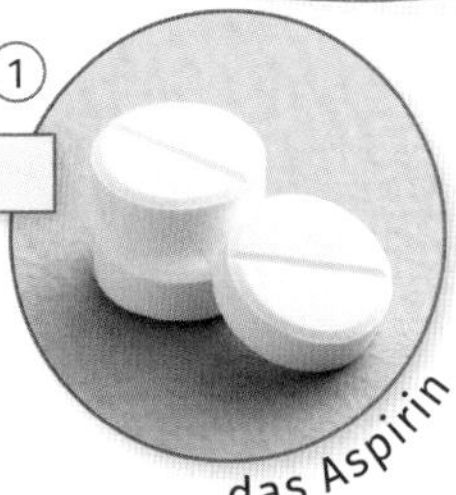
das Aspirin

2 ☐
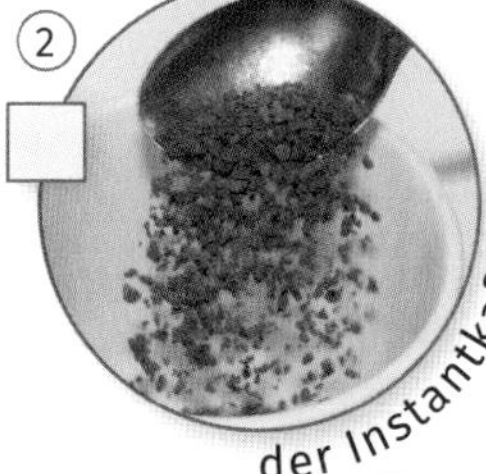
der Instantkaffee

3 ☐

Schuhe mit Stollen

4 ☐

„Mensch ärgere dich nicht"

5 ☐

der Airbag

6 ☐

das Bier

7 ☐

die Chipkarte

8 ☐
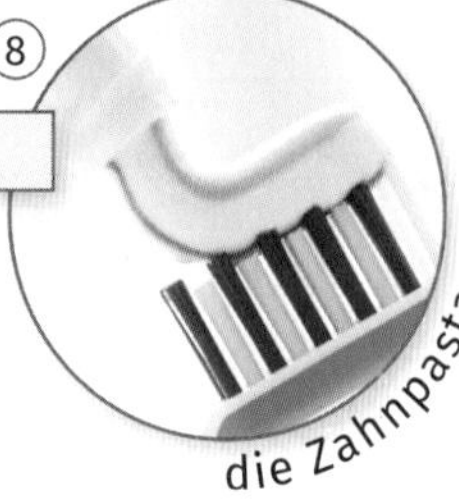
die Zahnpasta

b Diskutieren Sie. Welche der acht Erfindungen halten Sie für wichtig, welche für weniger wichtig?

- Die wichtigste Erfindung ist für mich ...
- ... finde ich am wichtigsten/auch wichtig.
- Ich halte ... für viel wichtiger als .../für nicht (so) wichtig.
- ... spielt eine wichtige Rolle im Alltag.
- Ohne ... ist das Leben viel schwerer.

2 Strukturen: Das Passiv im Präteritum

a Lesen Sie die Sätze und Hinweise.

Passiv Präsens	Passiv Präteritum
Ein neues Medikament **wird entwickelt.** Ein Spiel **wird erfunden.**	Das Medikament **wurde** 1897 **entwickelt.** Das Spiel **wurde** 1905 **erfunden.**
▸ Bildung: *werden* + Partizip II	▸ Bildung: *wurde-* + Partizip II

b Ergänzen Sie die angegebenen Verben im Passiv Präteritum.

▶	herstellen:	Bier wurde schon im 16. Jahrhundert aus Gerste, Hopfen und Wasser hergestellt.
1.	benutzen:	Die Zahnpasta .... schon 1907 zum Zähneputzen ....
2.	verkaufen:	Das Spiel .... über 70 Millionen Mal ....
3.	untersuchen:	Die Wirkung des Medikaments ....
4.	weiterführen:	In der Küche von Max Morgenthaler .... die Experimente ....
5.	präsentieren:	Das Ergebnis der Experimente .... 1936 ....
6.	erfinden:	Die Chipkarte .... 1969 ....

3 Wortschatz

a Wie heißen die Nomen? Bilden Sie feminine Nomen auf *-ung* oder *-ion*.

▶	erfinden – die Erfindung		4.	präsentieren –	
1.	entwickeln –		5.	wirken –	
2.	herstellen –		6.	retten –	
3.	produzieren –		7.	benutzen –	

b Welches Verb passt? Ordnen Sie zu. Arbeiten Sie zu zweit.

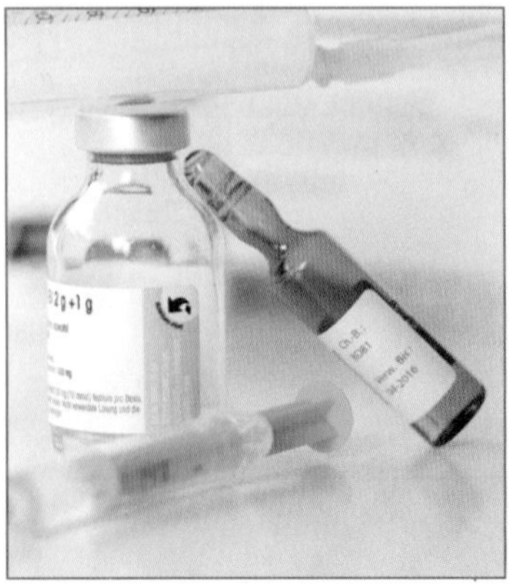

▶	ein Getränk	☐	☐	a)	putzen
1.	70 Millionen Exemplare	☐	☐	b)	retten
2.	Zähne	☐	☐	c)	präsentieren
3.	ein Medikament	☐	☐	d)	entwickeln
4.	die Wirkung	☐	☐	e)	herstellen
5.	Versuche	☐	☐	f)	verkaufen
6.	ein Resultat	☐	☐	g)	bestehen
7.	Leben	☐	☐	h)	weiterführen
8.	aus Gerste, Hopfen und Wasser	☐	☐	i)	untersuchen

4 Eine wichtige Erfindung

Recherchieren und berichten Sie über eine wichtige Erfindung aus Ihrem Heimatland.

▪ … wurde von … im Jahre … erfunden/ entwickelt. ▪ … ist eine Erfindung von … aus … ▪ Die Erfindung kommt aus …/stammt von der Firma …	▪ Ich bin froh, dass … den/die/das … erfunden hat. ▪ Die Erfindung ist sehr nützlich, wenn man … ▪ Mit dieser Erfindung kann man … ▪ Ich brauche/benutze … sehr oft.

5 Rätsel: Erfindungen

Wie heißt das Lösungswort? Schreiben Sie die Nomen mit großen Buchstaben. Arbeiten Sie zu zweit.

1. H E _ _
2. S M _ _ T _ _ _ _ _
3. _ A _ _ _ A _
4. M I _ _ _ W _ _ _ _
5. K _ _ _ S C H _ _ _ K
6. _ R _ _ _ _ _
7. _ _ _ _ _ M A _ _ _ _ _ _
8. _ _ D I _

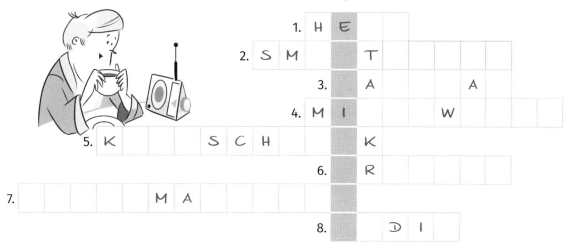

1. Darauf kocht man Essen.
2. Damit kann man telefonieren, fotografieren, chatten und vieles mehr.
3. Damit kann man von A nach B fahren und man macht gleichzeitig Sport.
4. Damit kann man Gerichte warm machen.
5. Damit kann man Lebensmittel kühl halten.
6. Damit kann man etwas Geschriebenes auf Papier bringen.
7. Damit kann man Wäsche sauber machen.
8. Damit kann man Nachrichten oder Musik hören.

6 Interview: Technik

a Fragen Sie zwei Kursteilnehmer und notieren Sie die Antworten.

(1) Welche technischen Geräte nutzen Sie oft?

(2) Können Sie alle Geräte in Ihrem Haushalt problemlos bedienen?

- der Kühlschrank ▪ der Herd
- die Geschirrspülmaschine
- die Kaffeemaschine
- die Mikrowelle ▪ das Bügeleisen
- die Waschmaschine
- der Fernseher ▪ der Laptop
- das Tablet ▪ das Smartphone
- der Drucker

(3) Lesen Sie bei einem neuen Gerät die Bedienungsanleitung? Wenn ja, verstehen Sie alles?

(4) Was machen Sie, wenn ein Gerät kaputt ist?

Ich lasse es reparieren./Ich werfe es in den Müll und kaufe ein neues Gerät./Ich verschenke es.

b Berichten Sie.

Wir haben alle einen Kühlschrank, …
Petra hat manchmal Probleme mit ihrem Laptop.

7 Einkaufsgespräch

a Sofie und Anton brauchen eine neue Waschmaschine. Sie gehen in ein Geschäft und sprechen mit einem Verkäufer. Hören Sie das Gespräch und ergänzen Sie die Informationen.

2 17

1. Sofie und Anton kaufen eine neue Waschmaschine, weil ihre alte Maschine ....
2. Der Verkäufer empfiehlt ihnen eine Maschine von Cleanfix. Die Maschine kann bis zu .... Wäsche waschen und hat ein ganz .... Design.
3. Man kann die Waschmaschine mit dem .... einschalten.
4. Dieses Gerät kostet .... Euro.
5. Sofie möchte lieber eine .... Waschmaschine.
6. Mit dem Modell RX 3000 kann man .... Wäsche waschen.
7. Die Maschine ist jetzt im .... und kostet nur ....
8. Das Gerät wird in .... geliefert.

b Ergänzen Sie im zweiten Teil des Dialogs die Nomen. Arbeiten Sie zu zweit. Hören Sie danach zur Kontrolle den Hörtext noch einmal.

▪ Preis-Leistungs-Verhältnis ▪ Angebot ▪ Modell ▪ Vorwäsche ▪ Tür ▪ Starttaste ▪ Terminkalender ▪ Temperatur ▪ Energieverbrauch ▪ Knopf

Anton: Wie viel kostet die Waschmaschine?

Verkäufer: 2 199 Euro, Qualität hat ihren Preis.

Sofie: Also, ich möchte lieber eine einfache Waschmaschine.

Verkäufer: Aha, einfach. Dann gehen wir mal auf die andere Seite ... Hier zum Beispiel steht die RX 3000, ein sehr beliebtes .... Sie können mit der Waschmaschine acht Kilo Wäsche waschen. Wasser- und .... sind im Vergleich zu anderen Waschmaschinen günstig und das .... ist gut. Die Maschine kostet normalerweise 699 Euro. Sie ist aber im Moment im .... und kostet nur 599 Euro.

Anton: Ah, diese Maschine gefällt mir viel besser.

Verkäufer: Man kann die Maschine auch sehr einfach bedienen. Sie schließen die Maschine an Strom und Wasser an. Dann öffnen Sie die .... und legen die Wäsche in die Trommel. Hier ist das Fach für das Waschmittel. Wenn Sie keine .... haben, füllen Sie das Waschmittel nur in das zweite Fach ein. Danach drehen Sie diesen .... Damit können Sie das Waschprogramm einstellen. Hier auf dem Display sehen Sie dann die .... und die Waschzeit. Zum Schluss drücken Sie auf die .... und es geht los.

Sofie: Das ist ja wirklich einfach. Wann können Sie die Maschine liefern?

Verkäufer: Einen Moment, ich sehe mal in den .... Wir können die Maschine in der nächsten Woche liefern, am Donnerstag.

Anton: Gut, dann nehmen wir diese Waschmaschine.

c Welches Verb passt? Ordnen Sie zu.

- anschließen
- drücken
- ~~bedienen~~
- einfüllen
- sehen
- legen
- drehen
- öffnen
- steuern
- einstellen

▶ Die Maschine kann man einfach bedienen.
1. Zuerst muss man die Waschmaschine an Wasser und Strom ....
2. Die Tür muss man ....
3. Die Wäsche muss man in die Trommel ....
4. Das Waschmittel muss man in das zweite Fach ....
5. Den Knopf muss man ....
6. Mit dem Knopf kann man das Waschprogramm ....
7. Auf dem Display kann man die Temperatur und die Zeit ....
8. Zum Schluss muss man die Starttaste ....
9. Teure Geräte kann man per Smartphone elektronisch ....

8 Probleme, Probleme

a Lesen und hören Sie das Telefongespräch mit dem Kundenservice.

2 18

Kundenservice: Kundenservice, guten Tag. Was kann ich für Sie tun?

Sofie: Ja, guten Tag. Sofie Marx hier. Ich habe bei Ihnen eine Waschmaschine gekauft, aber sie funktioniert nicht.

Kundenservice: Wann haben Sie die Waschmaschine gekauft?

Sofie: Vor zwei Wochen. Es handelt sich um das Modell RX 3000. Der Verkäufer hat mir dieses Modell empfohlen.

Kundenservice: Könnten Sie mir bitte die Auftragsnummer durchgeben? Die Nummer steht auf Ihrer Rechnung.

Sofie: Die Auftragsnummer ist 47 62 98 864.

Kundenservice: Was funktioniert denn nicht?

Sofie: Die Maschine wäscht nicht.

Kundenservice: Haben Sie das Gerät richtig angeschlossen?

Sofie: Ja, natürlich.

Kundenservice: Haben Sie die Tür richtig geschlossen?

Sofie: Ich habe die Tür richtig geschlossen, das Waschmittel eingefüllt, das Waschprogramm eingestellt und die Starttaste gedrückt. Aber es passiert nichts.

Kundenservice: Gut. Dann schicken wir Ihnen einen Monteur. Am besten wir vereinbaren gleich einen Termin ... Der Monteur kann am Donnerstag kommen. Passt Ihnen das?

Sofie: Das ist schlecht. Am Donnerstag bin ich bis 18.00 Uhr im Büro. Der Freitag passt mir besser.

Kundenservice: Freitag ... einen Moment. Ja, das geht. Aber nur morgens, um 9.00 Uhr.

Sofie: 9.00 Uhr – das ist prima. Könnten Sie mir den Termin bitte noch einmal schriftlich bestätigen?

Kundenservice: Gern. Hätten Sie eine E-Mail-Adresse für mich?

Sofie: sofie.marx@gmx.de.

Kundenservice: Danke. Sie bekommen die Bestätigung sofort.

Sofie: Vielen Dank. Auf Wiederhören.

b Lesen Sie den Dialog laut.

c Was passt zusammen? Ordnen Sie zu.

▶ das Gerät richtig	☒ →	☒	e)	anschließen
1. den Termin schriftlich	☐	☐	a)	vereinbaren
2. der Kundin ein Modell	☐	☐	b)	bestätigen
3. eine Waschmaschine	☐	☐	c)	kaufen
4. einen Monteur	☐	☐	d)	durchgeben
5. einen Termin	☐	☐	f)	empfehlen
6. die Auftragsnummer	☐	☐	g)	schicken

9 Dialoge: Etwas reklamieren

Spielen Sie Dialoge. Tauschen Sie die Rollen.

① 

Ihr Drucker druckt nicht richtig. Es kommt regelmäßig zum Papierstau.

② 

In Ihrer Tasche ist eine Colaflasche ausgelaufen. Das Smartphone war auch in der Tasche, jetzt funktioniert es nicht mehr.

③ 

Sie haben wichtige Dokumente auf Ihrem Laptop. Sie können ihn nicht mehr starten.

A Guten Tag. Ich habe bei Ihnen ... gekauft. Das Gerät ist kaputt/funktioniert nicht.

B Haben Sie den Kassenzettel/die Rechnung mit?

A Ja, hier ist der Kassenzettel/die Rechnung. Ich habe noch Garantie.

B Und wo liegt das Problem?

A Das Problem ist: ... Kann ich das Gerät umtauschen?/Bekomme ich ein neues Gerät?/Bekomme ich mein Geld zurück?

B Ich denke, wir können das (nicht) reparieren./Sie bekommen ein/kein neues Gerät.

A Damit bin ich (nicht) einverstanden. Ich möchte ...

B Gut. Ich schlage vor, dass ...

A Vielen Dank.

10 Strukturen: Konjunktiv II

a Lesen Sie die Sätze und unterstreichen Sie die Verben. Lesen Sie danach den Hinweis.

Höfliche Fragen und Bitten mit *könnte-* und *hätte-*

Können Sie mir bitte die Auftragsnummer durchgeben?	Haben Sie eine E-Mail-Adresse für mich?
Könnten Sie mir bitte die Auftragsnummer durchgeben?	**Hätten** Sie eine E-Mail-Adresse für mich?
Kann ich ...? → **Könnte** ich ...?	
Kannst du ...? → **Könntest** du ...?	Hast du ...? → **Hättest** du ...?
Können Sie ...? → **Könnten** Sie ...?	Haben Sie ...? → **Hätten** Sie ...?
Könnt ihr ...? → **Könntet** ihr ...?	Habt ihr ...? → **Hättet** ihr ...?

▸ Wenn Sie den Konjunktiv II verwenden, klingt die Bitte sehr höflich.

b Formulieren Sie die Bitten höflicher.

▶ Hast du mal einen Stift für mich? *Hättest du mal einen Stift für mich?*

1. Kann ich mal deinen Drucker benutzen? ....
2. Können Sie mich mit Frau Müller verbinden? ....
3. Wann haben Sie Zeit? ....
4. Haben Sie noch ein Käsebrötchen? ....
5. Kannst du bitte das Fenster öffnen? ....
6. Kann ich mal den Chef sprechen? ....
7. Können Sie die E-Mail für mich ausdrucken? ....

11 Phonetik: Höflich sprechen

a Auch die Satzmelodie hat einen Einfluss auf die Höflichkeit. Hören Sie die Sätze jeweils dreimal. Welche Variante klingt für Sie nicht höflich? Kreuzen Sie an.

2 19

1. Könntest du das Fenster schließen?	a) ☐	b) ☒	c) ☐
2. Hättest du etwas Zeit für mich?	a) ☐	b) ☐	c) ☐
3. Könnten Sie heute länger arbeiten?	a) ☐	b) ☐	c) ☐
4. Hätten Sie noch eine Tasse Kaffee?	a) ☐	b) ☐	c) ☐

b Partnerarbeit: Lesen Sie die Sätze aus a) laut. Probieren Sie höfliche und unhöfliche Varianten. Fragen Sie Ihre Partnerin/Ihren Partner, wie es klingt. Tauschen Sie danach die Rollen.

12 Neue Geräte

a Diskutieren Sie in Kleingruppen.

- Kaufen Sie gern/oft die neuesten technischen Geräte (z. B. Tablets, Smartphones)?
- Finden Sie die neuen Modelle immer besser als die alten?

b Lesen und hören Sie die kurze Zeitungsmeldung.

2 20

Neu ist nicht immer besser

Es muss nicht immer das modernste und neueste Smartphone sein, denn die alten Modelle sind oft besser als die neuen. Zu diesem Ergebnis kommt eine Untersuchung von Stiftung Warentest. Das Beste an den meisten neuen Handys ist das Design, sagen die Tester. Technische Aspekte wie z. B. der Akku sind bei neuen Modellen oft schlechter als bei den alten Modellen. So kann es passieren, dass der Nutzer bei seinem neuen Smartphone den Akku nicht mehr selbst wechseln kann oder der Akku eine kürzere Laufzeit hat. Auch auf die Kamera muss der Käufer achten. Manchmal macht das neue Gerät schlechtere Fotos als das alte.

c Welche Erfahrungen haben Sie gemacht? Berichten Sie schriftlich und/oder mündlich.

- Vor ... Jahren/Monaten/Wochen habe ich ein neues Smartphone gekauft.
- Beim Kauf habe ich auf *(den Preis/das Design/die Kamera/den Akku ...)* geachtet.
- ... ist besser/schlechter als bei dem alten Gerät.
  Mir gefällt ... besser als bei meinem alten Smartphone.
  ... finde ich schlechter/gefällt mir nicht.

13 Telefonieren

a Welche Redemittel passen? Ordnen Sie zu. Sie können auch weitere Wendungen ergänzen. Arbeiten Sie zu zweit und vergleichen Sie Ihre Ergebnisse mit anderen Kursteilnehmern.

- ~~Könnte ich bitte *(Frau Klein)* sprechen?~~
- Es geht um *(ein neues Projekt)*.
- Ich möchte bitte *(Frau Klein)* sprechen.
- Hätten Sie *(am Mittwoch um 11.00 Uhr)* Zeit?
- Vielen Dank für *(Ihre Hilfe)*.
- Bitte richten Sie *(Frau Klein)* aus, dass ich angerufen habe.
- Könnten Sie *(Frau Klein)* sagen, dass sie mich zurückrufen soll?
- Können Sie mich mit *(Frau Schwarz)* verbinden?
- *(Unser Kopierer)* ist kaputt. Wir brauchen dringend *(einen Monteur)*.
- Ich möchte einen Termin vereinbaren.
- Wann hätten Sie Zeit?
- Auf Wiederhören.
- Passt es Ihnen *(am Mittwoch)*?
- Guten Tag. *(Max Müller)* hier.

① Sie eröffnen das Gespräch.

② Sie möchten jemanden sprechen.
Könnte ich bitte Frau Klein sprechen?

③ Sie möchten eine Nachricht hinterlassen.

④ Sie nennen den Grund des Anrufs.

⑤ Sie möchten einen Termin vereinbaren.

⑥ Sie beenden das Gespräch.

b Führen Sie zwei Telefongespräche. Verwenden Sie die Redemittel aus a).

1. Sie möchten Frau/Herrn Müller sprechen. Sie/Er ist nicht da. Bitten Sie um Rückruf.
2. Sie möchten einen Termin bei Frau Rot. Sie möchten eine Projektidee präsentieren.

14 Umfrage: Firmen

Machen Sie eine Umfrage zum Thema Firmen. Arbeiten Sie in Gruppen und präsentieren Sie danach Ihre Ergebnisse.

- Welche deutschen Firmen kennen Sie?
- Welche Produkte fallen Ihnen ein, wenn Sie an die Schweiz denken?
- Was sind große/die größten Firmen in Ihrem Heimatland?
- Welche Sportartikelhersteller kennen Sie?

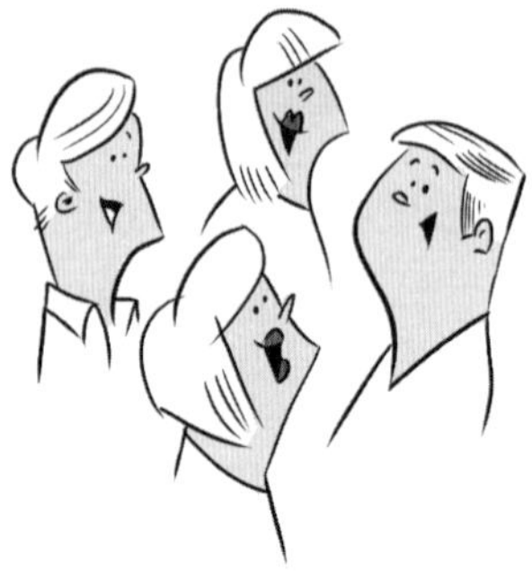

15 **Lesezeit: Die Brüder Dassler**
Lesen und hören Sie den Text zunächst als Ganzes. Benutzen Sie noch kein Wörterbuch.

2 21

■ Das Duell der Brüder

Herzogenaurach: Altstadt

Als Christoph und Paulina Dassler Ende des 19. Jahrhunderts in einen kleinen Ort namens Herzogenaurach zogen und dort vier Kinder bekamen, spielte Sport in ihrem Leben keine große Rolle. Das änderte sich bald, denn der jüngste Sohn Adolf, genannt Adi, interessierte sich für viele Sportarten: Leichtathletik, Fußball, Boxen oder Eislaufen. Nach dem Ersten Weltkrieg (1914–1918) machte der Junge aus seinem Interesse ein Geschäft: Er produzierte Sportschuhe in der Waschküche seiner Mutter. Drei Jahre später stieg auch Adis Bruder Rudolf in das kleine Unternehmen ein. Zusammen gründeten sie 1924 die „Gebrüder Dassler Schuhfabrik".

Adi und Rudolf waren sehr unterschiedlich, aber die Partnerschaft funktionierte am Anfang gut. Adi war eher ein Erfinder und arbeitete an der Weiterentwicklung der Schuhe, Rudolf war ein sehr guter Verkäufer. Leider verstanden sich die Ehefrauen der Brüder nicht gut, es entstanden erste Konflikte.

Rudolf Dassler

Die Probleme wurden noch größer, als zur Zeit des Nationalsozialismus 1936 in Berlin die Olympischen Spiele stattfanden. Rudolf wollte seine Sportschuhe nur an deutsche Athleten verkaufen, aber Adi ging einen anderen Weg. Er fuhr nach Berlin und gab seine Schuhe dem Afroamerikaner Jesse Owens – und Owens gewann in Dasslers Schuhen vier Goldmedaillen. Als der Zweite Weltkrieg (1939–1945) begann, musste Rudolf zur Armee, Adi nicht. Er führte die Firma alleine weiter. Politische Konflikte in und nach dem Krieg und die privaten Probleme führten 1948 zum endgültigen Bruch[2].

Rudolf zog mit seiner Familie aus dem gemeinsamen Haus aus und die Brüder teilten die Firma. Adi blieb in der alten Fabrik und gab seiner Firma den Namen Adidas. Der Name besteht aus seinem Vornamen Adi und den ersten drei Buchstaben von Dassler. Rudolf zog in ein Fabrikgebäude auf die andere Seite des Ortes um. Er gab seiner Firma den Namen Puma. Der kleine Ort Herzogenaurach ist geteilt durch einen Fluss, die Familie war es nun auch.

Skulptur von Adolf Dassler

Schon nach kurzer Zeit machten Adidas und Puma Fortschritte und wurden zu Konkurrenten. Sie produzierten leichte Schuhe für Leichtathleten oder Fußballer. 1953 erfand Adolf Dassler den Stollenschuh, damit Fußballer sicherer laufen konnten. Mit diesen Schuhen gewann Adi auch das erste Duell der Brüder: Die deutsche Nationalmannschaft wurde 1954 Fußballweltmeister, in Adidas-Schuhen.

Adidas gegen Puma, das war nicht nur ein Zweikampf zwischen den beiden Brüdern, es war auch eine Rivalität der Familien von Adi und Rudolf. Die Söhne Horst Dassler (Adidas) und Armin Dassler (Puma) sowie deren Kinder führten den Kampf weiter, später die Enkelkinder. Es kam zu Intrigen, Streit und Prozessen vor Gericht. Am Ende haben die Familienmitglieder ihre Firmenanteile verkauft. Adidas und Puma gibt es in Herzogenaurach immer noch, aber sie werden von anderen Eigentümern geleitet.

[1]Waschküche: Raum für das Waschen der Wäsche
[2]endgültiger Bruch: Ende der Beziehung

16 Textarbeit

a Was steht im Text? Kreuzen Sie an: *a*, *b* oder *c*.

① In dem Text geht es um
a) ☐ eine Familiengeschichte.
b) ☐ die Erfolge einer Firma.
c) ☐ die Entwicklung der Sportschuhe.

② Für Sport interessierte sich
a) ☐ die ganze Familie Dassler.
b) ☐ niemand in der Familie.
c) ☐ der jüngste Sohn Adolf.

③ Die Brüder Adolf und Rudolf
a) ☐ hatten eine enge Freundschaft.
b) ☐ hatten unterschiedliche Talente.
c) ☐ wollten viel Geld verdienen.

④ Der Streit zwischen den Brüdern
a) ☐ hatte viele Ursachen.
b) ☐ entstand 1936.
c) ☐ entstand nach dem Zweiten Weltkrieg.

⑤ Im Jahre 1948
a) ☐ zog Rudolf in einen anderen Ort.
b) ☐ wurde die Firma „Gebrüder Dassler Schuhfabrik" geteilt.
c) ☐ verkaufte Rudolf die Schuhfabrik.

⑥ Heute
a) ☐ führen die Enkelkinder die Firmen Adidas und Puma.
b) ☐ gehören die Firmen nicht mehr der Familie Dassler.
c) ☐ gibt es keine Firmen mehr in Herzogenaurach.

b Lesen Sie den Text noch einmal. Unterstreichen Sie wichtige Wörter, die Sie nicht verstehen. Fragen Sie andere Kursteilnehmer nach der Bedeutung oder schlagen Sie die Wörter im Wörterbuch nach.

c Was bedeuten die folgenden Sätze? Ordnen Sie zu.

▶ Adi machte aus seinem Interesse ein Geschäft.	☒ → ☒	a) Auch in den nächsten Generationen gab es Rivalitäten.
1. Die Partnerschaft funktionierte gut.	☐ ☐	b) Die Brüder arbeiteten gut zusammen.
2. Rudolf stieg in das Unternehmen ein.	☐ ☐	c) Die beiden Brüder hatten immer mehr Probleme miteinander.
3. Die Söhne und Enkelsöhne führten den Kampf weiter.	☐ ☐	d) Adi interessierte sich für Sport und gründete eine Sportschuh-Firma.
4. Das Verhältnis der beiden Brüder wurde immer schlechter.	☐ ☐	e) Rudolf übernahm Aufgaben in der Firma.

d Diskutieren Sie über die folgenden Fragen in Partnerarbeit und berichten Sie anschließend über Ihre Ergebnisse.
- Fanden Sie den Text interessant?
- Was hat Sie überrascht?
- Tragen Sie selbst Kleidung oder Schuhe von Adidas oder Puma?
- Welche Marken tragen Spieler bekannter Fußballclubs oder berühmte Sportler in Ihrem Heimatland?
- Achten Sie beim Kauf von Sportkleidung auf die Marke? Wenn ja, welche Marken tragen Sie gern?

e Vertiefen Sie den Wortschatz des Textes. Bilden Sie Sätze im Präteritum.

▶ *Ende des 19. Jahrhunderts ▪ Christoph und Paulina Dassler ▪ nach Herzogenaurach ▪ ziehen*
Ende des 19. Jahrhunderts zogen Christoph und Paulina Dassler nach Herzogenaurach.

1. *sie ▪ vier Kinder ▪ bekommen*
   ....
2. *der jüngste Sohn Adi ▪ für viele Sportarten ▪ sich interessieren*
   ....
3. *nach dem Ersten Weltkrieg ▪ der Junge ▪ aus seinem Interesse ▪ ein Geschäft ▪ machen*
   ....
4. *drei Jahre später ▪ auch Adis Bruder Rudolf ▪ in das kleine Unternehmen ▪ einsteigen*
   ....
5. *1924 ▪ sie ▪ zusammen ▪ die „Gebrüder Dassler Schuhfabrik" ▪ gründen*
   ....
6. *die Partnerschaft ▪ am Anfang ▪ gut ▪ funktionieren*
   ....
7. *Adi ▪ an der Weiterentwicklung der Schuhe ▪ arbeiten*
   ....
8. *Rudolf ▪ sie ▪ verkaufen*
   ....
9. *1936 ▪ Adi ▪ nach Berlin ▪ fahren ▪ und ▪ seine Schuhe ▪ Jesse Owens ▪ geben*
   ....
10. *Owens ▪ in Dasslers Schuhen ▪ vier Goldmedaillen ▪ gewinnen*
    ....
11. *nach vielen Konflikten ▪ die Brüder ▪ die Firma ▪ teilen*
    ....
12. *Adi und Rudolf ▪ ihren Firmen ▪ die Namen Adidas und Puma ▪ geben*
    ....
13. *die Söhne Horst und Armin Dassler ▪ den Kampf der Väter ▪ weiterführen*
    ....
14. *am Ende ▪ die Familie Dassler ▪ beide Firmen ▪ verkaufen*
    ....

17 Gruppenarbeit: Firmenpräsentation

Erfinden Sie in kleinen Gruppen eine Firma und präsentieren Sie die Firma im Kurs.
Wenn Sie bei einer Firma arbeiten oder eine Firma gut kennen, können Sie auch diese präsentieren.
Verwenden Sie die folgenden Redemittel.

- Wir sind eine kleine/mittelständische/große Firma.
  Wir sind ein kleines/mittelständisches/großes Unternehmen.
- Unser Name kommt von .../bedeutet .../ist (noch nicht) überall bekannt.
- Unsere Firma/Unser Unternehmen wurde im Jahre ... von ... in ... gegründet.
  Die Firmenzentrale ist in ...
  Wir haben auch Fabriken/Zweigstellen in ...
- Wir produzieren .../kaufen.../verkaufen .../beraten .../transportieren ...
- Unsere Produkte bieten beste Qualität.
- Wir haben ... Mitarbeiter.
  Unsere Mitarbeiter sind sehr motiviert und gut qualifiziert.
- Wir möchten unser Unternehmen weiter vergrößern.
  Wir suchen neue Kunden/neue Mitarbeiter.

18 Strukturen: Temporalsätze mit *als*

a Lesen Sie die Sätze und beantworten Sie die Frage.

1. Als Christoph und Paulina Dassler Ende des 19. Jahrhunderts in einen kleinen Ort namens Herzogenaurach zogen, spielte Sport in ihrem Leben keine große Rolle.
2. Die Probleme wurden noch größer, als zur Zeit des Nationalsozialismus 1936 in Berlin die Olympischen Spiele stattfanden.
3. Als der Zweite Weltkrieg begann, musste Rudolf zur Armee.

Spielt das Geschehen in der Vergangenheit, Gegenwart oder Zukunft?

b Lesen Sie die Sätze und Hinweise.

Vergangenheit	Als der Zweite Weltkrieg begann, musste Rudolf zur Armee. Immer **wenn** ich ihn besuchte, gab es Streit.	▸ Man gebraucht *als* bei einmaligen Ereignissen oder Zuständen in der Vergangenheit. ▸ *Wenn* gebraucht man bei mehrmaligen Ereignissen in der Vergangenheit.
Gegenwart und Zukunft	Wenn ich in München bin, komme ich mal vorbei.	Bei Ereignissen in der Gegenwart und in der Zukunft gebraucht man *wenn*. *(siehe Kap. 8)*

c Bilden Sie Sätze mit *als* im Präteritum. Orientieren Sie sich am Beispiel.

▸ *ein Kind ▪ ich ▪ sein, ich ▪ mit dem Fahrrad ▪ zur Schule ▪ fahren*
Als ich ein Kind war, fuhr ich mit dem Fahrrad zur Schule.

1. *Max ▪ noch klein ▪ sein, er ▪ von einem Formel-1-Auto ▪ träumen*
 ....
2. *Anja ▪ in die erste Klasse ▪ gehen, sie ▪ das Lernen ▪ schön finden*
 ....
3. *Phillip ▪ noch ▪ studieren, er ▪ seine ersten Geräte ▪ entwickeln*
 ....
4. *Phillip ▪ mit dem Studium ▪ fertig ▪ sein, er ▪ eine Firma ▪ gründen*
 ....
5. *Susanne ▪ im 3. Studienjahr ▪ sein, sie ▪ ein Praktikum ▪ in einem großen Unternehmen ▪ machen*
 ....

d Ergänzen Sie frei.

1. Als ich zehn Jahre alt war, ...
2. Als ich noch zur Schule ging, ...
3. Als ich studierte/einen Beruf lernte, ...
4. Wenn ich über 70 bin, ...

19 E-Mail an eine Freundin/einen Freund

Eine Freundin/Ein Freund braucht ein neues Smartphone. Schreiben Sie ihr/ihm eine E-Mail. Schreiben Sie etwas über die folgenden Punkte:

- Haben Sie selbst ein Smartphone?
- Was kann man mit dem/einem Smartphone machen?
- Können Sie ein Gerät empfehlen?
- Wie viel kostet ein neues Gerät?
- Wo kann man am besten ein Smartphone kaufen?

- Liebe .../Lieber ..., danke für deine Mail.
- Du willst dir also ein neues Smartphone kaufen. ...

Übungen zur Vertiefung und zum Selbststudium

Ü1 Wichtige Erfindungen

Ergänzen Sie das richtige Verb im Präteritum.

- revolutionieren
- präsentieren
- ~~entwickeln~~
- experimentieren
- herstellen
- sein
- weiterführen
- retten
- haben
- erfinden

1. Der Chemiker Felix Hoffmann von der Firma Bayer *entwickelte* 1897 das Aspirin. Aspirin .... das erste Schmerzmittel mit minimalen Nebenwirkungen.
2. Das Schweizer Unternehmen Nestlé sollte ein koffeinhaltiges Getränk in Pulverform herstellen. Die Firma .... fünf Jahre erfolglos. Das Produkt .... keinen Geschmack. Der Chemiker Max Morgenthaler .... die Versuche in seiner privaten Küche .... 1936 .... er den ersten Instantkaffee der Welt.
3. Der Airbag wurde 1971 von der Firma Mercedes-Benz entwickelt und .... schon viele Leben.

4. Die Chipkarte .... Jürgen Dethloff und Helmut Gröttrup 1969. Die Erfindung .... den Zahlungsverkehr.
5. 1953 .... Adolf Dassler den ersten Schuh mit Stollen .... Mit diesen Schuhen wurde Deutschland 1954 Fußballweltmeister.

Ü2 Weißt du, wann ...?

Formulieren Sie a) Fragen und b) Antworten.
Verwenden Sie das Passiv Präteritum.

▶ den Euro als Zahlungsmittel einführen: 1. Januar 2002
   a) *Weißt du, wann der Euro als Zahlungsmittel eingeführt wurde?*
   b) *Er wurde am 1. Januar 2002 eingeführt.*

1. Amerika entdecken: 1492
   a) *Weißt du, wann* ....
   b) *Es* ....
2. den Eiffelturm bauen: zwischen 1887 und 1889
   a) ....
   b) ....
3. das erste iPhone präsentieren: 2007
   a) ....
   b) ....
4. die Schweizer Firma Nestlé gründen: 1867
   a) ....
   b) ....
5. das Auto erfinden: 1886
   a) ....
   b) ....

Ü3 › Kulinarische Erfindungen
Lesen Sie die Texte und ergänzen Sie die Verben im Passiv. Achten Sie auf die angegebene Zeitform. Hören Sie danach die Lösung.

2 22

①

■ Der Toast Hawaii

Kennen Sie den Toast Hawaii? In Deutschland kennt den Toast jeder, auf Hawaii kennt ihn vermutlich niemand. Der Toast wurde in den 1950er-Jahren vom berühmten ersten deutschen Fernsehkoch Clemens Wilmenrod erfunden *(erfinden, Präteritum)*. Beim Toast Hawaii .... auf eine Scheibe Toastbrot Schinken, Ananas und Käse .... *(legen, Präsens)*. Der Toast .... dann im Ofen warm .... *(machen, Präsens)*.

②

■ Die Currywurst

In keinem Land .... so viel Currywurst .... wie in Deutschland *(essen, Präsens)*. Etwa 800 Millionen Würste .... jedes Jahr .... *(verkaufen, Präsens)*. Im Currywurst-Museum in Berlin .... die Besucher über die Geschichte der Currywurst .... *(informieren, Präsens)*. Als Erfinderin der Wurst gilt Herta Heuwer. Am 4. September 1949 hat die Berlinerin zum ersten Mal Tomatenmark, Paprika und Curry gemischt und diese Soße zusammen mit einer gebratenen Wurst verkauft. Das Rezept .... von Herta Heuwer als Patent .... *(anmelden, Präteritum)*.

③

■ Die Sachertorte

Die Sachertorte ist eine Spezialität der Wiener Küche. Sie .... 1832 vom jungen Kochlehrling Franz Sacher zum ersten Mal .... *(herstellen, Präteritum)*. Franz Sacher überzog einen Schokoladenkuchen mit einer Schicht aus Marmelade und einer Schicht aus Schokolade. Am Anfang interessierte sich niemand für die Torte. Sie wurde erst 1876 bekannt, als das Hotel Sacher in Wien eröffnete. Die echte Sachertorte .... noch heute im Hotel Sacher in Handarbeit .... *(produzieren, Präsens)*.

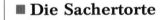

Ü4 › Über Vergangenes berichten
Bilden Sie Sätze mit *als*.

▸ *ich ▪ das Gymnasium besuchen*
Als ich das Gymnasium besuchte, wollte ich Arzt werden.

1. *das erste Studienjahr ▪ vorbei sein*
   ...., habe ich die Studienrichtung gewechselt. Ich studierte Betriebswirtschaftslehre (BWL).
2. *ich ▪ mich um meinen ersten Job bewerben*
   ...., war ich noch nicht sicher, ob ich wirklich als Betriebswirt arbeiten will.
3. *ich ▪ meine Frau kennenlernen*
   ...., arbeitete ich noch bei einer großen Firma.
4. *ich ▪ meine eigene Firma gründen*
   Ich wurde erst selbstständig, ...
5. *ich ▪ meine erste wichtige Besprechung haben*
   ...., war ich sehr nervös. Zum Glück lief alles gut.

Ü5 **Gestern und heute**
Ergänzen Sie *als* oder *wenn*.

gestern

- ▶ Als ich mein erstes Bewerbungsgespräch hatte, bin ich zu spät gekommen.
1. .... ich heute ein wichtiges Gespräch habe, bin ich pünktlich.
2. .... ich das erste Mal an einem Meeting teilgenommen habe, habe ich nichts gesagt.
3. .... ich heute an Besprechungen teilnehme, rede ich gern und viel.
4. Früher hatten wir einen alten Kopierer. Immer .... ich ein Dokument kopieren wollte, war der Kopierer kaputt.

heute

5. .... ich heute ein Dokument kopieren will, muss ich oft warten. Es stehen zu viele Kollegen am Kopierer und unterhalten sich.
6. .... ich mein erstes Projekt präsentiert habe, habe ich viele Fehler gemacht.
7. .... ich heute etwas präsentiere, arbeite ich mit Bildern und lese die Folien nicht einfach ab.
8. .... ich meinen ersten großen Auftrag bekommen habe, habe ich mich gefreut.
9. .... ich heute einen Auftrag bekomme, weiß ich, wie viel Arbeit das ist.

Ü6 **Gespräch im Geschäft: Ein kaputtes Smartphone**
Vervollständigen Sie den Dialog. Hören Sie danach die Lösung.

2 23

Verkäufer: Guten Tag, was kann ich für Sie tun? *(was ▪ für Sie ▪ tun ▪ kann ▪ ich)*

Kundin: Guten Tag. Gestern habe ich bei Ihnen ein Smartphone gekauft. .... *(ich ▪ heute Morgen ▪ benutzen ▪ es ▪ wollen (Präteritum))*, aber es funktioniert nicht.

Verkäufer: ....? *(Sie ▪ den Kassenzettel ▪ mithaben)*

Kundin: Ja, hier ist der Kassenzettel.

Verkäufer: Danke. ....? *(wo ▪ das Problem ▪ liegen)*

Kundin: Also, ... *(wenn ▪ anschalten ▪ ich ▪ das Telefon)*, passiert gar nichts.

Verkäufer: ....? *(ich ▪ mal ▪ dürfen ▪ sehen)*

Kundin: Ja, natürlich.

Verkäufer: Ich denke, ... *(wir ▪ das Gerät ▪ können ▪ reparieren ▪ nicht)*

Kundin: Ich will ja auch keine Reparatur. .... *(das Handy ▪ ich ▪ möchte- ▪ umtauschen)* Ist das möglich?

Verkäufer: Ja, selbstverständlich. .... *(ein neues Gerät ▪ Sie ▪ bekommen)*

Kundin: Vielen Dank.

Ü7 Eine neue Waschmaschine

Ergänzen Sie die Verben in der richtigen Form.

- öffnen
- ~~haben~~
- einstellen
- lesen
- anschließen
- schließen
- anrufen
- drücken
- umtauschen
- legen
- vergessen
- funktionieren

1. Wenn man eine neue Waschmaschine hat, sollte man die Bedienungsanleitung genau ....
2. Das Gerät muss man zuerst an Wasser und Strom ....
3. Dann muss man die Tür ...., die Wäsche in die Waschmaschine .... und die Tür wieder ....
4. Man darf natürlich das Waschmittel nicht ....
5. Mit einem Knopf kann man das Waschprogramm ....
6. Zum Schluss muss man die Starttaste ....
7. Wenn die Waschmaschine nicht ...., sollte man den Monteur .... oder die Waschmaschine ....

Ü8 Höfliche Fragen

Formulieren Sie höfliche Fragen. Verwenden Sie *hätte-* oder *könnte-*.

▶ Hast du mal ein Taschentuch für mich?	Hättest du mal ein Taschentuch für mich?
1. Können Sie mich in zwei Stunden zurückrufen?	....
2. Kannst du die Mail mal Korrektur lesen?	....
3. Könnt ihr mir bei dem Projekt helfen?	....
4. Haben Sie morgen Nachmittag Zeit?	....
5. Hast du auch noch ein Stück Kuchen für mich?	....
6. Können Sie mir die Preisliste schicken?	....
7. Könnt ihr die Gäste vom Bahnhof abholen?	....
8. Kannst du Martin sagen, dass er mich nach der Sitzung gleich anruft?	....

Ü9 Firmenpräsentation

Ergänzen Sie die Nomen.

▶ die Firma wird gegründet	–	die Gründung	der Firma
1. die Schuhe werden produziert	–	die	der Schuhe
2. die Produkte werden verkauft	–	der	der Produkte
3. die Waren werden transportiert	–	der	der Waren
4. die Mitarbeiter werden ausgebildet	–	die	der Mitarbeiter
5. die Kollegen werden motiviert	–	die	der Kollegen
6. die Kunden werden beraten	–	die	der Kunden
7. das Getränk wird hergestellt	–	die	des Getränks
8. das Gerät wurde erfunden	–	die	des Geräts
9. die Kantine wird eröffnet	–	die	der Kantine

Wichtige Wörter und Wendungen

Wiederholen Sie die Wörter und Wendungen.
Die Redemittel zum Hören und zweisprachige Redemittellisten finden Sie unter *http://www.schubert-verlag.de/spektrum.a2.dazu.php#K9*

Erfindungen

- ein Spiel erfinden
- von einer Firma stammen
- ein Medikament entwickeln
- Nebenwirkungen haben
- ein Getränk herstellen
- Wirkungen untersuchen
- Experimente weiterführen
- Resultate präsentieren
- Spiele verkaufen
- Leben retten
- den Zahlungsverkehr revolutionieren
- eine Erfindung nützlich/wichtig finden
- eine wichtige Rolle im Alltag spielen
- Die Vorschrift gilt bis heute.

Technik und Geräte

- ein technisches Gerät nutzen/benutzen
- die Bedienungsanleitung lesen
- ein Gerät anschalten
- Geräte/eine Maschine bedienen
- ein Gerät mit dem Smartphone steuern
- ein Gerät an Wasser und Strom anschließen
- eine Tür öffnen/schließen
- einen Knopf drehen
- ein Programm einstellen
- etwas auf dem Display sehen
- eine Taste drücken
- ein Gerät reparieren lassen/reklamieren/umtauschen
- Garantie haben
- den Kassenzettel mithaben/zeigen
- sein Geld zurückbekommen
- mit etwas einverstanden sein
- etwas vorschlagen
- beim Kauf auf *(den Preis/das Design)* achten
- den Akku wechseln
- eine kürzere/längere Laufzeit haben
- eine Auftragsnummer durchgeben
- technische Geräte/Geräte im Haushalt *(Auswahl)*: der Kühlschrank, der Herd, die Geschirrspülmaschine, die Kaffeemaschine, die Mikrowelle, das Bügeleisen, die Waschmaschine

Telefonieren

- Ich möchte bitte *(Frau Klein)* sprechen.
- Könnte ich bitte *(Frau Klein)* sprechen?
- Können/Könnten Sie mich mit *(Frau Schwarz)* verbinden?
- Es geht um *(ein neues Projekt)*.
  – Hätten Sie *(am Mittwoch um 11.00 Uhr)* Zeit?
- Ich möchte einen Termin vereinbaren.
  – Wann hätten Sie Zeit?
  – Passt es Ihnen *(am Mittwoch)*?
- Bitte richten Sie *(Frau Klein)* aus, dass ich angerufen habe.
- Könnten Sie *(Frau Klein)* sagen, dass sie mich zurückrufen soll?
- Vielen Dank für *(Ihre Hilfe)*.
  – Auf Wiederhören.

▸ *siehe auch Kapitel 4*

Firmen und Firmenpräsentation

- eine kleine/mittelständische Firma sein
- ein großes Unternehmen sein
- Fabriken/Zweigstellen in *(Berlin)* haben
- eine Firma gründen/wurde gegründet
- etwas produzieren/kaufen/verkaufen/transportieren
- Kunden beraten
- beste Qualität bieten/haben
- motiviert und gut qualifiziert sein
- das Unternehmen weiter vergrößern
- neue Kunden/neue Mitarbeiter suchen

Die Brüder Dassler

- sich für *(viele Sportarten)* interessieren
- aus dem Interesse ein Geschäft machen
- Schuhe nähen/kleben/herstellen
- in ein Unternehmen einsteigen
- an der Weiterentwicklung *(der Schuhe)* arbeiten
- zur Armee müssen
- Es entstehen Konflikte.
- der Firma einen Namen geben
- zu Konkurrenten werden
- ein Duell gewinnen
- Es kommt zu *(Streit/Intrigen)*.
- zum endgültigen Bruch führen

Verben im Kontext und Strukturen

Ausgewählte Verben des Kapitels

Lesen Sie die Verben. Üben Sie die Verben am besten mit Beispielsatz.

Einige regelmäßige Verben

Verb	Beispielsatz im Präsens	Verb im Präteritum	Verb im Perfekt
▪ anschalten	Ich schalte das Licht an.	ich schaltete an	ich habe angeschaltet
▪ bedienen	Er bedient das Gerät jeden Tag.	er bediente	er hat bedient
▪ benutzen	Sie benutzt die Waschmaschine täglich.	sie benutzte	sie hat benutzt
▪ drehen	Sie dreht den Knopf.	sie drehte	sie hat gedreht
▪ drücken	Sie drückt die Starttaste.	sie drückte	sie hat gedrückt
▪ einstellen	Sie stellt das Programm ein.	sie stellte ein	sie hat eingestellt
▪ entwickeln	Die Forscherin entwickelt ein Medikament.	sie entwickelte	sie hat entwickelt
▪ herstellen	Die Firma stellt Getränke her.	sie stellte her	sie hat hergestellt
▪ retten	Das Gerät rettet Leben.	es rettete	es hat gerettet
▪ revolutionieren	Die Erfindung revolutioniert den Zahlungsverkehr.	sie revolutionierte	sie hat revolutioniert
▪ steuern	Sie steuert das Gerät per Smartphone.	sie steuerte	sie hat gesteuert
▪ umtauschen	Sofie tauscht das Smartphone um.	sie tauschte um	sie hat umgetauscht
▪ wechseln	Otto wechselt den Akku.	er wechselte	er hat gewechselt
▪ weiterführen	Er führt die Untersuchungen weiter.	er führte weiter	er hat weitergeführt

Unregelmäßige Verben

Verb	Beispielsatz im Präsens	Verb im Präteritum	Verb im Perfekt
▪ einsteigen	Der Bruder steigt ins Unternehmen ein.	er stieg ein	er ist eingestiegen
▪ durchgeben	Paul gibt die Auftragsnummer durch.	er gab durch	er hat durchgegeben
▪ entstehen	In der Zusammenarbeit entstehen Konflikte.	sie entstanden	sie sind entstanden
▪ erfinden	Der Techniker erfindet ein Gerät.	er erfand	er hat erfunden
▪ schließen	Petra schließt die Tür.	sie schloss	sie hat geschlossen
anschließen	Der Monteur schließt das Gerät an.	er schloss an	er hat angeschlossen
▪ vorschlagen	Otto schlägt einen Kompromiss vor.	er schlug vor	er hat vorgeschlagen

Verben im Passiv Präteritum

	Aktiv	Passiv
ich	warnte	wurde gewarnt
du	warntest	wurdest gewarnt
er/sie/es	warnte	wurde gewarnt
wir	warnten	wurden gewarnt
ihr	warntet	wurdet gewarnt
sie	warnten	wurden gewarnt
Sie	warnten	wurden gewarnt

▸ Das Passiv Präteritum wird gebildet aus *wurde- + Partizip II:*
Umweltforscher warnten vor Gefahren. ⟶
Vor Gefahren wurde gewarnt.
(siehe Kapitel 8)

Verben: Höfliche Fragen und Bitten mit *hätte-* und *könnte-*

	haben		können	
	Indikativ	Konjunktiv II	Indikativ	Konjunktiv II
ich	habe	hätte	kann	könnte
du	hast	hättest	kannst	könntest
er/sie/es	hat	hätte	kann	könnte
wir	haben	hätten	können	könnten
ihr	habt	hättet	könnt	könntet
sie	haben	hätten	können	könnten
Sie	haben	hätten	können	könnten

- Haben Sie am Montag Zeit?
  → **Hätten** Sie am Montag Zeit?
- Können Sie mir helfen?
  → **Könnten** Sie mir helfen?

- Wenn man höflich sein möchte, benutzt man den Konjunktiv II.

Temporale Nebensätze mit *wenn* und *als*

Hauptsatz	Nebensatz
Ich habe mit Peter telefoniert,	**als** ich Mittagspause **hatte**.
Ich habe **immer** mit Peter telefoniert,	**wenn** ich Mittagspause **hatte**.
Ich telefoniere oft mit Peter,	**wenn** ich Mittagspause **habe**.

- *Als* gebraucht man bei **einmaligen** Ereignissen oder Zuständen in der Vergangenheit.
  Wenn gebraucht man bei **mehrmaligen** Ereignissen in der Vergangenheit.
- Bei Ereignissen in der Gegenwart und in der Zukunft gebraucht man *wenn*.
  (siehe Kapitel 8)

Kleiner Abschlusstest

Meine Gesamtleistung .... /20

Was können Sie schon? Testen Sie sich selbst.

T1 Wichtige Erfindungen .... /6

Ergänzen Sie die Verben im Passiv. Achten Sie auf angegebene Zeitform.

- entwickeln
- herstellen
- ~~verkaufen~~
- präsentieren
- untersuchen
- weiterführen
- revolutionieren

▸ „Mensch ärgere dich nicht!" wurde 70 Millionen Mal verkauft. *(Präteritum)*
1. Bier .... bis heute nur aus Gerste, Hopfen und Wasser .... *(Präsens)*
2. Das Aspirin .... von einem Chemiker der Firma Bayer .... *(Präteritum)*
3. Die verschiedenen Wirkungen von Aspirin .... auch heute noch .... *(Präsens)*
4. Die Versuche der Firma Nestlé .... von Max Morgenthaler .... *(Präteritum)*
5. Die Untersuchungsergebnisse .... 1936 .... *(Präteritum)*
6. Mit der Erfindung der Chipkarte .... der Zahlungsverkehr .... *(Präteritum)*

T2 Höfliche Fragen .... /4

Sagen Sie es freundlicher.

▸ Wann haben Sie Zeit? — Wann hätten Sie Zeit?
1. Kann ich mal den Kopierer benutzen? ....
2. Können Sie mich mit Frau Müller verbinden? ....
3. Haben Sie einen Stift für mich? ....
4. Kannst du mir die Telefonnummer des Monteurs geben? ....

T3 Reklamation .... /6

Ergänzen Sie.

Kundin: Guten Tag. Ich habe bei Ihnen ein Smartphone gekauft. Das Gerät .... (1) aber nicht.
Verkäufer: Haben Sie den .... (2) mit?
Kundin: Ja, hier ist er. Ich habe noch .... (3).
Verkäufer: Und wo liegt das .... (4)?
Kundin: Der Akku wird heiß. Ich kann das Gerät nicht in der Hand halten. Kann ich das Smartphone .... (5)?
Verkäufer: Ja, der Fehler ist bekannt. Sie .... (6) ein neues Gerät.
Kundin: Vielen Dank.

T4 Temporalsätze .... /4

Ergänzen Sie *als* oder *wenn*.

▸ Als ich mein erstes Handy bekam, war ich 15 Jahre alt.
1. Immer .... ich abends ausgegangen bin, habe ich mein Handy mitgenommen.
2. .... ich heute in ein Restaurant gehe, lasse ich mein Handy zu Hause.
3. .... ich am Freitag nach Berlin gefahren bin, habe ich mein Handy zu Hause vergessen.
4. .... ich im Stau stand und mich verspätete, konnte ich meinen Kollegen nicht anrufen.

Fit und gesund

- Über Sportarten sprechen
- Ein Interview zum Thema Sport führen
- Mündliche Aussagen zum Thema Sport verstehen
- Einen Text zum Thema Sport und Gesundheit verstehen
- Empfehlungen zum Thema Gesundheit geben
- Einen Text über das Gesundheitssystem in Deutschland verstehen
- Über das Gesundheitssystem im Heimatland berichten
- Ein Gespräch im Büro verstehen
- Bedingungen, Gründe und Gegengründe formulieren
- Einige Redepartikeln in der mündlichen Kommunikation verstehen
- Einen Text über positives Denken verstehen
- Über Freude und Ärger sprechen
- Eine E-Mail an eine Freundin/einen Freund schreiben

1 **Gruppenarbeit: Beliebte Sportarten**

a Welche Sportart passt zu welcher Zeichnung? Ordnen Sie zu.

▪ Skispringen	▪ Radfahren
▪ Kajakfahren	▪ Handball
▪ Schwimmen	▪ Wasserball
▪ Fußball	▪ Turnen
▪ Boxen	▪ Gymnastik

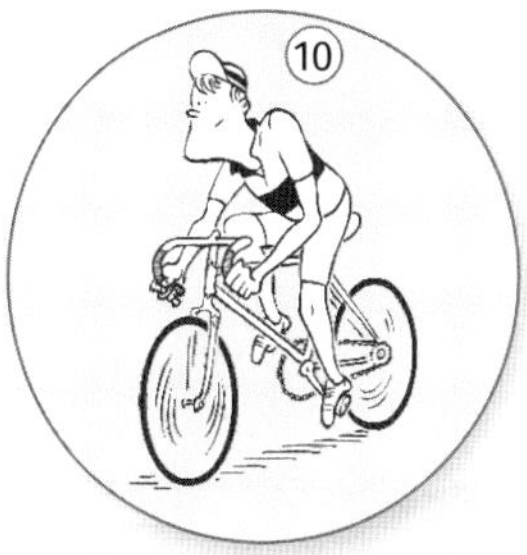

b Sammeln Sie weitere Sportarten.

c Umfrageergebnisse zu beliebten Sportarten in Deutschland
Welche Sportarten aus a) belegen die ersten Plätze? Was meinen Sie? Arbeiten Sie zu zweit.

1. „Für welche Sportarten interessieren Sie sich besonders?"
   Die beliebtesten Sportarten nach Interesse:
   1. ....
   2. ....
   3. ....

Redemittel
- Ich denke, dass ... den ersten/zweiten/dritten Platz belegt.
- Es kann sein, dass .../Vielleicht liegt ... auf dem ersten Platz.

2. „Sind Sie Mitglied in einem Sportverein?"
   Die beliebtesten Sportarten nach Anzahl der Mitglieder in einem Verein:
   1. ....
   2. ....
   3. ....

d Vergleichen Sie Ihre Ergebnisse mit anderen Kursteilnehmern.
Hören Sie anschließend die Lösungen.

2 24

2 Interview: Sport

a Fragen Sie drei Kursteilnehmer und notieren Sie die Antworten.

① Treiben Sie selbst Sport? Wenn ja, welche Sportart? Wie oft?

② Sind Sie Mitglied in einem Sportverein?

③ Sehen Sie Sportsendungen im Fernsehen? (Olympische Spiele, Weltmeisterschaften)

④ Welche Sportarten finden Sie
- interessant
- langweilig
- (zu) anstrengend
- gefährlich?

⑤ Besuchen Sie manchmal Sportveranstaltungen? Wenn ja, welche? (Fußballspiele, Schwimmwettkämpfe ...)

⑥ Welche Sportarten sind in Ihrem Heimatland besonders beliebt?

b Berichten Sie.

Anna hat mir erzählt, dass .../Ich habe erfahren, dass Thomas .../
Ich wusste schon, dass .../Ich finde/fand es sehr interessant, dass ...

3 Berichte zum Thema Sport

a Hören Sie drei Aussagen zum Thema Sport.
Hören Sie die Texte zweimal und ergänzen Sie die Informationen.

2 25

1. Beruf/Tätigkeit
2. Sportart
3. Wann/Wie oft treibt sie/er Sport?
4. zwei Gründe für den Sport

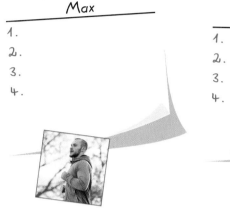

Lena

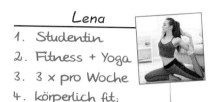

1. Studentin
2. Fitness + Yoga
3. 3 x pro Woche
4. körperlich fit; bessere Konzentration

Max

1.
2.
3.
4.

Claudia

1.
2.
3.
4.

b Geben Sie die Informationen mündlich wieder.

1. ... ist/... arbeitet als ...
2. Sie/Er *(macht Fitness/Yoga).*
3. Sie/Er *(trainiert einmal in der Woche).*
4. Sie/Er macht Sport, weil *(sie/er fit bleiben will).* Sie/Er möchte *(etwas für die Fitness tun).*

c Die positive Wirkung von Sport
Ergänzen Sie die passenden Verben in der richtigen Form. Arbeiten Sie zu zweit.

- konzentrieren
- abbauen
- ~~gehen~~
- machen
- kennenlernen
- reduzieren
- laufen
- spielen
- fühlen
- geben
- bleiben

Lena geht ins Fitnessstudio und sie .... (1) Yoga. Sie .... (2) sich körperlich wieder fit und kann sich beim Lernen besser .... (3).

Max Ehrlich .... (4) jeden Morgen. Das Laufen ist gut für seinen Körper, es .... Stress .... (5) und es .... (6) ihm Energie. Das Laufen .... (7) auch die Folgen des Jetlags beim Reisen.

Claudia Paulsen .... (8) Fußball in einem Verein. Durch das Fußballspielen .... (9) sie körperlich fit und .... neue Leute .... (10).

d Bilden Sie aus den vorgegebenen Wörtern Sätze.
Achten Sie auf die Zeitform der Verben und die fehlenden Präpositionen.

▶ *Lena ▪ Studentin ▪ [an] der Universität Wien ▪ sein (Präsens)*
Lena ist Studentin an der Universität Wien.

1. *sie ▪ den ganzen Tag ▪ [................] Lehrveranstaltungen ▪ sitzen (Präsens)*
2. *Lena ▪ eine Studentenkarte ▪ [................] das Fitnesscenter „F4" ▪ kaufen (Perfekt)*
3. *insgesamt ▪ Lena ▪ [................] dem Fitnesscenter ▪ zufrieden ▪ sein (Präsens)*
4. *man ▪ das Fitnesscenter ▪ [................] öffentlichen Verkehrsmitteln ▪ gut ▪ erreichen können (Präsens)*
5. *Lena ▪ zweimal ▪ [................] der Woche ▪ [................] Training ▪ gehen (Präsens)*
6. *einmal ▪ [................] der Woche ▪ sie ▪ [................] einem Yogakurs ▪ teilnehmen (Präsens)*
7. *Max Ehrlich ▪ [................] zehn Jahren ▪ laufen (Präsens)*
8. *er ▪ [................] Wochenende ▪ vier bis fünf Stunden ▪ trainieren (Präsens)*

4 Strukturen: Konzessive Nebensätze mit *obwohl*

a Lesen Sie die Sätze und Hinweise.

Gründe und Gegengründe

1. Die Jahreskarte für das Fitnesscenter ist sehr teuer. Sie kostet 350 Euro.	
a) **Weil** die Jahreskarte 350 Euro kostet, hat Lena keine Karte gekauft.	b) **Obwohl** die Jahreskarte 350 Euro kostet, hat Lena eine Karte gekauft.
2. Max Ehrlich muss viel arbeiten.	
a) **Weil** Max Ehrlich viel arbeiten muss, kann er keinen Sport treiben.	b) **Obwohl** Max Ehrlich viel arbeiten muss, treibt er jeden Morgen Sport.
▸ **Nebensätze mit *weil* geben einen Grund an.**	▸ **Nebensätze mit *obwohl* geben einen Gegengrund an. Der Inhalt des Hauptsatzes wird nicht erwartet.**

▸ Nebensätze mit *weil* oder *obwohl* können vor oder nach dem Hauptsatz stehen:
- **Weil** die Jahreskarte 350 Euro kostet, hat Lena keine Karte gekauft.
  Lena hat keine Karte gekauft, **weil** die Jahreskarte 350 Euro kostet.
- **Obwohl** die Jahreskarte 350 Euro kostet, hat Lena eine Karte gekauft.
  Lena hat eine Karte gekauft, **obwohl** die Jahreskarte 350 Euro kostet.

b Verbinden Sie die Sätze mit *weil* oder *obwohl*. Der kursive Satz ist der Nebensatz.

▸ *Otto sitzt den ganzen Tag im Büro.* Er fühlt sich gut.
Obwohl Otto den ganzen Tag im Büro sitzt, fühlt er sich gut.

1. *Lena treibt regelmäßig Sport.* Sie kann sich besser konzentrieren.
....
....

2. *Max fand die ersten zehn Kilometer beim Marathon schlimm.* Er ist weitergelaufen.
....
....

3. Max trainiert am Wochenende hart. *Er möchte am Frankfurt-Marathon teilnehmen.*
....
....

4. *Petra interessiert sich nicht für Fußball.* Sie geht jeden Sonntag mit ihrem Freund ins Stadion.
....
....

Redemittel
- **schlimm**: negativ, unerfreulich
- etwas schlimm finden
- Die ersten Kilometer sind die schlimmsten.

München: Olympiapark

5. Susanne macht regelmäßig Gymnastik. *Sie hat Probleme mit ihrem Rücken.*
....
....

6. *Das Wetter ist schön.* Jan bleibt vor seinem Computer sitzen.
....

5 Sport ist die beste Medizin

Lesen Sie.

■ Bewegung im Alltag

Eine bekannte Redewendung lautet „Sport ist die beste Medizin“. Auch wissenschaftliche Studien zeigen immer wieder, dass Sport gut für die Gesundheit ist.

Viele Menschen sitzen stundenlang im Auto, am Computer oder vor dem Fernseher. Der Arbeitsdruck wächst, es gibt keine klaren Grenzen mehr zwischen Arbeit und Freizeit. Die Folgen können hohes Stressempfinden, Angst, Depression oder körperliche Probleme wie Herzkrankheiten sein. Nach Meinung von Wissenschaftlern hilft dagegen vor allem eins: Bewegung. Regelmäßige Bewegung kann unter anderem Stress abbauen, das Immunsystem stärken und den Körper fit halten. Soweit die Theorie.

Obwohl die positiven Effekte von Sport bekannt sind, bewegen sich die Menschen in Deutschland immer weniger. Wenn man mit dem Auto oder mit der Bahn schneller ins Büro kommt, geht man nicht zu Fuß. Umfragen haben ergeben, dass sich zwei Drittel der Arbeitnehmer weniger als eine Stunde am Tag bewegen.

Aber nicht alle Bürger bewegen sich gleich viel oder gleich wenig. Jüngere Menschen sitzen durchschnittlich 7,5 Stunden, Senioren etwa 6,2 Stunden am Tag. Arbeitnehmer mit Bürojobs sitzen am längsten. Sie kommen auf durchschnittlich 9,6 Stunden. Das lange Sitzen ist nach Meinung von Medizinern aber kein großes Problem, wenn man es mit regelmäßigen sportlichen Aktivitäten verbindet.

Die Praxis zeigt aber, dass jeder zweite Bundesbürger (genau 52 Prozent) ein Sportmuffel ist und nicht regelmäßig Sport treibt. 20 Prozent der Deutschen bezeichnen sich selbst als Antisportler und machen überhaupt keinen Sport. Ausreden gibt es viele: keine Motivation, keine Zeit oder schlechtes Wetter. Die Folgen sind klar: Nur 40 Prozent der Sportmuffel beschreiben den eigenen Gesundheitszustand als gut oder sehr gut.

6 Textarbeit

a Was steht im Text? Sind die Aussagen richtig oder falsch? Kreuzen Sie an: *a*, *b* oder *c*.

① Die positiven Effekte von Sport
- a) ☐ sind neu.
- b) ☐ sind schon länger bekannt.
- c) ☐ werden jetzt von Wissenschaftlern untersucht.

② Regelmäßige Bewegung ist
- a) ☐ der Grund für Angst und Depression.
- b) ☐ für viele Menschen nicht möglich.
- c) ☐ gut für die Gesundheit.

③ 66 Prozent der Arbeitnehmer in Deutschland bewegen sich
- a) ☐ weniger als eine Stunde am Tag.
- b) ☐ ausreichend.
- c) ☐ nicht.

④ Langes Sitzen
- a) ☐ ist gefährlich.
- b) ☐ ist ungesund, wenn man keinen Sport treibt.
- c) ☐ hat keine Folgen für die Gesundheit.

⑤ Sportmuffel
- a) ☐ treiben überhaupt keinen Sport.
- b) ☐ haben für Sport keine Zeit.
- c) ☐ sind 52 Prozent der Bevölkerung.

b Ordnen Sie den Wörtern die passende Erklärung zu.

▶ Arbeitsdruck	☒	☒	a)	eine Entschuldigung für etwas erfinden
1. Ausrede	☐	☐	b)	körperliche oder psychische Reaktion auf Stress
2. Stressempfinden	☐	☐	c)	in einer bestimmten Zeit viel arbeiten müssen
3. Gesundheitszustand	☐	☐	d)	wie gesund man ist

c Welche Wendungen aus den Aufgaben 3 und 5 passen zu den Pfeilen? Ordnen Sie zu.

- ~~der Arbeitsdruck wächst~~
- Stress abbauen
- das Immunsystem stärken
- die Konzentration verbessern
- den Körper fit halten
- gesund bleiben
- sich weniger bewegen
- die Folgen des Jetlags reduzieren

↑	→	↓
der Arbeitsdruck wächst		

7 Ratschläge

Formulieren Sie Ratschläge. Benutzen Sie a) den Imperativ und b) das Modalverb *sollte-*.
Hinweis: Ratschläge mit *sollte-* klingen höflicher.

▶ etwas für die Gesundheit machen
a) Mach etwas für deine Gesundheit.
b) Du solltest etwas für deine Gesundheit machen.

1. jeden Morgen 30 Minuten laufen
a) ....
b) ....

2. öfter mit dem Fahrrad fahren
a) ....
b) ....

3. auf die Ernährung achten
a) ....
b) ....

4. sich im Fitnessstudio anmelden
a) ....
b) ....

5. weniger mit dem Smartphone spielen
a) ....
b) ....

6. ausreichend Wasser trinken
a) ....
b) ....

7. länger schlafen
a) ....
b) ....

Strukturen

Imperativ
- Du machst ... → **Mach ...!**
- Du arbeitest ... → **Arbeite ...!**
- Du fährst ... → **Fahr ...!**

8 Phonetik: Satzmelodie

a Hören Sie. Achten Sie auf die Melodie am Satzende.

2 26

- Melodie in **Ja-Nein-Fragen**: *Machen Sie etwas für Ihre Gesundheit?* ↗
- Melodie in **Aufforderungen**: *Machen Sie etwas für Ihre Gesundheit!* ↘

b Hören Sie und ergänzen Sie die Satzzeichen. Lesen Sie die Sätze dann vor.

2 27

▶ Fahren Sie mit dem Fahrrad zur Arbeit?
1. Laufen Sie jeden Morgen 30 Minuten......
2. Fahren Sie öfter mit dem Fahrrad......
3. Achten Sie auf die Ernährung......
4. Melden Sie sich im Fitnessstudio an......
5. Spielen Sie weniger mit dem Smartphone......
6. Trinken Sie ausreichend Wasser......
7. Schlafen Sie länger......

c Lesen Sie die Sätze aus b) zuerst als Aufforderung und dann als Frage laut vor.

9 Partnerarbeit

Sie bekommen eine Karte und berichten etwas über sich selbst.
Eine Teilnehmerin/Ein Teilnehmer bearbeitet Karte A, eine Teilnehmerin/ein Teilnehmer Karte B.

(A) von sich erzählen

Treiben Sie Sport?
- Gründe für/gegen Sport?
- Lieblingssportart?
- Zeit für Sport?
- Sportsendungen im Fernsehen?

(B) von sich erzählen

Was machen Sie für Ihre Gesundheit?
- Bewegung/Sitzen?
- Sport?
- Ernährung?
- Ruhe/Pausen?

10 Rätsel: Der Körper

Wie heißt das Lösungswort? Schreiben Sie die Wörter mit großen Buchstaben. Arbeiten Sie zu zweit.

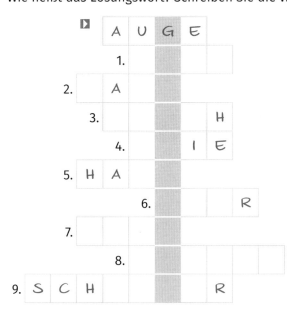

				▶	A	U	G	E		
				1.						
	2.			A						
			3.					H		
				4.			I	E		
	5.	H	A							
					6.				R	
	7.									
				8.						
9.	S	C	H					R		

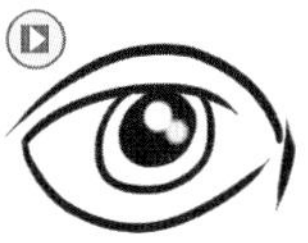

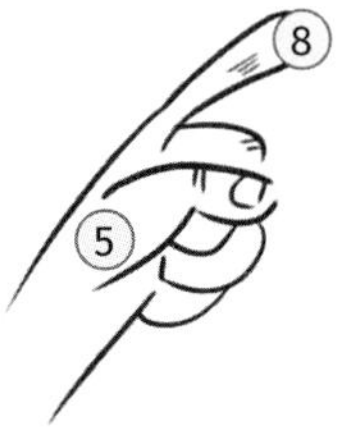

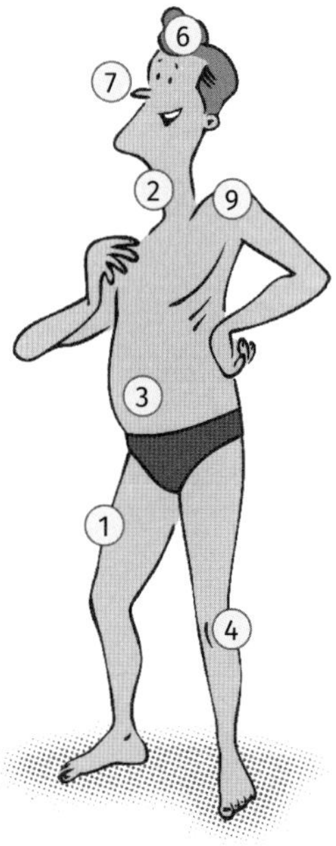

11 Wenn man krank wird

Lesen und hören Sie.

2 28

■ Das Gesundheitssystem in Deutschland

Wenn man in Deutschland krank wird, geht man zuerst zu einem Hausarzt bzw. Allgemeinmediziner. Der Hausarzt untersucht und behandelt den Patienten. Er verschreibt zum Beispiel ein Medikament oder eine Physiotherapie.

Wenn der Allgemeinmediziner die Krankheit nicht mit Erfolg behandeln kann, überweist er den Patienten zu einem Facharzt. Obwohl es in Deutschland viele Fachärzte mit einer eigenen Praxis gibt, ist es nicht immer leicht, einen Termin zu bekommen. Vor allem in Großstädten müssen Patienten manchmal zwei bis drei Monate auf einen Termin beim Facharzt warten. Operationen erfolgen in einem Krankenhaus. Die Behandlungskosten übernimmt die Krankenversicherung.

Die meisten Menschen in Deutschland sind bei einer gesetzlichen Krankenkasse versichert, etwa 10,5 Prozent der Bevölkerung sind privat krankenversichert. Etwa 0,1 Prozent bis 0,3 Prozent sind nicht krankenversichert, obwohl es in Deutschland eine Versicherungspflicht gibt.

12 Wortschatzarbeit

a Was macht der Arzt? Bilden Sie aus den Nomen Verben.

- ▶ *(Untersuchung)* Der Arzt untersucht Patienten.
1. *(Behandlung)* Der Arzt .... Patienten.
2. *(Überweisung)* Der Arzt .... Patienten zu einem anderen Arzt.
3. *(Verschreibung)* Der Arzt .... Medikamente.
4. *(Operation)* Der Arzt .... Patienten.

b Was macht der Patient? Ergänzen Sie die Verben.

1. Er .... zum Hausarzt.
2. Er .... auf einen Termin beim Facharzt.
3. Er .... Medikamente aus der Apotheke.

Hinweis

Notfallnummer im Krankheitsfall:
- **112** für Deutschland
- **114** für Österreich und die Schweiz

c Zusammengesetzte Nomen

Was passt zusammen? Hören Sie die Nomen danach zur Kontrolle der Aussprache.

2 29

- die Kosten
- der ~~Mediziner~~
- das System
- die Pflicht
- die Versicherung
- der Arzt

- ▶ der Allgemeinmediziner
1. der Fach..........................
2. die Kranken..........................
3. die Behandlungs..........................
4. das Gesundheits..........................
5. die Versicherungs..........................

13 Das Gesundheitssystem in meinem Heimatland

Berichten Sie. Was macht man in Ihrem Heimatland, wenn man krank ist? Arbeiten Sie in Kleingruppen und fassen Sie am Ende die Ergebnisse zusammen.

- In ... geht man normalerweise zum Hausarzt/zum Facharzt.
- Bei schweren Krankheiten kommt man ins Krankenhaus.
- Auf einen Termin beim Facharzt muss man (nicht) lange warten.
- Die Behandlung bezahlt die Krankenkasse/man selbst.
- Es gibt staatliche/gesetzliche/private Krankenkassen.

14 Telefongespräch

Vereinbaren Sie einen Termin beim Hausarzt.
Spielen Sie zwei Telefongespräche und tauschen Sie die Rollen.

Mögliche Krankheiten:
- Sie haben eine Erkältung mit Fieber.
- Sie haben Schmerzen im Rücken/im Arm/im Bein.
- Sie haben Fußball gespielt. Jetzt haben Sie ein dickes Knie.

15 Gespräch im Büro

a Hören Sie das Gespräch zwischen Leonie und Alex.
Sind die Aussagen richtig oder falsch? Kreuzen Sie an.

2 30

	richtig	falsch
1. Alex fühlt sich zurzeit nicht gut.	☐	☐
2. Er muss sehr viel arbeiten.	☐	☐
3. Viele Kollegen haben die Grippe.	☐	☐
4. Alex bekommt viel Hilfe.	☐	☐
5. Leonie meint, mit Schwimmen kann man Stress abbauen.	☐	☐
6. Alex möchte lieber mittags einen Spaziergang machen.	☐	☐

b Verbinden Sie die Sätze mit *wenn* oder *weil*.

▶ Alex geht es nicht gut. Er ist total gestresst.
Alex geht es nicht gut, weil er total gestresst ist.

1. Alex muss viel arbeiten. Seine Kollegen sind krank.
....
2. Er kann keine Hilfe bekommen. Es gibt überall Personalprobleme.
....
3. Schwimmen ist gesund. Es ist gut für den Stressabbau.
....
4. Sport hilft. Man muss viel arbeiten.
....
5. Alex will abends nicht ins Kino gehen. Er ist sehr müde.
....
6. Er wird bestimmt bald krank. Er macht so weiter.
....

16 Strukturen: Infinitiv mit *zu*

a Lesen Sie die Sätze und Hinweise.

Es ist nicht immer leicht, einen Termin beim Facharzt **zu bekommen**.

Ich habe abends keine Lust, ins Kino **zu gehen**.

Ich habe wirklich keine Zeit, mittags einen Spaziergang **zu machen**.

- Nach Wendungen wie: *es ist (nicht) leicht/schwer/schön/verboten* steht das Verb oft im Infinitiv, zusammen mit dem Wort *zu*.
- Der Infinitiv mit *zu* steht auch oft nach den Wendungen: *ich habe keine Lust/keine Zeit/ich habe die Absicht* oder nach den Verben *bitten* und *empfehlen*.

b Spielen Sie einen Dialog.
Formulieren Sie Fragen und verwenden Sie bei den Antworten den Infinitiv mit *zu*.

A *wir ▪ am Wochenende ▪ schwimmen gehen ▪ wollen?*
Wollen wir am Wochenende schwimmen gehen?

B *nein, keine Zeit*
Nein, ich habe keine Zeit, schwimmen zu gehen.
du ▪ am Morgen ▪ im Park ▪ laufen?
Läufst du ...

A *nein, keine Zeit*
du ▪ regelmäßig ▪ Pause machen?

B *nein, keine Zeit*
wir ▪ heute Abend ▪ ins Fitnesscenter ▪ gehen?

A *nein, keine Lust*
du ▪ mit dem Fahrrad ▪ ins Büro ▪ fahren?

B *nein, keine Lust*

c Formulieren Sie Empfehlungen wie im Beispiel.

▶ ein spannendes Buch lesen
Ich empfehle dir, ein spannendes Buch zu lesen.

1. einen Yogakurs machen
2. am Wochenende keine beruflichen E-Mails beantworten
3. mit deiner Chefin über die Arbeit sprechen
4. ausreichend schlafen
5. nicht zu lange sitzen
6. nicht immer alles alleine machen
7. weniger Kaffee trinken
8. viel Obst und Gemüse essen

17 Strukturen: Redepartikeln

a Hören Sie die folgenden Sätze aus dem Dialog in Aufgabe 15a noch einmal.
Achten Sie auf die Intonation und die unterstrichenen Wörter.

2 31

- Was ist denn los?
- Warum musst du denn so viel arbeiten?
- Warum fragst du denn nicht deinen Chef, ob du Hilfe bekommen kannst?
  – Das habe ich doch schon gemacht.
- Ich habe gehört, dass man sich bei einem Spaziergang in der Mittagspause gut erholen kann. Mach das doch mal!

b Lesen Sie die Beispielsätze und Hinweise.

Redepartikeln gehören zur gesprochenen Sprache. Wenn man Redepartikeln verwendet, bekommt der Satz einen bestimmten emotionalen Ausdruck.

Was ist **denn** los?
Das habe ich **doch** schon gemacht.
Mach das **doch** mal!

- *Denn* verwendet man in einer Frage. Es zeigt Überraschung oder Interesse.
- *Doch* verwendet man oft in Aussage- oder Aufforderungssätzen. Man kann Ärger ausdrücken (Aussagesatz) oder eine Aufforderung freundlicher formulieren.

c Formulieren Sie die Sätze emotionaler. Benutzen Sie die Redepartikeln *denn* und *doch*.

▶	Wo bist du?	Wo bist du denn?
1.	Was machst du hier?	....
2.	Warum kommst du mit dem Bus?	....
3.	Mein Auto ist kaputt. Das weißt du.	....
4.	Mach mal Pause!	....
5.	Wie viel kostet eine Jahreskarte?	....
6.	Das ist nicht möglich!	....
7.	Wann beginnt der Yogakurs?	....
8.	Komm mal mit!	....

18 Dialog: Etwas gemeinsam unternehmen

Sie möchten am Samstag mit Ihrer Partnerin/Ihrem Partner Tennis spielen.
Finden Sie einen Termin. Jeder von Ihnen hat schon einige Termine im Kalender stehen. Spielen Sie einen Dialog und verwenden Sie auch Redepartikeln.

A: Wollen wir am Samstag zusammen Tennis spielen?
B: Das ist eine gute Idee./ Ja, das machen wir.
A: Wann hast du denn Zeit?/ Wann passt es dir denn?
B: Kannst du um *(10.00 Uhr)*?/ Hast du um *(10.00 Uhr)* Zeit?
A: Nein, um *(10.00 Uhr)* habe ich meinen Deutschkurs. Das weißt du doch.
B: Wie sieht es denn um *(15.00 Uhr)* aus?

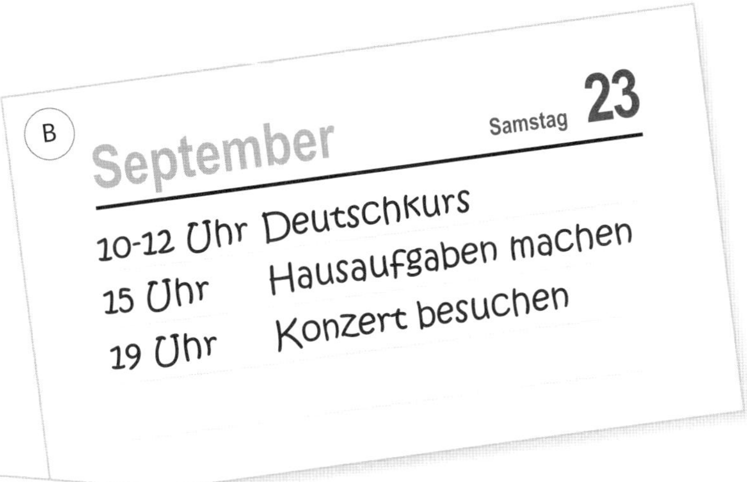

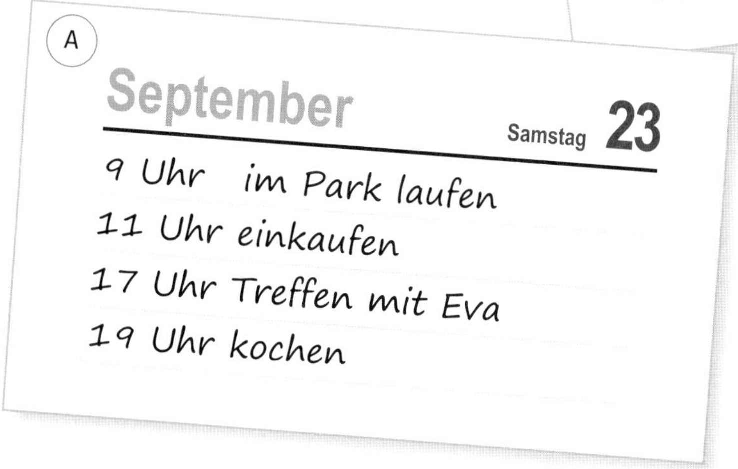

19 Optimismus und Gesundheit

Lesen und hören Sie.

2 32

■ Positives Denken

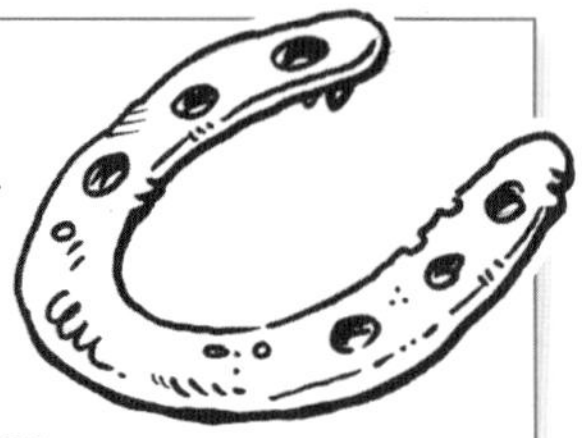

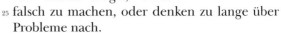

Das alte Sprichwort „Jeder ist seines Glückes Schmied"* ist die zentrale Aussage vieler Sachbücher. Die Ratgeber versprechen ein erfolgreiches, glückliches Leben durch positives Denken und werden von Millionen Menschen gekauft und gelesen. Doch kann man positives Denken wirklich lernen? Und ist die über 100 Jahre alte Theorie vom positiven Denken heute noch aktuell?

Ja, sagen Wissenschaftler. Neue Studien zeigen, dass wir jeden Tag etwa 60 000 Gedanken haben, nur drei Prozent der Gedanken sind positiv. Und das hat negative Folgen für unsere Gesundheit und für unser Leben. Nach Meinung der Wissenschaftler konzentrieren wir uns zu sehr auf unsere Fehler. Wir haben Angst, etwas falsch zu machen, oder denken zu lange über Probleme nach.

Viel besser ist es, die positiven Aspekte zu sehen und sogenannte Optimismus-Killer zu minimieren. Optimismus-Killer sind unter anderem Perfektionismus, Angst vor Misserfolgen oder Konkurrenzdenken. Natürlich darf man bei einem negativen Erlebnis (z. B. bei einer Scheidung oder einer Krankheit) auch traurig sein. Aber wir müssen lernen, unsere Gefühle zu verstehen und Probleme zu lösen. Wir müssen auch lernen, zu anderen und zu uns selbst freundlich zu sein. Das macht uns zufriedener, selbstbewusster und gesünder.

*Jeder ist seines Glückes Schmied. – Jeder ist für sein Glück selbst verantwortlich.

20 Textarbeit

a Was steht im Text? Sind die Aussagen richtig oder falsch? Kreuzen Sie an: *a*, *b* oder *c*.

(1) Die Theorie vom positiven Denken
- a) ☐ ist neu.
- b) ☐ ist immer noch aktuell.
- c) ☐ hat das Leben von Millionen Menschen verändert.

(2) Die Menschen schauen zu sehr
- a) ☐ auf ihre Erfolge.
- b) ☐ auf ihre Fehler.
- c) ☐ auf ihre Gefühle.

(3) Viele Menschen haben Angst
- a) ☐ vor anderen Menschen.
- b) ☐ vor Misserfolgen.
- c) ☐ vor Optimismus-Killern.

(4) Menschen werden zufriedener, wenn sie
- a) ☐ viel Erfolg haben.
- b) ☐ die Konkurrenten besiegen.
- c) ☐ sich selbst und andere weniger kritisieren.

b Was passt zusammen? Ordnen Sie zu.

▶ Die Ratgeber versprechen	☐	☐	a) heute noch aktuell.
1. Die Theorie vom positiven Denken ist	☐	☐	b) auf unsere Fehler.
2. Nur drei Prozent unserer Gedanken sind	☐	☐	c) freundlich sein.
3. Wir konzentrieren uns zu sehr	☐	☐	d) über Probleme nach.
4. Wir denken zu lange	☐	☐	e) positiv.
5. Wir sollten zu anderen und zu uns selbst	☐	☐	f) sehen.
6. Wir sollten die positiven Aspekte	☐	☐	g) ein erfolgreiches, glückliches Leben.

c Bilden Sie *dass*-Sätze wie im Beispiel.

Wissenschaftler sagen, ...

▶ *positives Denken ▪ heute noch ▪ aktuell sein*
dass positives Denken heute noch aktuell ist.

1. *wir ▪ Angst ▪ vor Fehlern und Misserfolgen ▪ haben*
2. *negative Gedanken ▪ nicht gut ▪ für unsere Gesundheit ▪ sein*
3. *wir ▪ manchmal ▪ auch ▪ traurig ▪ sein dürfen*

21 Gruppenarbeit: Ärger und Freude

a Diskutieren Sie in der Gruppe und berichten Sie anschließend über Ihre Ergebnisse.

- Worüber/Über wen freuen Sie sich (oft/manchmal)?
- Worüber/Über wen ärgern Sie sich (oft/manchmal)?

▪ unhöfliche Mitmenschen	▪ Blumen
▪ Bedienungsanleitungen	▪ Arbeitskollegen
▪ Internet-Werbung	▪ Erfolge
▪ unpünktliche Verkehrsmittel	▪ Politiker
▪ andere Verkehrsteilnehmer	▪ Nachbarn
▪ leere Autobahnen	▪ Verwandte
▪ Beamte in einer Behörde	▪ ...

▶ Ich freue/ärgere mich oft/manchmal über ...
Wenn ..., dann freue/ärgere ich mich.
In unserer Gruppe freuen/ärgern sich viele über ...

b Vergleichen Sie Ihre Ergebnisse mit einer Umfrage in Deutschland *(siehe Grafik)*.

c E-Mail an eine Freundin/einen Freund
Sie haben sich in der letzten Woche über etwas besonders geärgert oder gefreut. Schreiben Sie eine E-Mail an eine Freundin/einen Freund und berichten Sie. Schreiben Sie etwa acht Sätze.

22 Gefühle

a Ordnen Sie die passenden Smileys zu. Arbeiten Sie zu zweit.

▶ die Wut
wütend sein

1. die Angst
Angst haben

2. die Überraschung
überrascht sein

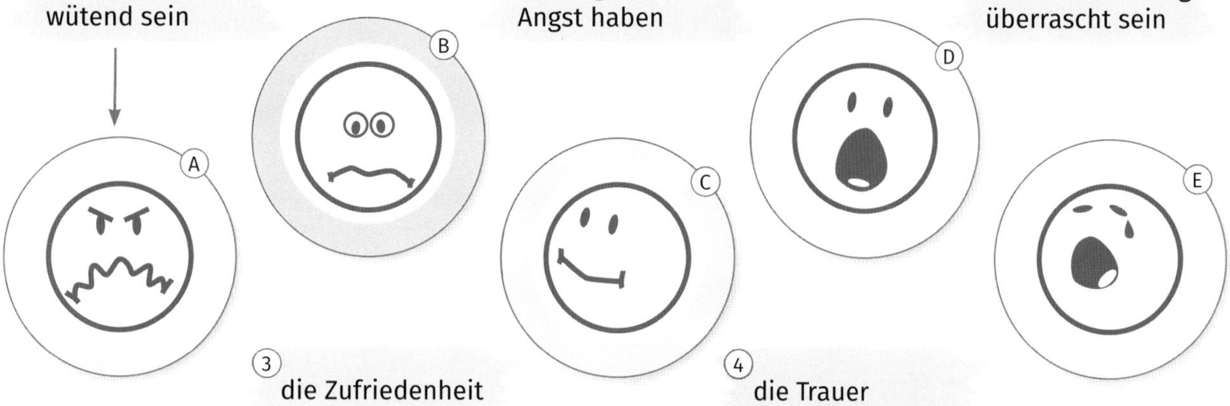

3. die Zufriedenheit
zufrieden sein

4. die Trauer
traurig sein

b Klassenspaziergang: Gefühle
Wählen Sie drei Fragen aus und fragen Sie viele Kursteilnehmer. Berichten Sie danach über die Ergebnisse.

(1) Sind Sie manchmal wütend auf andere Verkehrsteilnehmer?

(2) Haben Sie Angst vor Prüfungen?

(3) Wann waren Sie das letzte Mal überrascht?

(4) Sehen Sie manchmal traurige Filme?

(5) Worüber ärgern Sie sich im Urlaub?

(6) Waren Sie als Kind zufrieden mit Ihren Schulnoten?

(7) Ärgern Sie sich manchmal über Politiker?

(8) Freuen Sie sich über schönes Wetter?

▸ *Viele/Einige Teilnehmer ärgern sich über ...*
Niemand ärgert sich über ...

23 Strukturen: Fragewörter bei Verben und Wendungen mit Präpositionen

Formulieren Sie Fragen wie im Beispiel.

▸ Felix ärgert sich über die unfreundlichen Mitmenschen.
Worüber ärgert sich Felix?

1. Franziska ist stolz auf den ersten Platz beim Schwimmwettkampf.
....
2. Der Gärtner freut sich über das schöne Wetter.
....
3. Viele Menschen ärgern sich über Müll auf der Straße.
....
4. Martina hat Angst vor Schlangen und Spinnen.
....
5. Frau Müller freut sich über die Blumen.
....
6. Ich ärgere mich über meinen Nachbarn.
....

Strukturen

Fragewörter
- Sache (**Wo** + (**r**) + **Präposition**):
  - sich ärgern **über** →
    Worüber ärgerst du dich?
  - Angst haben **vor** →
    Wovor hast du Angst?
  - stolz sein **auf** →
    Worauf bist du stolz?
- Person:
  Über wen ärgerst du dich?

Übungen zur Vertiefung und zum Selbststudium

Ü1 Gute Gründe für den Sport

Bilden Sie Sätze mit *weil*.

▶ Ich treibe Sport. Ich will Stress abbauen.
Ich treibe Sport, weil ich Stress abbauen will.

1. Bernd geht ins Fitnessstudio. Er möchte sich besser fühlen.
   ....
2. Eric läuft viel. Er will sein Herz und seinen Kreislauf fit halten.
   ....
3. Lisa macht jeden Tag Gymnastik. Sie will ihr Immunsystem stärken.
   ....
4. Carola schwimmt viel. Sie möchte ihre Rückenschmerzen reduzieren.
   ....
5. Conrad und Susanne spielen Tennis. Sie wollen sich nach dem Arbeitstag entspannen.
   ....

Ü2 Gegengründe

Bilden Sie Sätze mit *obwohl*.

▶ Ich bewege mich gerne. Ich habe keine Zeit für Sport.
Obwohl ich mich gerne bewege, habe ich keine Zeit für Sport.

1. Marco wandert gerne. Er ist kein sportlicher Mensch.
   Marco ....
2. Maria ist nicht fit. Sie geht regelmäßig ins Fitnessstudio.
   ....
3. Wir haben uns erkältet. Wir haben warme Kleidung getragen.
   ....
4. Jana will einen Marathon laufen. Sie hat nicht trainiert.
   ....
5. Sonja und Olaf wollen ans Meer fahren. Sie können nicht schwimmen.
   ....

Ü3 Bewegung ist die beste Medizin

Formulieren Sie Sätze im Präsens. Achten Sie auf die fehlenden Präpositionen.

▶ *viele Menschen ▪ stundenlang ▪ [im] Auto oder [am] Computer ▪ sitzen*
Viele Menschen sitzen stundenlang im Auto oder am Computer.

1. *es ▪ keine klaren Grenzen ▪ mehr ▪ [..........] Arbeit und Freizeit ▪ geben*
   ....
2. *die Folgen [..........] langem Sitzen ▪ körperliche Probleme ▪ sein können*
   ....
3. *[..........] Stress ▪ [..........] Meinung von Wissenschaftlern ▪ Bewegung ▪ helfen*
   ....
4. *aber ▪ die Menschen ▪ [..........] Deutschland ▪ immer weniger ▪ sich bewegen*
   ....

Ü4 Vorschläge

Formulieren Sie Vorschläge. Verwenden Sie a) *sollte*- und b) den Imperativ.
Orientieren Sie sich am Beispiel.

▶ *du ▪ sich besser konzentrieren wollen → Yoga machen*

a) Wenn du dich besser konzentrieren willst, solltest du Yoga machen.

b) Mach Yoga, wenn du dich besser konzentrieren willst.

1. *Sie ▪ sich besser fühlen wollen → regelmäßig Sport treiben*

   a) ....

   b) ....

2. *du ▪ sich nach einem langen Arbeitstag entspannen wollen → ein paar Kilometer Fahrrad fahren*

   a) ....

   b) ....

3. *ihr ▪ das Immunsystem stärken wollen → jeden Morgen 30 Minuten laufen*

   a) ....

   b) ....

4. *Sie ▪ Stress abbauen wollen → sich mehr bewegen*

   a) ....

   b) ....

5. *du ▪ gesund bleiben wollen → weniger Fastfood essen*

   a) ....

   b) ....

Ü5 Kurze Dialoge

Bilden Sie Sätze wie im Beispiel. Überprüfen Sie Ihre Lösungen mit dem Hörtext.

2 33

▶ **A:** *ich ▪ keine Lust haben → heute Abend ins Theater gehen*

Ich habe keine Lust, heute Abend ins Theater zu gehen. Ich bleibe lieber zu Hause.

B: Wie du willst.

1. **A:** *ich ▪ im Moment keine Zeit haben → Bücher lesen*

   ....

   Ich arbeite jeden Tag bis 20 Uhr und danach bin ich müde.

   B: Ich kann dich sehr gut verstehen. Mir geht es genauso.

2. **A:** *es ▪ leicht sein → das Gerät bedienen*

   ...., denn es hat nur zwei Knöpfe: Einschalten und Ausschalten.

   B: Dann ist das wirklich nicht kompliziert.

3. **A:** *es ▪ noch nicht möglich sein → den Raum betreten*

   .... Er wird gerade sauber gemacht.

   B: Dann warte ich noch ein bisschen.

4. **A:** *es ▪ schön sein → dich sehen*

   .... Wie geht es dir?

   B: Gut, danke. Und dir?

5. **A:** *es ▪ wichtig sein → sich jeden Tag mit der neuen Sprache beschäftigen*

   ....

   B: Ich weiß, aber manchmal habe ich einfach keine Zeit.

Ü6 Hausordnung im Fitnessstudio

Lesen Sie die Hausordnung und ergänzen Sie die Sätze. Manchmal sind mehrere Lösungen möglich.

- Es ist nicht erlaubt ...
- Es ist verboten ...
- Aus Sicherheitsgründen ist es nicht erlaubt ...
- Es ist nicht möglich ...
- Wir bitten darum ...

▶ Es ist nicht erlaubt/Es ist verboten, im Trainingsbereich zu essen.

1. ...., im Studio zu telefonieren und zu rauchen.
2. ...., eigene Fitnessgeräte in den Räumen zu benutzen. Bitte verwenden Sie unsere Geräte.
3. ...., alle Trainingsgeräte wieder an ihren Platz zurückzulegen.
4. ...., Tiere ins Fitnessstudio mitzubringen.
5. ...., die Privatsphäre anderer Gäste zu respektieren.
6. ...., auf die Sauberkeit der Räume zu achten.

Ü7 So trainieren Sie positives Denken

Bilden Sie Sätze wie im Beispiel.

▶ Man sollte den Tag mit einem positiven Gedanken beginnen.
Psychologen empfehlen, den Tag mit einem positiven Gedanken zu beginnen.

1. Man sollte den Tag auch mit einem positiven Gedanken beenden.
   Sie empfehlen auch, den Tag ....
2. Man kann ein Fotoalbum mit schönen Bildern machen.
   Sie schlagen vor, ...
3. Man kann seine Lieblingsmusik hören.
   Es hilft auch, ...
4. Man sollte negative Gedanken durch positive ersetzen.
   Man kann versuchen, ...
5. Man sollte keine Angst vor Fehlern haben.
   Die Psychologen empfehlen auch, ...

Ü8 Positive Gedanken

a Ergänzen Sie die Verben in der richtigen Form.

- konzentrieren
- verstehen
- sein
- nachdenken
- sehen
- ~~kommen~~
- haben

Neue Studien kommen zum Ergebnis, dass wir jeden Tag etwa 60 000 Gedanken haben, nur drei Prozent der Gedanken sind positiv. Und das .... (1) negative Folgen für unser Leben. Nach Meinung der Wissenschaftler .... (2) wir uns viel zu sehr auf unsere Fehler. Wir haben Angst vor Fehlern oder .... (3) lange über Probleme .... (3). Viel besser ist es, die positiven Aspekte zu .... (4) und sogenannte Optimismus-Killer zu minimieren. Wir müssen lernen, unsere Gefühle zu .... (5) und Probleme zu lösen. Wir müssen auch lernen, zu anderen und zu uns selbst freundlich zu .... (6). Das macht uns zufriedener, selbstbewusster und gesünder.

b Ergänzen Sie die Präpositionen.

- ▶ zu einem Ergebnis kommen
1. negative Folgen .... unser Leben haben
2. .... Probleme nachdenken
3. Angst .... Fehlern haben
4. .... anderen und .... sich selbst freundlich sein
5. sich .... die Fehler konzentrieren

c Bei diesen Nomen im Plural sind einige Buchstaben an der falschen Stelle. Korrigieren Sie die Fehler und schreiben Sie die Wörter richtig. Arbeiten Sie zu zweit.

▶	Bcherü	Bücher	5.	Gefehlü	....
1.	Retagber	....	6.	Preblemo	....
2.	Wissanscheftler	....	7.	Felgon	....
3.	Stiedun	....	8.	Missorfelge	....
4.	Fhlere	....	9.	Gdenakne	....

Ü9 〉 Sechs Personen suchen im Internet nach Kursen

Lesen Sie die Aufgaben und die Anzeigen. Welche Anzeige passt zu welcher Person? Für eine Aufgabe gibt es keine Lösung. Markieren Sie diese mit X. Die Anzeige aus dem Beispiel können Sie nicht mehr wählen.

1. Udo will besser schwimmen. [C]
2. Caroline interessiert sich für asiatische Kampfkunst. [ ]
3. Ingrid interessiert sich für klassische Tänze. [ ]
4. Ulrike hat beim Lernen Konzentrationsprobleme. [ ]
5. Karl sucht einen Masseur, denn er hat Rückenschmerzen. [ ]
6. Luise und Dagmar möchten sich mehr an der frischen Luft bewegen. [ ]

A — www.tanzschule-weinert.de

Sie möchten Tango, Walzer, Rumba, Mambo, Cha-Cha-Cha und andere Tänze lernen? Dann sind Sie bei uns richtig.

B — www.entspannen.de

Sie können sich nicht entspannen oder konzentrieren? Bei uns lernen Sie Meditations- und Entspannungstechniken.

C (durchgestrichen) — www.schwimmkurse-arnold.de

Schwimmkurse für Anfänger und Fortgeschrittene, Kinder und Erwachsene
Melden Sie sich jetzt an und erhalten Sie 10 Prozent Rabatt.

D — www.bergsteigen-und-wandern.de

Bergsteigen und wandern in der Natur
Unser Verein organisiert vier Ausflüge im Monat zu den schönsten Orten in der Gegend. Werden Sie Mitglied und entdecken Sie die Region.

E — www.physiotherapie-wohlmueller.at

Möchten Sie Ihre Familie und Ihre Freunde verwöhnen? Lernen Sie die besten Massagetechniken von den besten Lehrern.

F — www.selbstverteidigungskurse.de

Selbstverteidigung für Frauen
Taekwondo, Karate, Wing Tsun und andere, speziell für Frauen entwickelte Sportarten

Wichtige Wörter und Wendungen

Wiederholen Sie die Wörter und Wendungen.
Die Redemittel zum Hören und zweisprachige Redemittellisten finden Sie unter
http://www.schubert-verlag.de/spektrum.a2.dazu.php#K10

Sport

- (überhaupt keinen) Sport treiben
- Mitglied in einem Sportverein sein
- Sportsendungen *(im Fernsehen)* sehen
- Yoga *(aus Spaß)* machen
- an Wettkämpfen/an einem Marathonlauf teilnehmen
- sich auf einen Wettkampf vorbereiten
- ans/ins Ziel kommen
- Sportveranstaltungen besuchen
- zu Fußballspielen gehen
- fünf Stunden in der Woche trainieren
- sich eine Stunde Zeit nehmen
- zum Training/ins Fitnessstudio gehen
- etwas für die Fitness tun
- sich *(viel/zu wenig)* bewegen

Sportarten *(Auswahl)*:
- Skispringen, Rudern, Schwimmen, Boxen, Handball, Turnen, Radfahren

Gesundheitssystem

- krank werden/sein
- zu einem Hausarzt/Allgemeinmediziner gehen
- Patienten untersuchen und behandeln
- Medikamente/eine Physiotherapie verschreiben
- Medikamente aus der Apotheke holen
- den Patienten zu einem Facharzt überweisen
- auf einen Termin beim Facharzt warten
- das deutsche Gesundheitssystem
- die Behandlungskosten übernehmen/bezahlen
- bei einer (gesetzlichen/privaten) Krankenkasse versichert sein/krankenversichert sein
- bei schweren Krankheiten/für eine Operation ins Krankenhaus kommen

Fit und gesund

- sich körperlich fit fühlen
- gut für den Körper sein
- sich beim Lernen besser konzentrieren können
- die Konzentration verbessern
- Stress abbauen
- das Immunsystem stärken
- den Körper fit halten
- die Folgen des Jetlags reduzieren
- gesund sein/bleiben
- Sport gibt Energie.
- den ganzen Tag in Vorlesungen/im Büro sitzen
- Der Arbeitsdruck wächst.
- Es gibt (keine) Grenzen zwischen Arbeit und Freizeit.
- sich als Antisportler bezeichnen
- eine Ausrede haben
- den eigenen Gesundheitszustand als gut beschreiben
- „Sport ist die beste Medizin."

Positives Denken und Gefühle

- einen Ratgeber kaufen
- ein erfolgreiches/glückliches Leben versprechen
- positives Denken lernen
- täglich 60 000 Gedanken haben
- sich zu sehr auf Fehler konzentrieren
- Angst haben, etwas falsch zu machen
- zu lange über Probleme nachdenken
- Probleme lösen
- zu sich selbst und zu anderen freundlich sein
- Gefühle zeigen/verstehen
- sich *(über Misserfolge)* ärgern, der Ärger
- sich *(über Blumen)* freuen, die Freude
- *(mit einem Resultat)* zufrieden sein, die Zufriedenheit
- *(auf andere Autofahrer)* wütend sein, die Wut
- *(über eine schlechte Note)* traurig sein, die Trauer
- überrascht sein, die Überraschung
- Angst vor Misserfolgen haben
- „Jeder ist seines Glückes Schmied."

Verben im Kontext und Strukturen

Ausgewählte Verben des Kapitels

Lesen Sie die Verben. Üben Sie die Verben am besten mit Beispielsatz.

Einige regelmäßige Verben

Verb	Beispielsatz im Präsens	Verb im Präteritum	Verb im Perfekt
▪ abbauen	Regelmäßiges Laufen baut Stress ab.	es baute ab	es hat abgebaut
▪ behandeln	Der Arzt behandelt Patienten.	er behandelte	er hat behandelt
▪ sich bewegen	Martina bewegt sich zu wenig.	sie bewegte sich	sie hat sich bewegt
▪ sich bezeichnen	Viele Menschen bezeichnen sich als Antisportler.	sie bezeichneten sich	sie haben sich bezeichnet
▪ lösen	Frau Müller löst ein Problem.	sie löste	sie hat gelöst
▪ stärken	Sport stärkt das Immunsystem.	er stärkte	er hat gestärkt
▪ trainieren	Er trainiert fünf Stunden in der Woche.	er trainierte	er hat trainiert
▪ warten	Susanne wartet auf einen Termin beim Facharzt.	sie wartete	sie hat gewartet

Unregelmäßige Verben

Verb	Beispielsatz im Präsens	Verb im Präteritum	Verb im Perfekt
▪ bleiben	Max bleibt gesund.	er blieb	er ist geblieben
▪ nachdenken	Isabel denkt über ein Problem nach.	sie dachte nach	sie hat nachgedacht
▪ übernehmen	Die Krankenkasse übernimmt die Kosten.	sie übernahm	sie hat übernommen
▪ überweisen	Der Hausarzt überweist Martina zum Facharzt.	er überwies	er hat überwiesen
▪ verschreiben	Der Arzt verschreibt ein Medikament.	er verschrieb	er hat verschrieben
▪ versprechen	Das Buch verspricht ein glückliches Leben.	es versprach	es hat versprochen
▪ wachsen	Der Arbeitsdruck wächst.	er wuchs	er ist gewachsen

Fragewörter bei Verben und Wendungen mit Präpositionen

sich ärgern über	**Worüber** ärgerst du dich? Über die öffentlichen Verkehrsmittel.	**wo + r +** Präposition	Sache
	Über wen ärgerst du dich? Über andere Verkehrsteilnehmer.	Präposition **+ wen**	Person
sich freuen über	**Worüber** freust du dich? Über die Blumen.	**wo + r +** Präposition	Sache
	Über wen freust du dich? Über den Überraschungsgast.	Präposition **+ wen**	Person
Angst haben vor	**Wovor** hast du Angst? Vor der nächsten Prüfung.	**wo +** Präposition	Sache
	Vor wem hast du Angst? Vor verrückten Autofahrern.	Präposition **+ wem**	Person
stolz sein auf	**Worauf** bist du stolz? Auf meine Leistung.	**wo + r +** Präposition	Sache
	Auf wen bist du stolz? Auf meinen Sohn.	Präposition **+ wen**	Person

▸ *Worüber* (**Wo + r + über**)? – Die Präposition beginnt mit einem Vokal.

▸ *Wovor* (**Wo + vor**)? – Die Präposition beginnt mit einem Konsonanten.

Infinitiv mit *zu*

Der Infinitiv mit *zu* steht oft ...

nach unpersönlichen Ausdrücken wie:	Es ist nicht leicht, Es ist verboten,	einen Termin beim Facharzt **zu bekommen**. hier **zu parken**.
nach Nomen in Verbindung mit *haben*:	Ich habe keine Lust, Ich habe keine Zeit, Ich habe die Absicht,	ins Kino **zu gehen**. mittags einen Spaziergang **zu machen**. noch einmal **zu studieren**.
nach Verben wie *empfehlen* und *bitten*:	Ich empfehle dir, Ich bitte dich,	mehr Sport **zu treiben**. die Gäste vom Bahnhof **abzuholen**.

- Bei Verben mit trennbarem Präfix steht *zu* zwischen Präfix und Verbstamm: *abzuholen.*

Konzessive Nebensätze mit *obwohl*

Hauptsatz	Nebensatz
Max treibt jeden Morgen Sport,	**obwohl** er viel arbeiten **muss**.

Nebensatz	Hauptsatz
Obwohl er viel arbeiten **muss**,	treibt Max jeden Morgen Sport.

- Nebensätze mit *obwohl* geben einen Gegengrund an. Das Geschehen im Hauptsatz wird nicht erwartet. *Obwohl* leitet einen Nebensatz ein. Das konjugierte Verb steht an letzter Stelle. Der Nebensatz kann vor oder nach dem Hauptsatz stehen.

Redepartikeln

Redepartikeln gehören zur gesprochenen Sprache. Wenn man Redepartikeln verwendet, bekommt der Satz einen bestimmten emotionalen Ausdruck.

Was ist **denn** los?	*Denn* verwendet man in einer Frage. Damit drückt man Überraschung oder Interesse aus.
Mach das **doch** mal! Das habe ich **doch** schon gemacht.	*Doch* verwendet man oft in Aussage- oder Aufforderungssätzen. Man kann eine Aufforderung freundlicher formulieren oder Ärger ausdrücken (Aussagesatz).

Meine Gesamtleistung

.... /20

Kleiner Abschlusstest

Was können Sie schon? Testen Sie sich selbst.

T1 › Berichte zum Thema Sport

.... /5

Ergänzen Sie die Verben.

- abbauen
- vorbereiten
- geben
- ~~sein~~
- nehmen
- arbeiten
- reduzieren
- kommen
- trainieren
- fühlen
- helfen

Ich bin Manager in einer großen Firma. Obwohl ich sehr viel .... (1), ... (2) ich mir jeden Morgen eine Stunde Zeit und laufe. Das Laufen ist gut für meinen Körper, es .... (3) Stress .... (3) und es .... (4) mir Energie. Wenn ich danach ins Büro gehe, ... (5) ich mich gut. Das Laufen .... (6) mir auch beim Reisen, es .... (7) die Folgen des Jetlags. Ich laufe jetzt seit zehn Jahren, am Wochenende .... (8) ich vier bis fünf Stunden. Im Moment .... (9) ich mich auf den Marathonlauf in Frankfurt .... (9). Ich will auf jeden Fall wieder ins Ziel .... (10).

T2 › Bewegung und Gesundheit

.... /6

Bilden Sie aus den Wörtern Sätze. Achten Sie auf die fehlenden Präpositionen.

1. *viele Menschen ▪ stundenlang ▪ [................] Auto oder [................] Computer ▪ sitzen*

   ....

2. *[................] Meinung von Medizinern ▪ das ▪ kein großes Problem ▪ sein, ▪ wenn ▪ man ▪ regelmäßig ▪ Sport ▪ treiben*

   ....

   ....

3. *wenn ▪ man ▪ krank ▪ sein, ▪ man ▪ [................] Deutschland ▪ [................] einem Hausarzt ▪ gehen ▪ müssen*

   ....

4. *die Krankenkasse ▪ die Kosten ▪ [................] die Behandlung ▪ übernehmen*

   ....

T3 › Im Büro

.... /5

Ergänzen Sie die Sätze mit dem Infinitiv mit *zu*.

1. Ich habe heute keine Zeit, ... *(dir helfen).*
2. Ich empfehle dir, ... *(mittags einen Spaziergang machen).*
3. Es ist schwer, ... *(den Brief ins Spanische übersetzen).*
4. Ich habe keine Lust, ... *(heute ins Fitnessstudio gehen).*
5. Es ist verboten, ... *(im Gebäude rauchen).*

T4 › Gegengründe

.... /4

Verbinden Sie die Sätze mit *obwohl*. Der kursive Satz ist der Nebensatz.

1. *Max fühlt sich nicht wohl.* Er nimmt am Marathonlauf teil.

   ....

   ....

2. Julia geht nicht zum Arzt. *Sie hat Probleme mit dem Rücken.*

   ....

   ....

Städte und Wohnungen

- Über Städtereisen sprechen
- Ein Interview zum Thema Fotografieren auf Reisen führen
- Texte über historische Städte verstehen und inhaltlich wiedergeben
- Eine Stadt präsentieren
- Eine Diskussion über einen Ausflug führen
- Die eigene Meinung äußern
- Höfliche Vorschläge unterbreiten
- Eine Wohnung beschreiben und Angebote vergleichen
- Über das Wohnen und die Wohnumgebung diskutieren
- E-Mails an Freunde zu den Themen Stadt und neue Wohnung schreiben
- Orts- und Richtungsangaben formulieren
- Über Arbeiten in der Wohnung und über Nachbarn sprechen

1 Fremde Städte

a Was machen Sie (manchmal/oft/immer) in einer fremden Stadt?
Führen Sie in Gruppen eine Umfrage durch.

- ein Museum besuchen
- einkaufen gehen
- in den Zoo gehen
- eine Fremdsprache üben
- Postkarten schreiben
- Andenken für Freunde/Familienmitglieder kaufen

- in einem Hotel übernachten
- ins Theater/in die Oper/in ein Konzert gehen
- eine Stadtrundfahrt machen
- Sehenswürdigkeiten besichtigen

- (Sehenswürdigkeiten/sich selbst) fotografieren
- Fotos posten/an Freunde verschicken

- durch die Innenstadt/Altstadt laufen
- in einem Restaurant lokale Gerichte essen
- abends in eine Disco/Bar gehen

Mögliche Reaktionen im Gespräch:

- Das mache ich auch immer/nur selten.
- Dafür habe ich meistens keine Zeit.
- Interessant. Das mache ich nie.
- Wirklich?

b Präsentieren Sie das Ergebnis im Kurs.

Viele/Die meisten/(Fast) alle besichtigen Sehenswürdigkeiten. Nur eine Person schreibt Postkarten. Niemand kauft Andenken. ...

Strukturen

Indefinitpronomen und unbestimmte Zahlwörter
- **alle/die meisten/viele/einige/wenige** besichtigen ...
- **niemand** besichtigt ...

c Beantworten Sie die Fragen im Kurs.

- Welche Stadt haben Sie zuletzt besucht?
- Führen Sie manchmal Besucher (Verwandte oder Freunde) durch Ihre Heimatstadt?
- Reisen Sie gern/oft in Städte?
- Was ist Ihre Lieblingsstadt?
- Fotografieren Sie gern auf Reisen?
- Woran erinnern Sie sich nach einem Stadtbesuch am längsten/am intensivsten? (an das Hotel/an bestimmte Sehenswürdigkeiten/an das Essen/an Erlebnisse mit anderen ...)

2 Fotos im Urlaub

a Lesen und hören Sie die Ergebnisse einer wissenschaftlichen Studie.

2 34

Fotografieren auf Reisen

Zürich: Historische Altstadt, Stadthaus, Limmatquai

Durch Fotos werden schöne Erlebnisse noch schöner – das haben amerikanische Wissenschaftler jetzt herausgefunden. Bei dem Experiment haben mehr als 2 000 Probanden an einer Stadtrundfahrt teilgenommen, ein Museum besucht und in einer Markthalle zu Mittag gegessen. Die Hälfte der Teilnehmer durfte fotografieren, die andere Hälfte nicht. Danach beschrieben die Teilnehmer ihre Erlebnisse in einem Fragebogen.

Die Ergebnisse haben selbst die Wissenschaftler überrascht: Die Teilnehmer mit dem Fotoapparat hatten mehr Spaß und erlebten ihre Aktivitäten intensiver. Selbst im Museum betrachteten „die Fotografen" die Objekte länger. Dieser positive Effekt hielt außerdem eine ganze Woche an. Interessant ist auch ein weiteres Studienergebnis: Wenn man bereits während der Reise mit dem Betrachten und dem Löschen der Fotos beginnt, verringert sich der positive Effekt.

b Berichten Sie. Was ist das Ergebnis des Experiments?

▶ *Das Ergebnis des Experiments ist, dass .../ Wissenschaftler haben herausgefunden, dass ...*

c Was passt? Ordnen Sie zu.

▶	etwas in einer Studie	☐ → ☐	a) haben
1.	an einer Stadtrundfahrt	☐ ☐	b) löschen
2.	ein Museum	☐ ☐	c) herausfinden
3.	in einer Markthalle zu Mittag	☐ ☐	d) besuchen
4.	mehr Spaß	☐ ☐	e) betrachten
5.	Aktivitäten intensiver	☐ ☐	f) essen
6.	Objekte im Museum	☐ ☐	g) teilnehmen
7.	Fotos	☐ ☐	h) verringern
8.	der positive Effekt kann	☐ ☐	i) erleben
9.	der positive Effekt kann sich	☐ ☐	j) anhalten

d Sie besuchen als Touristin/Tourist eine Stadt. Schreiben Sie eine Postkarte an eine Freundin/einen Freund. Berichten Sie, was Sie schon gemacht haben. Nennen Sie fünf Aktivitäten aus Aufgabe 1a.

3 Interview: Fotografieren auf Reisen

Fragen Sie zwei Kursteilnehmer, machen Sie Notizen und berichten Sie anschließend.

① Fotografieren Sie auf Reisen oft/manchmal/selten?

② Was fotografieren Sie? (Landschaften, Gebäude, Menschen, Sehenswürdigkeiten, sich selbst ...)

③ Was machen Sie mit den Fotos? (ein Fotoalbum machen/die Fotos posten/Freunden zeigen)

④ Womit fotografieren Sie? (Smartphone, Fotoapparat)

4 Drei historische Städte

a Arbeiten Sie zu dritt. Jeder Kursteilnehmer liest den Text zu einer Stadt. Unterstreichen Sie beim Lesen wichtige Informationen.

■ Erfurt

Die Stadt Erfurt hat 210 000 Einwohner und liegt im Bundesland Thüringen in der Mitte von Deutschland. Erfurt ist sehr alt. Die ersten schriftlichen Dokumente stammen aus dem Jahr 742.

Bereits im 13. Jahrhundert war die Stadt ein bedeutendes Bildungszentrum. Im Jahre 1379 wurde die Universität Erfurt gegründet, der Lehrbetrieb begann aber erst im Jahre 1392. Nach dem Gründungsdatum ist die Universität Erfurt die älteste Universität in Deutschland. Ihr bekanntester Student war der Reformator Martin Luther, der hier von 1501 bis 1505 studierte.

Das Zentrum von Erfurt ist die Altstadt. Die innere Altstadt, die sich innerhalb der Stadtmauer aus dem 10. Jahrhundert befindet, zeigt noch heute ein mittelalterliches Bild. Man kann dort über 20 gotische Kirchen und viele alte Fachwerk- und Handelshäuser sehen.

Ein Wahrzeichen der Stadt ist die Krämerbrücke, die bereits 1117 gebaut wurde. Auf der 120 Meter langen Brücke stehen 32 Häuser. Besucher können dort Kunst, Keramik, Glas, Schmuck oder Weine aus der Gegend kaufen und die Geschichte der Stadt entdecken.

Erfurt: Krämerbrücke

■ Basel

Die Stadt Basel hat 175 000 Einwohner und liegt im Nordwesten der Schweiz, im Dreiländereck Deutschland–Frankreich–Schweiz.

Basel kann auf eine mehr als 1600-jährige Geschichte zurückblicken, denn bereits im Jahr 374 wurde Basel zum ersten Mal schriftlich erwähnt. Wichtig für die Entwicklung der Stadt war die Gründung der Universität im Jahre 1460. Dadurch kamen viele Gelehrte nach Basel und die Stadt wurde zu einem bedeutenden Zentrum des Humanismus.

Im 16. Jahrhundert lebte und arbeitete der berühmte niederländische Humanist Erasmus von Rotterdam in Basel. Nach seinem Tod 1536 wurde er im Basler Münster beigesetzt, das sich in der Altstadt befindet und ein Wahrzeichen der Stadt ist. In der gut erhaltenen historischen Basler Altstadt können Besucher noch viele andere Gebäude aus vergangenen Jahrhunderten bewundern, z. B. das Rathaus aus dem Jahr 1504.

Durch Veranstaltungen wie die Kunstmesse *Art Basel* ist die Stadt heute zu einer internationalen Kunstmetropole geworden. Außerdem gilt Basel als wichtiger Standort der chemischen und pharmazeutischen Industrie.

Basel: Altstadt

Graz: Altstadt

Graz

Die Stadt Graz liegt im Bundesland Steiermark in Österreich. Von den 280 000 Einwohnern in Graz sind 45 000 Studenten, das sind ungefähr 16 Prozent der Bevölkerung. Der Name Graz leitet sich vom slawischen Wort *gradec* (kleine Burg) ab. 1245 erhielt Graz das Stadtrecht.

Auch heute gibt es in Graz noch viele historische Gebäude. Besonders sehenswert ist die Grazer Altstadt, die seit 1999 zum UNESCO-Weltkulturerbe zählt. Hier befinden sich auch die meisten Sehenswürdigkeiten. Bedeutende Bauwerke sind der Grazer Dom aus dem 15. Jahrhundert und das Akademische Gymnasium Graz aus dem Jahre 1573. Wenn man mit einem Lift auf den Schlossberg fährt, hat man einen fantastischen Ausblick über die Altstadt.

Die Auszeichnung UNESCO-Weltkulturerbe verpflichtet die Stadt, das Erbe mit seinen historischen Gebäuden zu erhalten und neue Architektur harmonisch einzufügen. Ein gutes Beispiel für moderne Architektur ist das Kunsthaus Graz. Das Gebäude aus Stahl und Glas passt perfekt in die traditionelle Stadtstruktur und zieht Besucher magisch an. Das Kunsthaus Graz zeigt Kunst von den 1960er-Jahren bis zur Gegenwart.

b Fassen Sie die wichtigsten Informationen aus Ihrem Text zusammen und hören Sie die Zusammenfassungen der anderen beiden Kursteilnehmer.

c Hören und lesen Sie jetzt alle Texte.

2 35

d Wählen Sie eine Stadt aus und ergänzen Sie die Informationen aus dem Text. Schreiben Sie zu jedem Punkt einen Satz.

Strukturen

Städte als Attribut
- die Erfurter Altstadt
- das Basler Münster
- der Grazer Dom

Erfurt

▶ 210 000 — Die Stadt Erfurt hat 210 000 Einwohner.
1. 742 ....
2. 13. Jahrhundert ....
3. 1379 ....
4. von 1501 bis 1505 ....
5. innere Altstadt ....
6. Krämerbrücke ....

Basel

1. Dreiländereck ....
2. 1600-jährige Geschichte ....
3. 1460 ....
4. Erasmus von Rotterdam ....
5. Basler Münster ....
6. Industrie ....

Graz

1. 45 000 ....
2. 1245 ....
3. 1999 ....
4. Grazer Dom ....
5. Schlossberg ....
6. Kunsthaus Graz ....

5 Wortschatzarbeit

a Suchen Sie aus den Texten in Aufgabe 4 wichtige Wendungen zum Thema Städte und erstellen Sie eine Liste. Arbeiten Sie in kleinen Gruppen und vergleichen Sie Ihre Ergebnisse im Kurs.

Einwohner haben, ...

b Welche Ergänzung passt? Ordnen Sie zu.

▶	im Nordwesten der Schweiz	☐ → d)	☐	a) entdecken
1.	sich in der Altstadt	☐	☐	b) passen
2.	aus dem Jahr 742	☐	☐	c) gelten
3.	auf eine 1600-jährige Geschichte	☐	☒	d) liegen
4.	zu einer Kunstmetropole	☐	☐	e) befinden
5.	als wichtiger Standort	☐	☐	f) werden
6.	die Geschichte der Stadt	☐	☐	g) stammen
7.	perfekt in die Stadtstruktur	☐	☐	h) zurückblicken

6 Präsentation: Eine Stadt Ihrer Wahl

Suchen Sie Informationen und präsentieren Sie Ihre Heimatstadt oder eine Stadt Ihrer Wahl. Berichten Sie über:

- Einwohner
- Lage
- geschichtliche Aspekte (1 oder 2 Punkte)
- Sehenswürdigkeiten (1 oder 2 Punkte)
- die Stadt heute (1 oder 2 Punkte)

- ... hat ... Einwohner.
- ... liegt ...
- ... erhielt ... das Stadtrecht/... wurde ... gegründet.
- Bereits ... war die Stadt ...
- Wichtig für die Entwicklung der Stadt war ...
- Besonders sehenswert ist .../Bedeutende Bauwerke sind .../Zu den Sehenswürdigkeiten der Stadt zählen .../Ein Wahrzeichen der Stadt ist ...
- Die Stadt ist heute .../Heute gilt ... als ...

7 Strukturen: Relativsätze

a Lesen Sie die folgenden Sätze aus den Texten von Aufgabe 4.
Unterstreichen Sie die Verben und das erste Wort des Nebensatzes. Lesen Sie danach die Hinweise.

Hauptsatz	Nebensatz
Der bekannteste Student war **Martin Luther**,	der hier von 1501 bis 1505 studierte.
Ein Wahrzeichen der Stadt Erfurt ist **die Krämerbrücke**,	die bereits 1117 gebaut wurde.
Besonders sehenswert ist **die Grazer Altstadt**,	die zum UNESCO-Weltkulturerbe zählt.
1536 wurde er im **Basler Münster** beigesetzt,	das sich in der Altstadt von Basel befindet.

- ▶ Relativsätze beschreiben eine Person oder Sache im Hauptsatz näher und werden mit einem Relativpronomen eingeleitet. Sie stehen immer rechts vom Bezugswort.
- ▶ Das Relativpronomen richtet sich in Genus und Numerus nach dem Bezugswort, im Kasus nach der Funktion im Relativsatz.

der Student, **der** hier studiert → der Student, **den** alle kennen
↳ Nominativ ↳ Akkusativ

die Altstadt, **die** zum Kulturerbe zählt → die Altstadt, in **der** es viele Sehenswürdigkeiten gibt
↳ Nominativ ↳ Dativ

das Münster, **das** sich in Basel befindet → das Münster, in **dem** das Grab von Erasmus ist
↳ Nominativ ↳ Dativ

b Ergänzen Sie in der Übersicht die Relativpronomen. Nutzen Sie dazu die Beispielsätze aus Aufgabe 7a.

	Singular			Plural
	maskulin	feminin	neutral	
Nominativ	der	....	....	die
Akkusativ	....	die	das	die
Dativ	dem	....	....	**denen**

c Ergänzen Sie die Relativpronomen.

1. Ich möchte in eine Stadt reisen, die viele Sehenswürdigkeiten hat.
   in .... es viele historische Gebäude gibt.
2. Ich möchte ein Museum besuchen, ... technische Produkte zeigt.
   in .... man einige Exponate anfassen kann.
3. Ich möchte in einem Hotel wohnen, ... große Zimmer hat.
   .... im Zentrum der Stadt liegt.
4. Ich möchte in einem Restaurant essen, ... Gerichte aus der Region anbietet.
   .... nicht so teuer ist.
5. Ich suche einen Reiseführer, in .... etwas über die Geschichte der Stadt steht.
   .... Tipps zu Hotels und Restaurants gibt.

d Und Sie? Beantworten Sie die Fragen in Gruppen. Beginnen Sie Ihre Antworten wie in c).

- In was für eine Stadt möchten Sie reisen?
- Was für ein Museum möchten Sie besuchen?
- In was für einem Hotel möchten Sie wohnen?
- In was für einem Restaurant möchten Sie essen?
- Was für einen Reiseführer finden Sie interessant?

▶ *Ich möchte in eine Stadt reisen, die …*

8 Ein Tag in Graz

a Sie sind mit einer Gruppe von Freunden in Graz und möchten morgen etwas gemeinsam unternehmen. Lesen Sie zunächst einige Angebote der Touristeninformation in Graz.

1

Stadtrundfahrt bei Tag oder bei Nacht mit dem Cabriobus
Beginn: 11.00/20.30 Uhr
Dauer: 1 ½ Stunden
Preis: 17/24 Euro
(inklusive Stadtführung)

2

Stadtrundfahrt mit dem Elektroshuttle (mit Audioführung)
Beginn: 10.00/11.00/12.00 Uhr
Dauer: 40 Minuten
Preis: 8 Euro

3

Rundgang durch die Altstadt
Beginn: 14.30 Uhr
Dauer: 1 ½ Stunden
Preis: 10,50 Euro
(inklusive Stadtführung)

4

Kulinarischer Rundgang
Spaziergang mit kulinarischen Pausen
Beginn: 10.30 Uhr
Dauer: 3 bis 4 Stunden
Preis: 56 Euro
(inklusive Stadtführung, Speisen und Getränke)

5

Besichtigung des Grazer Doms
durchgehend geöffnet
Eintritt: frei

6

Museumsbesuch
– Kunsthaus Graz
– Archäologiemuseum
– Kriminalmuseum
Öffnungszeiten: 10 bis 17 Uhr
Eintritt: 9 Euro

7

Wanderung
In der Umgebung von Graz kann man gut wandern. Es gibt zahlreiche Wanderwege für Jung und Alt.

8

Ausflugsfahrt nach Hitzendorf
Junge Käsemacher präsentieren ihre Produkte
Beginn: 14.30 Uhr
Dauer: 3 ½ Stunden
Preis: 20 Euro
(inklusive Käse- und Weinverkostung)

b Diskutieren Sie in kleinen Gruppen über gemeinsame Aktivitäten. Erstellen Sie ein Tagesprogramm. Planen Sie auch etwas freie Zeit mit ein, z. B. für einen Einkaufsbummel.

- Also, ich möchte gerne *(einen Stadtrundgang)* machen. – Ich auch./Ich nicht. Ich möchte lieber ...
- Ich würde am liebsten *(ein Museum)* besuchen. – Ich würde lieber ...
- Ich finde ... interessant. – Ich finde ... interessanter/langweilig. Ich interessiere mich mehr für ...
- Mir gefällt ... am besten. – Mir auch./Mir nicht.
- Wir könnten doch alle an *(der Stadtrundfahrt)* teilnehmen. – Das ist eine/keine gute Idee.
- Wie wäre es, wenn wir ...? – Das wäre (nicht so) gut.

Strukturen

Höfliche Vorschläge/Meinungsäußerungen
- Ich **würde** am liebsten ins Museum **gehen**.
- Wir **könnten** doch ins Museum **gehen**.
- **Wie wäre es, wenn** wir ins Museum **gehen**?

c Präsentieren Sie Ihr Ergebnis im Kurs.

Wir haben (nicht) lange diskutiert.
Einige wollten ... Andere wollten ... Niemand wollte ...
Wir haben uns für ... (und für ...) entschieden.
Zuerst ..., danach ... Am Vormittag .../am Nachmittag ...

9 Einladung

Schreiben Sie Ihren Freunden in der Schweiz eine E-Mail.

- Laden Sie Ihre Freunde zu einem Besuch in Ihre Stadt ein.
- Nennen Sie eine Übernachtungsmöglichkeit.
- Machen Sie einen Vorschlag für einige Aktivitäten.

- Ich wohne jetzt in ...
- Ihr könnt mich gern besuchen./Besucht mich doch mal!/Ich möchte euch gern einladen.
- Ihr könnt in meiner Wohnung übernachten./In meiner Gegend gibt es viele Hotels. Die sind nicht so teuer.
- Wenn ihr hier seid, könnten wir ...

10 Partnerarbeit: Höfliche Vorschläge

Spielen Sie einen Dialog. Formulieren Sie höfliche Vorschläge bzw. äußern Sie Ihre Meinung. Ihre Partnerin/Ihr Partner reagiert darauf.

- Ich würde gern/am liebsten ...
- Wir könnten doch .../ Wie wäre es, wenn ...

das Kriminalmuseum besuchen

A: Wir könnten doch das Kriminalmuseum besuchen.

B: Den Vorschlag finde ich gut./Super Idee./Nein, ich mag Museen nicht besonders./Oh nein, kein Museum!

1. *jetzt etwas essen gehen*

B: ....

A: ....

2. *eine Stadtrundfahrt machen*

A: ....

B: ....

3. *das Basler Münster besichtigen*

B: ....

A: ....

4. *in die Berge fahren und dort zwei Stunden wandern*

A: ....

B: ....

5. *in eine Disco gehen und die ganze Nacht tanzen*

B: ....

A: ....

11 Wohnen in Erfurt

a Sie haben einen neuen Job in Erfurt gefunden und suchen eine kleine Wohnung. Im Internet sehen Sie zwei Wohnungsanzeigen. Arbeiten Sie zu zweit. Jeder liest eine Anzeige und berichtet über die Wohnung.

- Die Wohnung ist *(im Christian-Rohlfs-Weg)*.
- Sie wurde ... gebaut./Sie ist ... Jahre alt.
- Die Wohnung ist ... m² groß und hat ... Zimmer.
- Die Wohnung liegt *(in der zweiten Etage)*.
- Die (Kalt-)Miete beträgt .../Die Wohnung kostet ... im Monat.
- Außerdem muss man noch ... bezahlen.
- Die Wohnung hat *(einen Balkon, keine Garage)*.
- Es gibt keine Angaben *(zum Baujahr)*.

1

Lage: Christian-Rohlfs-Weg, 99096 Erfurt
Baujahr: 1999
Fläche: 60,83 m²
Zimmer: 2
Etage: 2
Kaltmiete: 504,52 Euro
Nebenkosten: 156 Euro
Kaution: 1 MM*
Balkon: ja
Garage: nein

*MM: Monatsmiete(n)

2

Lage: Krämpfervorstadt, 99085 Erfurt
Baujahr: keine Angabe
Fläche: 54 m²
Zimmer: 1
Etage: 4, Dachgeschoss
Kaltmiete: 378 Euro
Nebenkosten: 103 Euro
Kaution: 2 MM
Balkon: ja
Garage: Stellplatz
Besonderheit: Einbauküche

b Welche Wohnung gefällt Ihnen besser? Diskutieren Sie mit Ihrer Partnerin/Ihrem Partner.

Die erste/zweite Wohnung gefällt mir besser, weil ...
Ich finde die Wohnung besser, denn sie ist billiger/größer/hat (k)ein ...
Ich würde die erste/zweite Wohnung nehmen, weil ...

Reaktionen:
- Ja, das stimmt.
  Ja, du hast recht.
  Ich bin damit einverstanden.
- Ja, das ist wahr, aber ...

c *Der – die – das* oder *Plural*? Schreiben Sie alle Nomen aus a) in die Tabelle. Arbeiten Sie zu zweit.

Singular			Plural
maskulin	feminin	neutral	
	die Lage,		

12 Umziehen

Berichten Sie mündlich oder schriftlich.

- Wie oft sind Sie schon umgezogen?
- Wo haben Sie (nicht so) gerne gewohnt?
- Wo wohnen Sie im Moment?
- Was nervt Sie bei einem Umzug besonders? (das Einpacken, das Auspacken, das Abbauen der Möbel, das Aufbauen der Möbel, die ganze Organisation, dass man nach dem Umzug nichts mehr findet, dass alles neu ist)

13 Ein Treffen auf der Straße

Hören Sie das Gespräch zweimal und beantworten Sie die Fragen zum Text.

2 36

Christine

1. Wo wohnt Christine jetzt?
2. Wie lange muss man mit öffentlichen Verkehrsmitteln nach Sonnenfeld fahren?
3. Was macht Christine in der Straßenbahn?
4. Was hat das Haus von Christine?

Kerstin

1. Wo wohnt Kerstin am liebsten?
2. Warum? Nennen Sie einen Grund.

14 Diskussion: Wohnung und Umgebung

a Was finden Sie wichtig, wenn Sie eine Wohnung/ein Haus suchen?
Diskutieren Sie in kleinen Gruppen und präsentieren Sie danach Ihre Ergebnisse.

- Wohnungsgröße
- Anzahl der Zimmer
- Lage/Gegend
- Mietkosten
- Garage
- Balkon/Terrasse
- Garten
- Arbeitsplatz/Universität in der Nähe
- gute Einkaufsmöglichkeiten
- Bäume/Grünflächen/Park
- Kindergarten/Schule
- Sportmöglichkeiten ...

b Denken Sie an Ihren jetzigen Wohnort.
Welche Punkte aus Teil a) bewerten Sie positiv, welche negativ? Berichten Sie.

15 Phonetik: Der *h*-Laut

a Hören Sie und lesen Sie laut.

2 37

Der *h*-Laut [h] und Vokale am Wortanfang

Hessen – Essen	Ich wohne in **Hessen**, nicht in **Essen**.
Halle – alle	Kommt ihr **alle** aus **Halle**?
hier – ihr	Wohnt **ihr hier**?
Hanna – Anna	Ist das die Wohnung von **Hanna** und **Anna**?

▸ Am Wort- und Silbenanfang wird *-h-* als schwacher Hauch-Laut [h] gesprochen. Vokale und Diphthonge werden am Wortanfang meist hart gesprochen.

b Welches Wort hören Sie? Unterstreichen Sie.

2 38

Hessen – Essen	heiß – Eis	Halt – alt	Herde – Erde
Hanna – Anna	Hund – und	Haus – aus	Hals – als

c Lesen Sie alle Wörter aus b) laut vor.

16 E-Mail

Sie haben eine neue Wohnung. Schreiben Sie eine E-Mail an eine Freundin/einen Freund und berichten Sie etwas über Ihre Wohnung. Nennen Sie sechs Punkte.

- Hallo ..., wie geht es dir?
- Mir geht es gut. Ich habe eine neue Wohnung! Ich bin umgezogen und wohne jetzt ...
- Die neue Wohnung hat viele Vorteile: ...
- Natürlich hat sie auch einige Nachteile, aber das ist normal. Zum Beispiel ...
- Besuch mich doch mal, wenn du Zeit hast.

17 In der neuen Wohnung

a Wie heißen die Gegenstände? Arbeiten Sie zu zweit.

das Handtuch

b Wohin stellen, legen oder hängen Sie die folgenden Gegenstände in Ihrer neuen Wohnung? Formulieren Sie Sätze. Arbeiten Sie zu zweit.

▶ das Handtuch – in → der Schrank
Ich lege das Handtuch in den Schrank.

Strukturen

Lokalangaben mit *stellen/legen/hängen* und den Wechselpräpositionen: *in* ▪ *auf* ▪ *an* ▪ *über* ▪ *neben* ▪ *unter* ▪ *zwischen* ▪ *hinter* ▪ *vor*

Wohin? + Akkusativ
- Ich **lege** das Handtuch **in den** Schrank.
- Ich **stelle** den Sessel **ins** Wohnzimmer.
- Ich **hänge** das Bild **über das** Bett.

1. das Bett – an → die Wand
2. der Fernseher – auf → die TV-Kommode
3. die Sachen – in → der Wäscheschrank
4. der Teppich – unter → das Sofa
5. der Sessel – auf → der Teppich
6. der Schreibtisch – in → das Arbeitszimmer
7. der Stuhl – vor → der Schreibtisch
8. das Bild – über → das Bett
9. das Sofa – neben → die Stehlampe
10. die Gardinen – vor → das Fenster
11. der Bildschirm – hinter → die Tastatur

c Sagen Sie, wo die Gegenstände aus Aufgabe b) jetzt stehen, liegen und hängen.
Bilden Sie zu zweit Sätze.

▶ das Handtuch – in → der Schrank
Das Handtuch liegt im Schrank.

Strukturen

Lokalangaben mit *stehen/liegen/hängen* und den Wechselpräpositionen: *in* ▪ *auf* ▪ *an* ▪ *über* ▪ *neben* ▪ *unter* ▪ *zwischen* ▪ *hinter* ▪ *vor*

Wo? + Dativ
– Das Handtuch **liegt im** Schrank.
– Der Sessel **steht im** Wohnzimmer.
– Das Bild **hängt über dem** Bett.

1. das Bett – an → die Wand ....
2. der Fernseher – auf → die TV-Kommode ....
3. die Sachen – in → der Wäscheschrank ....
4. der Teppich – unter → das Sofa ....
5. der Sessel – auf → der Teppich ....
6. der Schreibtisch – in → das Arbeitszimmer ....
7. der Stuhl – vor → der Schreibtisch ....
8. das Bild – über → das Bett ....
9. das Sofa – neben → die Stehlampe ....
10. die Gardinen – vor → das Fenster ....
11. der Bildschirm – hinter → die Tastatur ....

18 Strukturen: Verben mit lokalen Ergänzungen

a Sehen Sie sich die Übersicht an und ergänzen Sie die Artikel im richtigen Kasus.
Lesen Sie danach die Hinweise.

Wo? + Dativ	Wohin? + Akkusativ
Das Buch liegt **unter dem Kopfkissen.**	Marcus hat es vor dem Schlafen **unter das Kopfkissen** gelegt.

Wo? + Dativ	Wohin? + Akkusativ
▪ **liegen** *(es liegt* ▪ *es lag* ▪ *es hat gelegen)* Das Buch liegt unter .... Kopfkissen.	▪ **legen** *(ich lege* ▪ *ich legte* ▪ *ich habe gelegt)* Ich lege das Buch unter .... Kopfkissen.
▪ **stehen** *(sie steht* ▪ *sie stand* ▪ *sie hat gestanden)* Die Vase steht neben .... Laptop.	▪ **stellen** *(ich stelle* ▪ *ich stellte* ▪ *ich habe gestellt)* Ich stelle die Vase neben .... Laptop.
▪ **sitzen** *(ich sitze* ▪ *ich saß* ▪ *ich habe gesessen)* Ich sitze auf .... Stuhl.	▪ **setzen** *(ich setze* ▪ *ich setzte* ▪ *ich habe gesetzt)* Ich setze mich auf .... Stuhl.
▪ **hängen** *(es hängt* ▪ *es hing* ▪ *es hat gehangen)* Das Bild hängt über .... Sofa.	▪ **hängen** *(ich hänge* ▪ *ich hängte* ▪ *ich habe gehängt)* Ich hänge das Bild über .... Sofa.

- *Stehen, liegen* und *sitzen* sind unregelmäßige Verben. Sie treten in der Regel mit einer lokalen Ergänzung im Dativ auf: *Das Buch liegt **unter dem Kopfkissen**.*
- *Stellen, legen* und *setzen* sind regelmäßige Verben. Sie stehen immer mit einem Akkusativobjekt und haben eine lokale Ergänzung im Akkusativ: *Ich lege das Buch **unter das Kopfkissen**.*
- *Hängen* kann regelmäßig oder unregelmäßig sein. Wenn es mit einem Akkusativ gebraucht wird, ist es regelmäßig und hat die lokale Ergänzung im Akkusativ.

b Ergänzen Sie die Verben *hängen, sitzen, setzen, liegen, legen, stehen, stellen.*
Arbeiten Sie zu zweit und vergleichen Sie Ihre Ergebnisse mit anderen Kursteilnehmern.

▶ Auf dem Sofa sitze ich nicht gern.
1. .... Sie Ihre Jacke bitte an die Garderobe.
2. Otto .... das Bier in den Kühlschrank.
3. Beate ist krank. Sie .... im Bett.
4. Im Büro des Chefs .... Firmenplakate an der Wand.
5. Mein Auto .... in der Tiefgarage.
6. Ich .... die Dokumente auf deinen Schreibtisch.
7. Ich .... mich nicht auf diesen Stuhl. Der ist unbequem.
8. In Besprechungen .... Frau Müller oft neben der Direktorin.

19 Orts- und Richtungsangaben

Die Wechselpräpositionen *in, auf, an, über, neben, unter, zwischen, hinter, vor* werden auch mit anderen Verben verwendet. Sie stehen auf die Frage *Wo?* mit dem Dativ, auf die Frage *Wohin?* mit dem Akkusativ. Ergänzen Sie die Nomen im richtigen Kasus.

▶ Wir waren gestern im Kino *(in → das Kino).*
1. .... *(in → dieses Restaurant)* haben wir schon gegessen.
2. Kommt ihr mit? Wir gehen .... *(in → das Fitnessstudio)* am Markt.
3. Wo ist das Dokument? Es ist nicht mehr .... *(auf → mein Schreibtisch).*
4. Gehst du heute Mittag .... *(in → die Kantine)?*
5. Der Fußballstar hat ein Problem. Er schießt immer .... *(neben → das Tor).*
6. Ist Frau Müller noch .... *(in → das Büro)?*
7. Herr Krause war am Wochenende .... *(auf → die Insel Sylt).*
8. Fährst du morgen .... *(in → das Stadtzentrum)?*

20 Partnerinterview: Sind Sie ein Heimwerker?

Was kannst du/können Sie selbst? Was lässt du/lassen Sie machen? Von wem? Fragen Sie Ihre Partnerin/Ihren Partner. Tauschen Sie danach die Rollen.

Was?

- die Wände streichen
- die Glühbirne wechseln
- den Herd anschließen
- Blumen pflanzen
- den Rasen mähen
- ein Bücherregal bauen
- Fenster putzen
- Wäsche bügeln
- die Wohnung sauber machen
- das Waschbecken reparieren

Von wem?

- Maler
- Maurer
- Elektriker
- Klempner
- Tischler
- Gärtner
- Fensterputzer
- Haushaltshilfe
- Familie
- Nachbar

Strukturen

lassen
- Ich **lasse** meine Wände **streichen.**

▶ Ich streiche meine Wände selbst.
Ich kann meine Wände selbst streichen, aber ich tue es nicht.
Ich lasse meine Wände von einem Maler streichen.
Die Wände streicht der Maler.

21 Diskussion: Ihre Nachbarn

Diskutieren Sie in Kleingruppen und berichten Sie über Ihre Ergebnisse.

- Kennen Sie Ihre Nachbarn?
- Wie sind Ihre Nachbarn?
  (laut, still, nett/freundlich, höflich, unhöflich, hilfsbereit, neugierig, alt, jung ...)
- Wie ist der Kontakt zu Ihren Nachbarn? Was machen Sie zusammen mit Ihren Nachbarn?
  (sich grüßen, Smalltalk führen, etwas ausleihen, gemeinsam essen, beim Einkaufen helfen, in der Urlaubszeit die Blumen gießen ...)
- Ist gute Nachbarschaft in Ihrem Heimatland wichtig?

22 Nachbarschaft in Deutschland

a Lesen und hören Sie den Text.

2 39

Nachbarschaftshilfe

Jeder fünfte Deutsche lebt heute in einem Single-Haushalt, Tendenz steigend. In Großstädten wie Berlin wohnt fast jeder Dritte allein. Etwa 80 Prozent der Deutschen kennen ihre Nachbarn. Wenn man einer neuen Studie glauben darf, hat sich das Verhältnis zwischen den Nachbarn in den letzten Jahrzehnten verbessert.

Das Meinungsforschungsinstitut *Allensbach* untersucht seit Jahrzehnten, welche Bedeutung Nachbarn haben. 1953 haben nur 22 Prozent ihren Nachbarn Gegenstände geliehen, heute sind es schon 51 Prozent. 43 Prozent der Deutschen haben ihre Nachbarn schon einmal eingeladen, z. B. zum Kaffeetrinken oder zu einer Party, früher waren das nur 13 Prozent. In den 1950er-Jahren half nur jeder Fünfte dem Nachbarn beim Einkaufen, jetzt macht das jeder Dritte. Auch bei der Kinderbetreuung ist die Hilfsbereitschaft gestiegen.

b Was steht im Text? Sind die Aussagen richtig oder falsch? Kreuzen Sie an.

	richtig	falsch
1. In Deutschland lebt heute jeder Fünfte allein.	☐	☐
2. Die Menschen interessieren sich mehr für ihre Nachbarn als früher.	☐	☐
3. Nachbarn feiern heute nicht so oft zusammen wie vor 50 Jahren.	☐	☐
4. Man betreut die Kinder der Nachbarn weniger als früher.	☐	☐
5. Die Anzahl der Menschen, die für ihre Nachbarn einkaufen, steigt.	☐	☐

c Haben Sie das auch schon mal gemacht? Stellen Sie Fragen. Ihre Partnerin/Ihr Partner antwortet. Arbeiten Sie zu zweit.

▶ *für die Nachbarn etwas einkaufen*

A: Haben Sie (Hast du) schon mal für Ihre (deine) Nachbarn etwas eingekauft?

B: Ja, das habe ich schon mal gemacht./Ja, ich mache das manchmal/regelmäßig. Nein, das habe ich noch nie gemacht.

1. *die Kinder der Nachbarn betreuen*
2. *die Nachbarn zum Geburtstag einladen*
3. *den Nachbarn Gegenstände leihen*
4. *mit den Nachbarn über private Themen sprechen*

Übungen zur Vertiefung und zum Selbststudium

Ü1 Fotografieren auf Reisen

Bilden Sie Sätze. Achten Sie auf die Zeitform der Verben.

▶ *Wissenschaftler ▪ jetzt ▪ herausfinden (Perfekt), ▪ dass ▪ schöne Erlebnisse ▪ durch Fotos ▪ noch schöner ▪ werden (Präsens)*
Wissenschaftler haben jetzt herausgefunden, dass schöne Erlebnisse durch Fotos noch schöner werden.

1. *bei einem Experiment ▪ mehr als 2 000 Probanden ▪ an einer Stadtrundfahrt ▪ teilnehmen (Perfekt)*
   ....
2. *sie (Pl.) ▪ auch ▪ ein Museum ▪ besuchen ▪ und ▪ in einer Markthalle ▪ essen (Perfekt)*
   ....
3. *die Hälfte der Teilnehmer ▪ fotografieren dürfen (Präteritum), ▪ die andere Hälfte ▪ nicht fotografieren dürfen (Präteritum)*
   ....
4. *danach ▪ die Teilnehmer ▪ ihre Erlebnisse ▪ in einem Fragebogen ▪ beschreiben (Perfekt)*
   ....
5. *die Ergebnisse ▪ selbst ▪ die Wissenschaftler ▪ überraschen (Perfekt)*
   ....
6. *die Teilnehmer mit dem Fotoapparat ▪ mehr Spaß ▪ haben ▪ und ▪ ihre Aktivitäten ▪ intensiver erleben (Präteritum)*
   ....

Ü2 Die Stadt Tübingen

Ergänzen Sie die Verben in der richtigen Form und hören Sie danach den Text.

2 40

Tübingen liegt im Bundesland Baden-Württemberg, südlich von Stuttgart. Tübingen .... (1) 87 000 Einwohner und ist die Stadt mit dem niedrigsten Altersdurchschnitt (39,1 Jahre) in Deutschland. Nach Beschreibungen von Kaufleuten .... (2) es im Jahr 1191 bereits einen Marktplatz, das Stadtrecht .... (3) Tübingen aber erst 1231. Die kleine Stadt im Süden Deutschlands .... (4) zu den ältesten deutschen Universitätsstädten. Die Eberhard Karls Universität wurde 1477 .... (5) und zählt bis heute zu den bekanntesten deutschen Universitäten. Knapp 30 Prozent der Einwohner von Tübingen .... (6) Studenten.

Die Tübinger Altstadt ist eine Sehenswürdigkeit für sich. Hier können Besucher die ältesten Gebäude der Universität, alte Fachwerkhäuser und Kirchen .... (7) oder in den engen mittelalterlichen Gassen .... (8). Auf dem Schlossberg über der Altstadt .... (9) sich das Schloss Hohentübingen aus dem 11. Jahrhundert.

Die Stadt Tübingen .... (10) bis heute von ihrer berühmten Universität. Sie .... (11) der größte Arbeitgeber der Stadt. An der Universität und dem Universitätsklinikum .... (12) über 12 000 Menschen.

Tübingen: Altstadt

- erhalten
- leben
- bewundern
- gehören
- ~~liegen~~
- geben
- gründen
- haben
- befinden
- arbeiten
- sein *(2 x)*
- spazieren gehen

Ü3 Rätsel: Historische Städte

Wie heißt das Lösungswort? Ergänzen Sie die Nomen in großen Buchstaben.

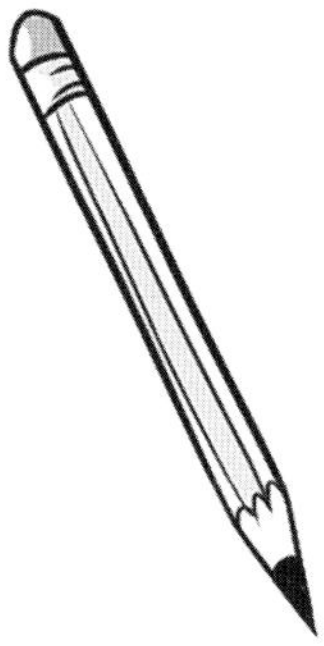

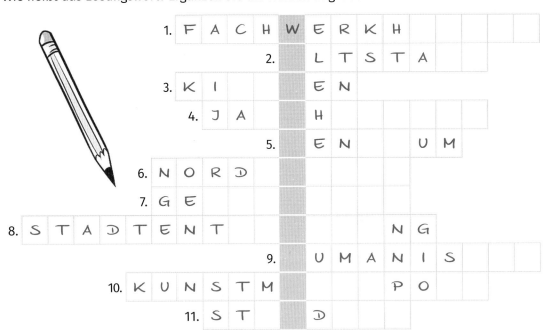

1. F A C H W E R K H _ _ _ _ _
2. _ L T S T A _ _
3. K I _ _ _ E N
4. J A _ _ H _ _ _ _ _ _
5. _ E N _ _ U M
6. N O R D _ _ _ _ _ _
7. G E _ _ _ _ _ _ _ _
8. S T A D T E N T _ _ _ _ _ _ N G
9. _ U M A N I S _ _ _
10. K U N S T M _ _ _ _ P O _ _
11. S T _ _ D _ _ _

1. In Erfurt gibt es viele alte ①.
2. In der ② gibt es viele historische Gebäude.
3. Besucher können über 20 gotische ③ bewundern.
4. Erste Dokumente stammen aus dem 8. ④.
5. Das ⑤ von Erfurt befindet sich innerhalb der alten Stadtmauer.
6. Basel liegt im ⑥ der Schweiz.
7. Die Stadt blickt auf eine 1600-jährige ⑦ zurück.
8. Wichtig für die ⑧ war die Gründung der Universität.
9. Die Stadt wurde zu einem Zentrum des ⑨.
10. Heute ist Basel eine internationale ⑩.
11. Die Stadt gilt als wichtiger ⑪ für die chemische Industrie.

Ü4 Relativpronomen

Ergänzen Sie die Relativpronomen. Achten Sie auf den Kasus.

① Erfurt ist eine Stadt ...

a) die 210 000 Einwohner hat.
b) .... bereits im 13. Jahrhundert ein bedeutendes Bildungszentrum war.
c) in .... Martin Luther von 1501 bis 1505 studierte.
d) in .... Besucher über 20 gotische Kirchen und viele alte Fachwerkhäuser bewundern können.

② Das Basler Münster ist ein historisches Gebäude, ...

a) .... als Wahrzeichen der Stadt Basel gilt.
b) .... im 11. und 12. Jahrhundert erbaut wurde.
c) in .... sich das Grab von Erasmus von Rotterdam befindet.
d) .... von vielen Touristen besucht wird.

③ Ich brauche einen Reiseführer ...

a) .... alle Informationen über die Stadt enthält.
b) in .... auch Tipps zum Ausgehen stehen.
c) .... ich in meine Handtasche tun kann.
d) .... einen guten Stadtplan hat.

Ü5 **Mitbewohner gesucht!**
Ergänzen Sie die Relativpronomen und eventuell fehlende Präpositionen.

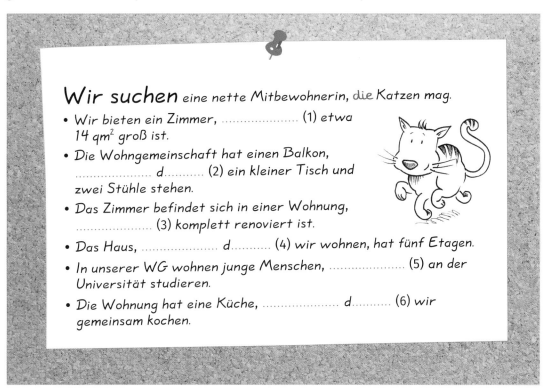

Wir suchen eine nette Mitbewohnerin, die Katzen mag.

- Wir bieten ein Zimmer, ... (1) etwa 14 qm^2 groß ist.
- Die Wohngemeinschaft hat einen Balkon, ... d.......... (2) ein kleiner Tisch und zwei Stühle stehen.
- Das Zimmer befindet sich in einer Wohnung, ... (3) komplett renoviert ist.
- Das Haus, ... d.......... (4) wir wohnen, hat fünf Etagen.
- In unserer WG wohnen junge Menschen, ... (5) an der Universität studieren.
- Die Wohnung hat eine Küche, ... d.......... (6) wir gemeinsam kochen.

Ü6 **Ulrike und Bodo planen einen Tag in Graz**
Ergänzen Sie in dem Dialog die passenden Satzteile.

- mich würde
- wie wäre es *(2 x)*
- könnten wir *(2 x)*
- ich würde gern

Graz: Altstadt

Ulrike: .... (1), wenn wir zuerst einen Spaziergang durch die Altstadt machen?
Bodo: Prima. Die Altstadt von Graz ist bestimmt wunderschön, sie gehört zum Weltkulturerbe. Was möchtest du gerne sehen?
Ulrike: .... (2) das Kunsthaus besuchen. Im Reiseführer steht, dass es ein schönes Beispiel für moderne Architektur ist, das perfekt ins traditionelle Stadtbild passt.
Bodo: Und was kann man dort sehen?
Ulrike: Kunst aus den letzten 40 Jahren. .... (3) das Museum sehr interessieren.
Bodo: Hm, moderne Kunst ist nichts für mich, das weißt du doch.
Ulrike: .... (4), wenn du in der Stadt bleibst und Gebäude fotografierst und ich ins Museum gehe? Danach .... (5) uns am Kaiser-Josef-Markt treffen. Das ist ein Bauernmarkt mit Spezialitäten aus der Gegend.
Bodo: Gut. Und danach möchte ich auf den Schlossberg fahren. Ich habe gelesen, dass man von dort einen fantastischen Ausblick über die Stadt hat.
Ulrike: Fahren wir mit dem Lift?
Bodo: Ja, natürlich. Und heute Abend .... (6) eine Stadtrundfahrt bei Nacht machen.
Ulrike: Sehr gerne.

Ü7 Meine neue Wohnung

Lesen Sie die E-Mail an Cornelia und ergänzen Sie die Nomen.

- Fahrstuhl
- ~~Grund~~
- Nachteil
- Zimmer
- Küche
- Miete
- Zentrum
- Nebenkosten
- Balkon
- Gegend
- Zeit
- Straßenbahn-haltestelle
- Einkaufsmög-lichkeiten
- Etage

Ich bin umgezogen!

Hallo Cornelia,

wie geht es dir? Mir geht es gut. Ich habe lange nicht geschrieben, ich weiß. Der *Grund* dafür ist, dass ich eine neue Wohnung habe. Ich bin am 14. April umgezogen und wohne jetzt in einer schönen Wohnung im .... (1) von Erfurt. Die Wohnung hat zwei .... (2), ein großes Bad und eine kleine .... (3). Das Haus wurde im letzten Jahr renoviert und jetzt gibt es hier auch einen .... (4). Das ist wichtig, denn ich wohne in der vierten .... (5). Ich bezahle im Moment 550 Euro .... (6). Für die .... (7) muss ich 160 Euro extra zahlen. Ich habe sogar einen kleinen .... (8), auf dem ein paar Pflanzen stehen. In unserer .... (9) gibt es viele Geschäfte, Cafés und Restaurants. Die .... (10) sind also super. Direkt vor dem Haus ist eine .... (11), ich kann mit der Straßenbahn ins Büro fahren. Ein .... (12) ist, dass die Straßenbahn auch nachts fährt und sehr laut ist.

Besuch mich doch mal, wenn du .... (13) hast.

Viele Grüße
Eva

Ü8 Die Wohnung von Franz

a Franz ist leider nicht sehr ordentlich. Beschreiben Sie das Zimmer. Wo stehen/liegen/sind die folgenden Gegenstände? Formulieren Sie Sätze.

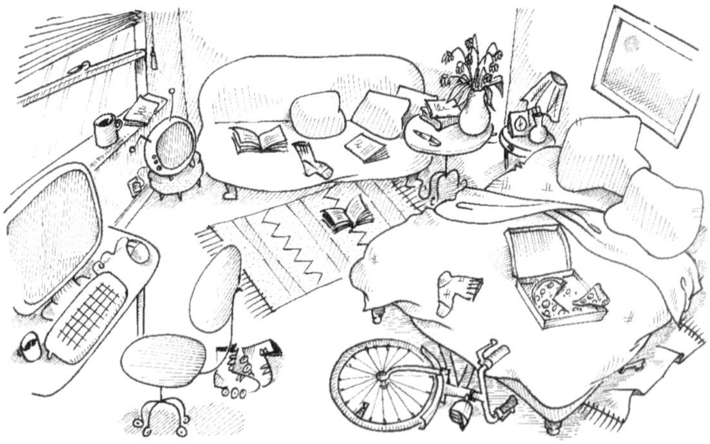

- ▶ *die Pizza*
  Die Pizza liegt auf dem Bett.
1. *das Fahrrad*
2. *die Socken*
   Eine Socke ..., die andere ...
3. *die Bücher*
   Ein Buch ..., die anderen ...
4. *der Fernseher*
5. *die Tassen*
   Eine Tasse ..., die andere ...

b Franz möchte eine Party geben. Er muss aufräumen. Wohin stellt/legt/bringt er die Gegenstände aus a)? Formulieren Sie Sätze.

- ▶ die Pizza → die Küche — *Er bringt die Pizza in die Küche.*
1. das Fahrrad → der Keller ....
2. die Socken → die Waschmaschine ....
3. die Bücher → das Bücherregal ....
4. der Fernseher → das Bett ....
5. die Tassen → die Geschirrspülmaschine ....

Wichtige Wörter und Wendungen

Wiederholen Sie die Wörter und Wendungen.
Die Redemittel zum Hören und zweisprachige Redemittellisten finden Sie unter *http://www.schubert-verlag.de/spektrum.a2.dazu.php#K11*

Städtereisen

- in einem Hotel übernachten
- ein Museum besuchen
- in die Oper/ins Theater/in ein Konzert gehen
- Sehenswürdigkeiten/historische Gebäude besichtigen/bewundern
- einkaufen gehen
- Andenken für Freunde/die Familie kaufen
- durch die Innenstadt/Altstadt laufen
- an einer Stadtrundfahrt teilnehmen
- in einer Markthalle zu Mittag essen
- Fotos machen/betrachten/löschen
- Fotos auswählen/posten
- Objekte im Museum fotografieren
- Fotos per Smartphone an Freunde verschicken
- mehr Spaß haben
- Aktivitäten intensiver erleben
- Der positive Effekt hält eine Woche an.

Vorschläge/Meinungsäußerung:
- Wir könnten/Ich würde gern *(eine Stadtrundfahrt machen).*
- Wie wäre es, wenn wir *(ins Museum gehen)?*

Historische Städte

- *(210 000)* Einwohner haben
- in der Mitte *(von Deutschland)* liegen
- auf eine lange Geschichte zurückblicken
- das Stadtrecht erhalten
- Der Name *(Graz)* leitet sich von *(gradec)* ab.
- wichtig für die Entwicklung der Stadt sein
- Die Universität wurde *(1379)* gegründet.
- zu den ältesten Universitäten Europas zählen
- aus dem *(13.)* Jahrhundert stammen
- ein bedeutendes Bildungszentrum sein
- sich innerhalb der Stadtmauer/des Zentrums befinden
- besonders sehenswert/ein bedeutendes Bauwerk sein
- ein mittelalterliches Bild zeigen
- die Geschichte der Stadt entdecken
- zu den Sehenswürdigkeiten gehören
- ein Wahrzeichen der Stadt sein
- perfekt in die Stadtstruktur passen
- zu einer Kunstmetropole werden
- als Standort der chemischen Industrie gelten

Angaben zu einer Wohnung

- Die Wohnung ist *(in der Inselstraße).*
- Das Haus wurde *(1980)* gebaut.
- Die Wohnung ist *(40)* Jahre alt/neu renoviert.
- Die Wohnung ist *(60)* Quadratmeter groß und hat *(zwei)* Zimmer.
- Die Wohnung liegt *(in der zweiten Etage).*
- Die Kaltmiete beträgt *(400 Euro).*
- Außerdem muss man noch Nebenkosten zahlen.
- Die Wohnung kostet insgesamt *(530 Euro)* im Monat.
- Die Wohnung hat einen Balkon und eine Garage.
- Es gibt keine Angaben zum Baujahr/zu den Nebenkosten.
- Die Wohnung liegt im Zentrum/in einer ruhigen Gegend/in der Nähe der Universität.
- Es gibt gute Einkaufsmöglichkeiten/viele Grünflächen/einen Park/einen Kindergarten.
- in einer Wohngemeinschaft/WG wohnen
- Mitbewohner gesucht!

Tätigkeiten in einer Wohnung/einem Haus

- das Zimmer aufräumen/sauber machen
- die Wände streichen
- die Glühbirne wechseln
- den Herd anschließen
- Blumen pflanzen, den Rasen mähen
- ein Bücherregal bauen
- Fenster putzen, Wäsche bügeln
- das Waschbecken reparieren lassen
- den Nachbarn etwas leihen
- die Nachbarn einladen
- Kinder betreuen
- Die Hilfsbereitschaft steigt.
- im Wohnzimmer stehen – etwas ins Wohnzimmer stellen
- auf dem Schreibtisch liegen – etwas auf den Schreibtisch legen
- auf dem Stuhl sitzen – sich auf den Stuhl setzen
- im Schrank hängen – etwas in den Schrank hängen
- in eine neue Wohnung umziehen/einziehen

Verben im Kontext und Strukturen

Ausgewählte Verben des Kapitels

Lesen Sie die Verben. Üben Sie die Verben am besten mit Beispielsatz.

Einige regelmäßige Verben

Verb	Beispielsatz im Präsens	Verb im Präteritum	Verb im Perfekt
▪ hängen	Franz hängt den Mantel in den Schrank.	er hängte	er hat gehängt
▪ legen	Frau Müller legt das Dokument auf den Kopierer.	sie legte	sie hat gelegt
▪ pflanzen	Der Gärtner pflanzt Blumen.	er pflanzte	er hat gepflanzt
▪ setzen	Der Chef setzt sich auf den Stuhl.	er setzte sich	er hat sich gesetzt
▪ stellen	Martina stellt die Tasse auf den Tisch.	sie stellte	sie hat gestellt
▪ zurückblicken	Die Stadt blickt auf eine lange Geschichte zurück.	sie blickte zurück	sie hat zurückgeblickt

Unregelmäßige Verben

Verb	Beispielsatz im Präsens	Verb im Präteritum	Verb im Perfekt
▪ anhalten	Der positive Effekt hält an.	er hielt an	er hat angehalten
▪ anschließen	Der Elektriker schließt den Herd an.	er schloss an	er hat angeschlossen
▪ einladen	Paul lädt seine Freunde ein.	er lud ein	er hat eingeladen
▪ erhalten	Das Restaurant erhält einen Stern.	es erhielt	es hat erhalten
▪ hängen	Das Bild hängt an der Wand.	es hing	es hat gehangen
▪ leihen	Otto leiht seiner Nachbarin einen Hammer.	er lieh	er hat geliehen

Verben mit lokalen Ergänzungen

Wo? + Dativ	Wohin? + Akkusativ
▪ **liegen** *(es liegt ▪ es lag ▪ es hat gelegen)* Das Buch liegt **unter dem Kopfkissen.**	▪ **legen** *(ich lege ▪ ich legte ▪ ich habe gelegt)* Ich lege das Buch **unter das Kopfkissen.**
▪ **stehen** *(sie steht ▪ sie stand ▪ sie hat gestanden)* Die Vase steht **neben dem Laptop.**	▪ **stellen** *(ich stelle ▪ ich stellte ▪ ich habe gestellt)* Ich stelle die Vase **neben den Laptop.**
▪ **sitzen** *(ich sitze ▪ ich saß ▪ ich habe gesessen)* Ich sitze **auf dem Stuhl.**	▪ **setzen** *(ich setze ▪ ich setzte ▪ ich habe gesetzt)* Ich setze mich **auf den Stuhl.**
▪ **hängen** *(es hängt ▪ es hing ▪ es hat gehangen)* Das Bild hängt **über dem Sofa.**	▪ **hängen** *(ich hänge ▪ ich hängte ▪ ich habe gehängt)* Ich hänge das Bild **über das Sofa.**
▸ **Diese unregelmäßigen Verben haben nur eine lokale Ergänzung.**	▸ **Diese regelmäßigen Verben haben eine Ergänzung im Akkusativ und eine lokale Ergänzung.**

Höfliche Vorschläge und Meinungsäußerungen

Ich besichtige lieber den Dom. → Ich **würde** lieber den Dom **besichtigen**.
Wie ist es, wenn wir ins Museum gehen? → Wie **wäre** es, wenn wir ins Museum gehen?
Wir können eine Stadtrundfahrt machen. → Wir **könnten** eine Stadtrundfahrt **machen**. *(siehe Kapitel 9)*

- Im Deutschen benutzt man den Konjunktiv II, wenn man höflich sein möchte.
- Einige Verben haben besondere Formen im Konjunktiv II: *sein* → *ich wäre* ▪ *haben* → *ich hätte.*
- Die meisten Verben bilden den Konjunktiv II mit *würde-* + Infinitiv: *besichtigen* → *ich würde besichtigen.*

	sein		besichtigen	
	Indikativ	Konjunktiv II	Indikativ	Konjunktiv II
ich	bin	wäre	besichtige	würde besichtigen
du	bist	wärst	besichtigst	würdest besichtigen
er/sie/es	ist	wäre	besichtigt	würde besichtigen
wir	sind	wären	besichtigen	würden besichtigen
ihr	seid	wärt	besichtigt	würdet besichtigen
sie	sind	wären	besichtigen	würden besichtigen
Sie	sind	wären	besichtigen	würden besichtigen

Unbestimmte Zahlwörter und Indefinitpronomen

Alle/Die meisten/Viele/Einige/Wenige machen auf Reisen Fotos.	**Niemand** macht auf Reisen Fotos.

Relativsätze

Hauptsatz	Nebensatz
Der bekannteste Student war <u>Martin Luther</u>, ↳ Bezugswort	**der** hier von 1501 bis 1505 studierte. ↳ Relativpronomen

	Singular			Plural
	maskulin	feminin	neutral	
Nominativ	der	die	das	die
Akkusativ	den	die	das	die
Dativ	dem	der	dem	**denen**

- Relativsätze beschreiben eine Person oder Sache im Hauptsatz näher und werden mit einem Relativpronomen eingeleitet. Relativpronomen stehen immer rechts vom Bezugswort.
- Das Relativpronomen richtet sich in Genus und Numerus nach dem Bezugswort im Hauptsatz, im Kasus nach der Funktion im Relativsatz.

<u>der Student</u>, **der** hier studiert → <u>der Student</u>, **den** alle kennen
↳ Nominativ ↳ Akkusativ

Präpositionen: Lokalangaben *(siehe auch Kapitel 2 und 7)*

an, auf, in, hinter, neben, über, unter, vor, zwischen	Wo? + Dativ Wohin? + Akkusativ	Das Buch liegt **auf dem** Tisch. Ich lege das Buch **auf den** Tisch.
innerhalb	+ Genitiv	Die Altstadt befindet sich **innerhalb der** Stadtmauer.

Kleiner Abschlusstest

Meine Gesamtleistung ..../20

Was können Sie schon? Testen Sie sich selbst.

T1 Was kann man in der Stadt machen? ..../7

Ergänzen Sie passende Verben. Manchmal gibt es mehrere Möglichkeiten.

Man kann
- in einem Hotel übernachten.
1. ein Museum ....
2. Sehenswürdigkeiten ....
3. auf dem Markt Spezialitäten ....
4. Fotos von historischen Gebäuden ....
5. an einer Stadtrundfahrt ....
6. durch die Altstadt ....
7. in einem Restaurant ....

T2 Historische Städte: Erfurt ..../8

Bilden Sie aus den Wörtern Sätze.
Achten Sie auf fehlende Präpositionen und die Zeitform.

1. *Erfurt ▪ [...............] der Mitte [...............] Deutschland ▪ liegen (Präsens)*

   ....

2. *erste Dokumente ▪ [...............] dem Jahr 742 ▪ stammen (Präsens)*

   ....

3. *die Gründung der Universität ▪ wichtig ▪ [...............] die Entwicklung der Stadt ▪ sein (Präteritum)*

   ....

4. *das neue Gebäude ▪ perfekt ▪ [...............] die Stadtstruktur ▪ passen (Präsens)*

   ....

T3 In Tübingen ..../3

Ergänzen Sie die Relativpronomen.

In Tübingen gibt es eine Universität,
- die zu den ältesten Universitäten Deutschlands gehört.
1. an .... rund 28 400 Studenten studieren.
2. .... viele Mitarbeiter hat.
3. .... der größte Arbeitgeber in Tübingen ist.

Tübingen: Universität

T4 Wo oder wohin? ..../2

Ergänzen Sie die Artikel.

- Der Brief liegt auf dem Tisch.
1. Der Chef setzt sich auf .... Schreibtischstuhl.
2. Otto ist müde. Er legt sich auf .... Sofa.
3. Franz stellt die Teller in .... Küchenschrank.
4. Mein Auto steht in .... Garage.

Feste und Festivals

- Über Familienfeste im Heimatland sprechen
- Texte über Weihnachten verstehen und inhaltlich wiedergeben
- Über Weihnachtsgeschenke sprechen
- Eine Weihnachtskarte schreiben
- Berichte über Volksfeste verstehen
- Eine Auswahl treffen und begründen
- Ein Volksfest präsentieren
- Gründe und Gegengründe formulieren
- Über Festivalbesuche berichten
- Einen längeren Text über ein Musikfestival verstehen
- Gemeinsam einen Termin finden
- Eine schriftliche Einladung formulieren

1 Interview: Familienfeste

a Fragen Sie zwei Kursteilnehmer und notieren Sie die Antworten.

① Welche Feste feiert man in Ihrem Heimatland? (z. B. Ostern, Weihnachten, Neujahr, Sommersonnenwende, Frühlingsfest (Holi), Zuckerfest, Lichterfest (Chanukka) ...)

② Was ist das wichtigste Fest in Ihrer Familie? Wer wird eingeladen? Was machen Sie zu diesem Fest? (etwas kochen/backen, etwas Bestimmtes essen/trinken, etwas schenken, Lieder singen ...)

③ Welche persönlichen Feste werden gefeiert? (Geburtstag, Namenstag, Hochzeit, erster Schultag, Schulabschluss, Studienabschluss ...) Welches war Ihr bisher größtes persönliches Fest?

④ Wie wichtig ist das Weihnachtsfest in Ihrem Heimatland? Feiert man in Ihrem Heimatland das Weihnachtsfest? Wenn ja: Was macht man am Heiligen Abend, was am ersten Weihnachtsfeiertag? Was isst man an diesen Tagen?

⑤ Waren Sie schon einmal auf einem Weihnachtsmarkt? Wenn ja, was hat Ihnen gefallen, was nicht?

Strukturen

Präpositionen
- **zu** Weihnachten/Ostern
  in Süddeutschland:
  an Weihnachten/Ostern

b Berichten Sie über die interessantesten Informationen.

Georgios hat erzählt, dass das wichtigste Fest in Griechenland das Osterfest ist. Zu Ostern wird ein Lamm gebraten.

2 Weihnachten

a Lesen Sie den Text.

■ Weihnachtsfest und Weihnachtsmarkt

Das wichtigste Familienfest in Deutschland ist das Weihnachtsfest. Die meisten Deutschen verbinden mit dem Weihnachtsfest den Weihnachtsbaum (78 Prozent), Zeit für die Familie (71 Prozent), gutes Essen (70 Prozent) und Geschenke (71 Prozent). Die Geschenke werden in Deutschland am Heiligen Abend (24.12.) überreicht, manchmal von einem Weihnachtsmann bzw. Christkind, oder sie werden unter den Weihnachtsbaum gelegt. Am ersten Weihnachtsfeiertag (25.12.) isst man gemeinsam zu Mittag, traditionell gibt es Gans.

Die Freude auf das Weihnachtsfest beginnt schon Ende November, wenn die Weihnachtsmärkte öffnen. Weihnachtsmärkte haben in Deutschland eine lange Tradition. Bereits im 14. Jahrhundert errichteten Handwerker auf dem Markt Verkaufsstände für Spielzeug und andere Kleinigkeiten, die Kindern zum Weihnachtsfest geschenkt wurden. Auch Stände mit gerösteten Nüssen und Mandeln gab es damals schon.

Zu den ältesten Weihnachtsmärkten in Deutschland zählen die Märkte in München (im Jahre 1310 in historischen Dokumenten erwähnt), in Bautzen (1384), in Frankfurt (1393) und in Dresden (1434). Im Laufe der Zeit breitete sich die Tradition im gesamten deutschen Sprachraum aus und wurde zu einem festen Bestandteil der Vorweihnachtszeit.

Heute gibt es in jeder Großstadt und in sehr vielen Kleinstädten einen Weihnachtsmarkt (insgesamt etwa 2 500 Märkte). Den berühmtesten deutschen Weihnachtsmarkt, den Nürnberger Christkindlesmarkt (1628), besuchen jährlich etwa zwei Millionen Gäste aus dem In- und Ausland. Der größte deutsche Weihnachtsmarkt in Köln hat etwa fünf Millionen Besucher.

Auf einem Weihnachtsmarkt werden meist besondere Waren angeboten, z. B. Weihnachtsdekoration (Kerzen, Weihnachtssterne oder Weihnachtskugeln) und weihnachtliche Lebensmittel. Sehr beliebt sind regionale Spezialitäten wie Lebkuchen oder Christstollen und warme Getränke wie Glühwein.

Die Weihnachtsmärkte sind heute ein wichtiger Wirtschaftsfaktor für regionale Produzenten von Lebensmitteln. Außerdem profitieren Gaststätten, Hotels oder Taxiunternehmen von den hohen Besucherzahlen. Der Gesamtumsatz der Weihnachtsmärkte beträgt etwa 2,5 Milliarden Euro.

b Ordnen Sie den Bildern die richtige Bezeichnung zu.

- die Weihnachtskugel
- der Lebkuchen
- der Christstollen/ die Stolle
- die Kerze
- der Glühwein
- der Weihnachtsstern

....

....

....

....

....

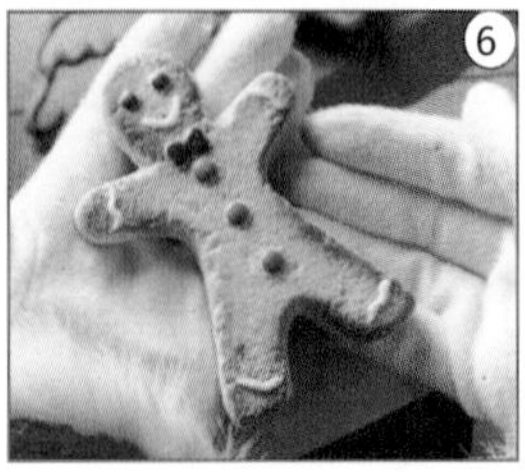

....

c Welche Informationen stehen im Text? Beantworten Sie die Fragen in ganzen Sätzen. Arbeiten Sie zu zweit. Vergleichen Sie danach Ihre Ergebnisse mit anderen Kursteilnehmern.

1. Was verbinden die Deutschen mit dem Weihnachtsfest?
2. Wann gibt es in Deutschland Weihnachtsgeschenke?
3. Was isst man in Deutschland am ersten Weihnachtsfeiertag?
4. Wann entstand die Tradition der Weihnachtsmärkte?
5. Welche Märkte zählen zu den ältesten Weihnachtsmärkten in Deutschland?
6. Wie viele Besucher hat der größte deutsche Weihnachtsmarkt pro Jahr?
7. Was kann man auf einem Weihnachtsmarkt kaufen?
8. Wer profitiert von den Weihnachtsmärkten?

3 Wortschatzarbeit

a Suchen Sie im Text alle Wörter mit *-weihnacht-*.

das Weihnachtsfest, ...

b Formulieren Sie Sätze. Achten Sie auf die Zeitform der Verben und die fehlenden Präpositionen.

▶ *das wichtigste Familienfest ▪ [in] Deutschland ▪ das Weihnachtsfest ▪ sein (Präsens)*
Das wichtigste Familienfest in Deutschland ist das Weihnachtsfest.

1. *die meisten Deutschen ▪ [..............] dem Weihnachtsfest ▪ den Weihnachtsbaum ▪ verbinden (Präsens)*
2. *die Geschenke ▪ in Deutschland ▪ [..............] Heiligen Abend ▪ überreicht werden (Präsens)*
3. *manchmal ▪ die Geschenke ▪ [..............] den Weihnachtsbaum ▪ gelegt werden (Präsens)*
4. *die Freude [..............] das Weihnachtsfest ▪ schon Ende November ▪ beginnen (Präsens)*
5. *dann ▪ [..............] vielen Städten ▪ die Weihnachtsmärkte ▪ öffnen (Präsens)*
6. *die Tradition der Weihnachtsmärkte ▪ [..............] dem 14. Jahrhundert ▪ stammen (Präsens)*
7. *Handwerker ▪ [..............] dem Markt ▪ Verkaufsstände für Spielzeug und andere Kleinigkeiten ▪ errichten (Präteritum)*
8. *[..............] den ältesten Weihnachtsmärkten ▪ die Weihnachtsmärkte in München, Bautzen, Frankfurt und Dresden ▪ zählen (Präsens)*
9. *heute ▪ es ▪ [..............] jeder Großstadt und in sehr vielen Kleinstädten ▪ einen Weihnachtsmarkt ▪ geben (Präsens)*
10. *[..............] einem Weihnachtsmarkt ▪ meist ▪ besondere Waren ▪ angeboten werden (Präsens)*
11. *der Gesamtumsatz der Weihnachtsmärkte ▪ etwa 2,5 Milliarden Euro ▪ betragen (Präsens)*

2 41

Lieber, guter Weihnachtsmann*

Lieber, guter Weihnachtsmann,
zieh die langen Stiefel an,
kämme deinen weißen Bart,
mach dich auf die Weihnachtsfahrt.

Komm doch auch in unser Haus,
packe die Geschenke aus.
Ach, erst das Sprüchlein wolltest du?
Ja, ich kann es, hör mal zu:

Lieber, guter Weihnachtsmann,
guck mich nicht so böse an.
Stecke deine Rute ein,
will auch immer artig sein!

*Das Kindergedicht gehört zu den bekanntesten Weihnachtsgedichten.

4 Geschenke

a Berichten Sie über Ihr Heimatland. Gibt es zum Weihnachtsfest oder einem anderem wichtigen Fest Geschenke? Wenn ja, welche Geschenke sind am beliebtesten?

b Lesen und hören Sie die Zeitungsmeldung.

2 42

■ Weihnachtsgeschenke

Die Heiligen Drei Könige machten es vor[1], die meisten Menschen in Deutschland machen es nach[2]: Zu Weihnachten gibt es Geschenke. Im Schnitt geben die Deutschen rund 280 Euro für Weihnachtsgeschenke aus. Die Liste der beliebtesten Geschenke wird von Büchern bzw. E-Books angeführt, gefolgt von Geld bzw. Gutscheinen. Auf Platz drei liegt Kleidung (inklusive der typischen Geschenke: Socken, Hemd, Krawatte). Lebensmittel, Spielwaren, DVDs/CDs und Kosmetika folgen auf den nächsten Plätzen. Obwohl man zur Weihnachtszeit viele Paketautos auf den Straßen sieht, liegen bei den Weihnachtseinkäufen Shoppingzentren und Fachgeschäfte in der Stadt immer noch an erster Stelle.

[1]etwas vormachen: etwas als erster machen
[2]etwas nachmachen: etwas imitieren

c Geben Sie die wichtigsten Informationen des Textes mündlich oder schriftlich wieder.

5 Wortschatztraining

Was passt zusammen? Ordnen Sie zu.

- ▶ etwas mit dem Weihnachtsfest ☐ → ☐ c)
- 1. Geschenke ☐
- 2. Geschenke unter den Weihnachtsbaum ☐
- 3. einen Verkaufsstand auf dem Markt ☐
- 4. zu den ältesten Weihnachtsmärkten ☐
- 5. zu einem festen Bestandteil in der Weihnachtszeit ☐
- 6. besondere Waren ☐
- 7. ein wichtiger Wirtschaftsfaktor ☐
- 8. 280 Euro für Weihnachtsgeschenke ☐
- 9. die Liste der beliebtesten Geschenke ☐

- ☐ a) errichten
- ☐ b) werden
- ☐ c) verbinden
- ☐ d) überreichen
- ☐ e) sein
- ☐ f) legen
- ☐ g) anbieten
- ☐ h) anführen
- ☐ i) zählen
- ☐ j) ausgeben

6 Geschenke

a Was schenken Sie wem? Sie brauchen noch einige kleine Geschenke. In einem Kaufhaus finden Sie die folgenden Produkte. Bilden Sie Sätze wie im Beispiel. Arbeiten Sie zu zweit.

Opa

Mutter

Bruder

Kollegin

Freundin	Vater	Schwester	Tochter
	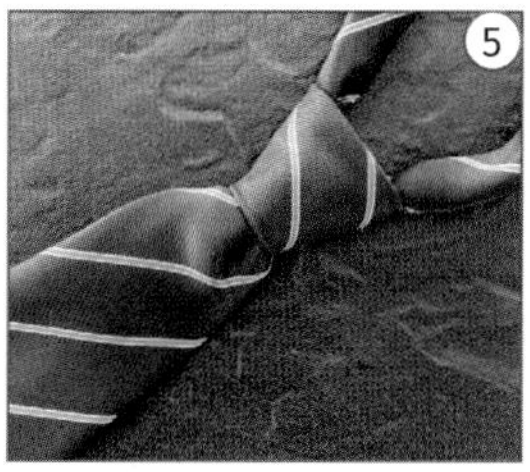	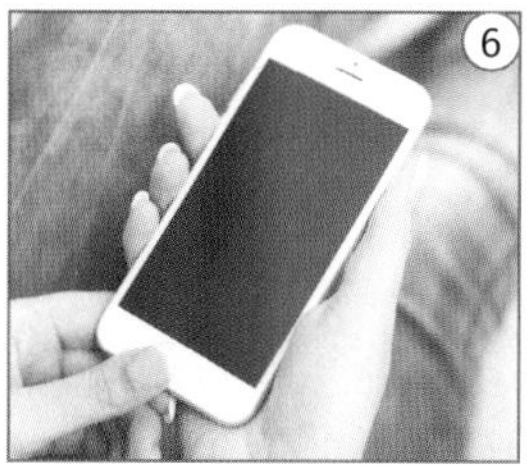	

Ich schenke
▶ meinem Opa Socken.
1. ....
2. ....
3. ....
4. ....
5. ....
6. ....
7. ....

b Diskutieren Sie in kleinen Gruppen.

- Über was für Geschenke freuen Sie sich besonders (z. B. selbst gemachte Dinge, Kleidung, Bücher)?
- Was haben Sie zu Weihnachten oder zum Geburtstag geschenkt bekommen?
- Was schenken Sie selbst gern? Wann und wo kaufen Sie Geschenke?

7 Ihre Weihnachtskarte

Die Weihnachtszeit kommt.
Schreiben Sie einer Kursteilnehmerin/einem Kursteilnehmer eine Weihnachtskarte. Formulieren Sie auch Wünsche für das nächste Jahr.

Redemittel

- Frohes Fest!
- Wir wünschen euch ein besinnliches Weihnachtsfest.
- Ein glückliches und erfolgreiches neues Jahr!
- Ich wünsche dir einen guten Rutsch ins neue Jahr.

8 Volksfeste

a Hören Sie drei Berichte über verschiedene Feste in Deutschland. Sind die Aussagen richtig oder falsch? Kreuzen Sie an.

2 43

Das Oktoberfest in München

	richtig	falsch
1. Das Oktoberfest beginnt im September.	☐	☐
2. Es hat eine lange Tradition.	☐	☐
3. Alle Besucher müssen Tracht tragen (Lederhosen und Dirndl).	☐	☐
4. Für Kinder ist das Fest nicht geeignet.	☐	☐

Der Karneval der Kulturen in Berlin

	richtig	falsch
5. Emilia geht jedes Jahr zum Karneval der Kulturen.	☐	☐
6. Der Karneval hat 5 000 Besucher.	☐	☐
7. Höhepunkt ist der Karnevalsumzug mit Teilnehmern aus fast allen Erdteilen.	☐	☐

Die Hanse Sail in Rostock

	richtig	falsch
8. Hauptattraktion der Hanse Sail sind besondere Schiffe.	☐	☐
9. Man kann nur die Kreuzfahrtschiffe besichtigen.	☐	☐
10. Das Fest findet auf dem Wasser und an Land statt.	☐	☐

b Hören Sie die Berichte noch einmal und ergänzen Sie die Informationen.
Lesen Sie zuerst die Sätze.

1. Das Oktoberfest beginnt ....
2. Es findet .... auf der Theresienwiese in München statt.
3. Viele Besucher, auch Gäste aus Amerika oder Asien, kommen ....
4. Die Hauptattraktion ist das ....
5. Der Karneval der Kulturen ist .... in Berlin.
6. Er findet .... statt. Höhepunkt ist der Karnevalsumzug.
7. In diesem Jahr haben .... Gruppen von fast allen .... an dem Umzug teilgenommen.
8. Der Karneval dauert vier Tage, er ist .... und lebensfroh.
9. Das größte Fest in unserer Gegend ist die Hanse Sail mit fast .... Besuchern.
10. Es kommen rund 250 besondere Schiffe .... von Warnemünde.

c An welchem Fest aus a) würden Sie gern teilnehmen? Diskutieren Sie in Kleingruppen und treffen Sie am Ende eine gemeinsame Wahl. Präsentieren Sie Ihr Ergebnis im Kurs. Sie können einige Redemittel aus Kapitel 11 (Seite 227) verwenden.

9 Präsentation: Volksfest

Präsentieren Sie kurz ein Fest in Ihrem Heimatland oder ein Fest in einem anderen Land, das Sie schon einmal besucht haben.

- Ich möchte gern ... vorstellen.
  Es ist ein wichtiges/besonderes/großes Fest in ...
- Das Fest findet jedes Jahr/seit *(1810)*/im *(August)* statt.
  Es kommen ... Besucher.
- Die Hauptattraktion ist .../Das Besondere an dem Fest ist ...
- Man kann dort ... *(sehen/kaufen/essen/trinken/...)*.
- Ich mag .../Ich finde ... besonders schön/toll.

Basler Fasnacht

10 Phonetik: Sprechmelodie in Fragen

a Hören Sie die Fragen. Fällt oder steigt die Melodie am Satzende?
Lesen Sie und ergänzen Sie danach die Regeln.

2 44

Sprechmelodie in Fragen

▪ Welches Fest gefällt dir am meisten? ↘	▸ Bei Fragen mit Fragewörtern .... die Melodie meistens.
▪ Möchtest du mal die Basler Fasnacht besuchen? ↗	▸ Bei Ja-Nein-Fragen .... sie am Ende.

b Lesen Sie den Dialog laut und ergänzen Sie die Melodiepfeile. Arbeiten Sie zu zweit.

A: Wir wollen eine Umfrage zum Thema Volksfeste machen:
Was wollen wir fragen? ↘
B: Wir könnten fragen: „Wo feiern Sie gern?" ....
„Und mit wem feiern Sie?" ....
A: „Waren Sie schon einmal auf einem Volksfest in Deutschland?" ....
B: „Welches Fest ist das wichtigste in Ihrem Heimatland?" ....
„Mögen Sie Karneval?" ....
A: Gut, das reicht. Was denkst du? ....
Haben wir genügend Fragen für die Umfrage? ....
B: Klar!

Hinweis

Wenn man besonders höflich und freundlich klingen möchte, kann die Melodie am Ende von Fragen mit Fragewort auch steigen:
- Wie kann ich Ihnen helfen? ↗

11 Strukturen: Kausale Hauptsätze mit *deshalb*

a Lesen Sie die folgenden Sätze aus den Hörtexten von Aufgabe 8a und unterstreichen Sie die Verben. Lesen Sie danach die Hinweise.

> Für mich war der Karneval ein ganz tolles Erlebnis, **deshalb** bin ich im nächsten Jahr ganz sicher wieder dabei.
>
> Ich persönlich finde die Schiffsbesichtigungen sehr interessant, **deshalb** freue ich mich schon auf das nächste Jahr.

- Sätze mit *deshalb* sind Hauptsätze. Das konjugierte Verb steht an Postion 2.
- Sätze mit *deshalb* verweisen auf den Grund, der im ersten Hauptsatz angegeben wird.
- *Deshalb* ist ein Adverb. Adverbien können an verschiedenen Stellen des Satzes stehen: *Der Karneval war ein tolles Erlebnis, ich bin **deshalb** im nächsten Jahr ganz sicher wieder dabei.*

b Gründe und Folgen. Verbinden Sie die Sätze mit *deshalb*.

▶ Auf dem Fest waren zu viele Menschen. Ich bin wieder gegangen.
Auf dem Fest waren zu viele Menschen, deshalb bin ich wieder gegangen.

1. Auf dem Oktoberfest bekommt man ein besonderes Bier. Viele Menschen gehen gern auf das Fest.
2. Es gibt viele Attraktionen für Kinder. Das Fest ist auch bei Familien beliebt.
3. Die alten Segelschiffe kann man besichtigen. Viele Segler besuchen die Hanse Sail.
4. Ich hatte eine Grippe. Ich war im letzten Jahr nicht auf dem Oktoberfest.

12 Strukturen: Kausalangaben

a Lesen Sie die Sätze und unterstreichen Sie die Verben. Ergänzen Sie danach die Hinweise.

Ich war im letzten Jahr nicht auf dem Oktoberfest, **weil** ich eine Grippe hatte.	▶ Sätze mit *weil* nennen einen Grund. *Weil* leitet einen Nebensatz ein. Das konjugierte Verb steht an .... Stelle.
Ich war im letzten Jahr nicht auf dem Oktoberfest, **denn** ich hatte eine Grippe.	▶ Sätze mit *denn* nennen einen Grund. *Denn* steht zwischen zwei vollständigen Hauptsätzen. Das konjugierte Verb steht an .... Stelle nach *denn*.
Ich hatte eine Grippe, **deshalb** war ich im letzten Jahr nicht auf dem Oktoberfest.	▶ Sätze mit *deshalb* verweisen auf den Grund im ersten Hauptsatz. *Deshalb* leitet den zweiten Hauptsatz ein. Das konjugierte Verb steht an .... Stelle.

b Verbinden Sie die Sätze 1 bis 3 aus Aufgabe 11b mit a) *weil* und b) *denn*. Arbeiten Sie zu zweit.

▶ a) *Ich bin wieder gegangen, weil auf dem Fest zu viele Menschen waren.*
Weil auf dem Fest zu viele Menschen waren, bin ich wieder gegangen.
b) *Ich bin wieder gegangen, denn auf dem Fest waren zu viele Menschen.*

13 Klassenspaziergang: Festivals

Fragen Sie andere Kursteilnehmer und fassen Sie die Antworten kurz zusammen.

- Welche Festivals haben Sie schon besucht?
- Welche Festivals haben Ihnen gefallen, welche nicht? Warum?

▶ *Ben hat schon viele Rockfestivals besucht.*
Er mag große Festivals mit berühmten Bands.
Ihm gefallen keine Konzerte mit klassischer Musik.

14 Ein besonderes Musikfestival

a Haben Sie schon einmal etwas von einem Festival in dem Ort Wacken gehört? Wenn ja, was wissen Sie über das Festival? Berichten Sie.

b Lesen Sie den Text.

■ Das Wacken Open Air

Die Gemeinde Wacken liegt in Norddeutschland, hat etwa 1 800 Einwohner und ist 51 Wochen im Jahr ein ruhiger Ort. Doch einmal im Jahr, in der ersten Augustwoche, ändert sich das. Dann kommen rund 75 000 Menschen nach Wacken und hören Musik, genauer gesagt Hard Rock und Heavy Metal.

Die Geschichte des größten Heavy-Metal-Festivals der Welt begann 1989, als zwei Freunde aus Wacken (Thomas Jensen und Holger Hübner) bei einem gemeinsamen Kneipenbesuch auf die Idee kamen, ein Open-Air-Konzert zu organisieren. Jensen spielte damals Bass-Gitarre in einer Heavy-Metal-Band, deshalb sollte es unbedingt ein Heavy-Metal-Festival werden. Ein Jahr später, 1990, fand tatsächlich das erste Festival mit rund 800 Besuchern in Wacken statt. Die auftretenden Bands kamen alle aus Deutschland.

In den folgenden Jahren wurde das Festival mithilfe von Bekannten und Freunden privat organisiert, Bühne und Technik wurden selbst aufgebaut. Einige Bauern in Wacken vermieteten ihre Wiesen für die Konzerte. Die Zahl der Bands und der Zuschauer stieg in den ersten Jahren langsam an. 1993 kamen immerhin schon 3 500 Besucher, trotzdem waren auch im vierten Jahr des Festivals die Ausgaben für die Organisation höher als die Einnahmen. Erste finanzielle Erfolge konnten die Veranstalter erst ab 1996 feiern, als auch international bekannte Bands Konzerte gaben.

Im Laufe der Jahre nahmen die Besucherzahlen des *Wacken Open Air* kontinuierlich zu, die Bands wurden immer berühmter und es gab mehr Konzerte auf mehr Bühnen. Heute umfasst das Gelände rund 220 Hektar, ein großer Teil der Fläche ist zum Campen. Für die 75 000 zahlenden Besucher stehen mehr als 1 000 Toiletten und 500 Duschen bereit. Das Festival verfügt über acht Bühnen für Musiker und Rahmenprogramm. Die Eintrittskarten sind schon Monate vor Festivalbeginn ausverkauft.

Seit 2002 fährt ein Sonderzug, der sogenannte „Metal Train“, am Anfang und am Ende des Festivals von Zürich über viele große Städte nach Wacken und wieder zurück. In den skandinavischen Ländern, vor allem in Schweden, werden jedes Jahr Bustouren zum Festival organisiert.

Die Dorfbewohner in Wacken freuen sich über das Wachstum ihres Festivals, denn es erzielt hohe Gewinne. Viele Bewohner arbeiten als Helfer auf dem Festival oder verdienen etwas Geld mit dem Verkauf von Bier. Der durchschnittliche Bierkonsum beträgt etwa fünf Liter pro Besucher.

15 Textarbeit

a Was steht im Text? Sind die Aussagen richtig oder falsch? Kreuzen Sie an: *a*, *b* oder *c*.

① Das *Wacken Open Air* ist

a) ☐ ein kleines Festival in Wacken.
b) ☐ das weltgrößte Heavy-Metal-Festival.
c) ☐ ein Rockfestival an der Nordsee.

② Die Idee zu dem Festival

a) ☐ entstand in einer Kneipe.
b) ☐ hatten die Bauern von Wacken.
c) ☐ wurde erst nach einigen Jahren realisiert.

③ Das Festival
a) ☐ war gleich am Anfang ein finanzieller Erfolg.
b) ☐ machte erst ab 1996 Gewinn.
c) ☐ hat bis heute finanzielle Schwierigkeiten.

④ Die Bewohner von Wacken
a) ☐ profitieren von dem Festival.
b) ☐ mögen das Festival nicht.
c) ☐ vermieten nur die Campingplätze.

b Suchen Sie Informationen zu den Zahlen und schreiben Sie einen Satz. Arbeiten Sie zu zweit.

▸ 1 800 Der Ort Wacken hat 1 800 Einwohner.
1. 1989 ....
2. 1990 ....
3. 3 500 ....
4. 1996 ....
5. 220 ....
6. 75 000 ....
7. 2002 ....
8. 5 ....

16 Strukturen: Konzessive Hauptsätze mit *trotzdem*

a Lesen Sie den Satz aus Aufgabe 14b und markieren Sie die Verben. Lesen Sie danach die Hinweise.

1993 kamen immerhin schon 3 500 Besucher, **trotzdem** waren auch im vierten Jahr des Festivals die Ausgaben für die Organisation höher als die Einnahmen.

- Sätze mit *trotzdem* sind Hauptsätze. Das konjugierte Verb steht an zweiter Stelle.
- Sätze mit *trotzdem* verweisen auf den Gegengrund, der im ersten Hauptsatz angegeben wird.
- *Trotzdem* ist wie *deshalb* ein Adverb. Es kann an verschiedenen Stellen des Satzes stehen: *1993 kamen 3 500 Besucher, die Ausgaben waren **trotzdem** höher als die Einnahmen.*

b Gegengründe. Verbinden Sie die Sätze mit *trotzdem*.

▸ Die Musik war sehr laut. Ich fand das Konzert toll.
Die Musik war sehr laut, trotzdem fand ich das Konzert toll.
1. Das Festival war kein finanzieller Erfolg. Die Veranstalter haben weitergemacht.
2. Man kann nur in Zelten übernachten. Es kommen viele Fans.
3. Es bringt viel Unruhe ins Dorf. Die Bewohner mögen das Festival.
4. Ich finde Heavy-Metal-Musik toll. Ich war noch nie in Wacken.

17 Strukturen: Konzessivangaben

a Lesen Sie die Sätze und unterstreichen Sie die Verben. Ergänzen Sie danach die Hinweise.

> ***trotzdem*** **und *obwohl***

Ich war noch nie in Wacken, **obwohl** ich Heavy-Metal-Musik toll finde.	▸ Sätze mit *obwohl* nennen einen Gegengrund/eine Einschränkung. *Obwohl* leitet einen Nebensatz ein. Das konjugierte Verb steht an .... Stelle.
Ich finde Heavy-Metal-Musik toll, **trotzdem** war ich noch nie in Wacken.	▸ Sätze mit *trotzdem* verweisen auf den Gegengrund/die Einschränkung im ersten Hauptsatz. *Trotzdem* leitet den zweiten Hauptsatz ein. Das konjugierte Verb steht an .... Stelle.

b Verbinden Sie die Sätze 1 bis 3 aus Aufgabe 16b mit *obwohl*.

▶ Ich fand das Konzert toll, obwohl die Musik sehr laut war.

18 Partnerinterview: Kunst und Kultur

Sprechen Sie mit Ihrer Partnerin/Ihrem Partner. Finden Sie Gemeinsamkeiten und Unterschiede und machen Sie Notizen. Berichten Sie anschließend über einige Gemeinsamkeiten und einige Unterschiede.

1. Welche Musik hören Sie am liebsten?
2. Gehen Sie manchmal in Konzerte, Musicals oder Opern? Wenn ja, in welche?
3. Gehen Sie manchmal zu Ausstellungseröffnungen? Besuchen Sie gern Museen? Wenn ja, welche?
4. Was lesen Sie gern? (Krimis, historische Romane, Fantasybücher, Comics, Gedichte ...)
5. Wer ist Ihre Lieblingsmalerin/Ihr Lieblingsmaler?
6. Waren Sie schon einmal bei einer Lesung oder auf einer Buchmesse?
7. Gehen Sie oft ins Theater?

Semperoper Dresden

19 Einen gemeinsamen Termin finden

Sie und Ihre Partnerin/Ihr Partner interessieren sich für klassische Musik. In dieser Woche ist das Orchester des Leipziger Gewandhauses in Ihrer Stadt zu Gast und spielt die 9. Sinfonie von Ludwig van Beethoven. Finden Sie einen gemeinsamen Abend, an dem Sie in das Konzert gehen können. Einige Termine stehen schon im Kalender.

A — Oktober 23.10. - 29.10. KW 43

Montag	Fitnessstudio
Dienstag	Dienstreise, spät zu Hause
Mittwoch	
Donnerstag	Fitnessstudio
Freitag	Party
Samstag	
Sonntag	

B — Oktober 23.10. - 29.10. KW 43

Montag	
Dienstag	
Mittwoch	Deutschkurs
Donnerstag	Hausaufgaben Deutsch
Freitag	
Samstag	Essen mit Bernd und Eva
Sonntag	Krimi im Fernsehen

20 Eine E-Mail schreiben

Laden Sie eine Freundin/einen Freund zu einer Veranstaltung Ihrer Wahl ein. Schreiben Sie etwa 40 Wörter.

Übungen zur Vertiefung und zum Selbststudium

Ü1 Kulturveranstaltungen

a Sechs Personen suchen im Internet nach Kulturveranstaltungen. Lesen Sie die Aufgaben 1 bis 6 und die Kurzinformationen A bis F. Welche Veranstaltung passt zu welcher Person? Für eine Aufgabe gibt es keine Lösung. Markieren Sie diese mit X. Die Anzeige aus dem Beispiel können Sie nicht mehr wählen.

1. Susanne liest gern Krimis. E
2. Anastasia findet modernes Ballett faszinierend. ☐
3. Jule ist aus Graz und möchte mehr über das Kunsthaus wissen. ☐
4. Ulrike hört gern in Ruhe klassische Musik. ☐
5. Peter ging schon als Kind gern ins Theater. ☐
6. Linus mag Musik, zu der man auch tanzen kann. ☐

A www.salzburgerfestspiele.at

Salzburger Festspiele
Morgen beginnen die berühmten Salzburger Festspiele, die jährlich etwa 250 000 Besucher anziehen. Eine besondere Attraktion ist in diesem Jahr die Neuinszenierung von Samuel Becketts Theaterstück *Endspiel*. Premiere ist am Freitag.

B www.langenacht.at

Die lange Nacht der Museen
Heute ist in ganz Österreich wieder die lange Nacht der Museen. Besucher können mit dem Regionalticket für sechs Euro alle Museen in Graz besuchen. Das Kunsthaus Graz bietet in diesem Rahmen eine Veranstaltung über die Architektur des Hauses an.

C www.schlosshotel-weilburg.de

Musical Dinner Show: Phantom der Oper
Eine Show ohne Bühne. Die Zuschauer genießen ein 4-Gänge-Menü, die Schauspieler bewegen sich im ganzen Saal und spielen auch mit dem Publikum. Erleben Sie Kultur mit allen Sinnen im Schlosshotel Weilburg.

D www.festivaldajazz.ch

Jazz in St. Moritz
Am Sonntag spielt beim diesjährigen Jazzfestival in St. Moritz die amerikanische Band *Earth, Wind & Fire*. Die Band ist seit 1973 mit vielen Hits erfolgreich und lässt in dem Konzert die goldenen Zeiten wieder aufleben. Ein Konzert für alle, die es funky mögen.

E (durchgestrichen) www.werliestwo.ch

Lesung in Bern
In Bern liest heute der erfolgreiche Schweizer Autor Martin Suter aus seinem Kriminalroman „Montecristo". Anschließend gibt es ein Gespräch mit dem Autor über Geld, Banken und Moral.

F www.tanzhaus-zuerich.ch

ALL.ES im Tanzhaus Zürich
Das junge Tänzerinnenkollektiv *Bufo Makmal* zeigt immer wieder spannende Aufführungen, die in der Schweiz für Aufmerksamkeit sorgen. Das neueste Stück der vier Frauen heißt „ALL.ES" und hat morgen Premiere.

b Ergänzen Sie die passenden Nomen.

- Museen
- Schauspieler
- Publikum
- Attraktion
- Besucher
- Konzert
- Theaterstück
- Hits

1. Eine besondere .... bei den Salzburger Festspielen ist das .... *Endspiel* von Samuel Beckett.
2. Samstagnacht können .... mit dem Regionalticket für sechs Euro alle .... in Graz besuchen.
3. Bei der Musical Dinner Show genießen die Zuschauer ein 4-Gänge-Menü, die .... bewegen sich im ganzen Saal und spielen auch mit dem ....
4. Am Sonntag gibt es ein .... mit der amerikanischen Band *Earth Wind & Fire*, die seit 1973 mit vielen .... erfolgreich ist.

Ü2 › Gegengründe
Formen Sie die Sätze um. Verwenden Sie *obwohl* oder *trotzdem*.

▶ Ich kann nicht gut schlafen, obwohl ich müde bin.
Ich bin müde, trotzdem kann ich nicht gut schlafen.

1. Ich bewerbe mich um diese Stelle, obwohl ich geringe Chancen habe.
   Ich habe ....
2. Wir haben wenig Zeit, trotzdem machen wir jeden Tag Gymnastik.
   Obwohl wir ....
3. Ich will das Studium nicht abbrechen, obwohl ich das Fach langweilig finde.
   Ich finde ....
4. Jana ist Naturwissenschaftlerin, trotzdem interessiert sie sich für Literatur und Geschichte.
   ....
5. Ich habe eine gute Note bekommen, obwohl die Prüfung sehr schwer war.
   Die Prüfung war ....
6. Ich habe schon zwei Tabletten genommen, trotzdem habe ich immer noch Kopfschmerzen.
   ....

Ü3 › Gründe und Folgen
Bilden Sie Sätze mit *deshalb*. Finden Sie eine passende Ergänzung.

- den Winterurlaub in einem warmen Land verbringen
- ~~Privatstunden nehmen~~
- nach Wacken zum Festival fahren
- das Reichstagsgebäude in Berlin besuchen
- am Wochenende eine Party organisieren wollen
- Ingenieur werden wollen
- zu spät kommen

▶ Ich will besser Deutsch sprechen, deshalb nehme ich Privatstunden.

1. Knut hört gern Heavy Metal, ...
2. Ich mag die Kälte nicht, ...
3. Lucy wird 25, ...
4. Agnes steht im Stau, ...
5. Mein Sohn findet Technik faszinierend, ...
6. Wir interessieren uns für deutsche Politik und Geschichte, ...

Ü4 › Gründe
Formen Sie die Sätze um. Verwenden Sie *weil* oder *denn*.

▶ Ich freue mich auf das Wochenende, weil ich mich mit meinen Freunden treffen kann.
Ich freue mich auf das Wochenende, denn ich kann mich mit meinen Freunden treffen.

1. Michael hat sich zu einem Tenniskurs angemeldet, denn er möchte besser spielen.
2. Ich schenke meinem Bruder ein schönes Album, weil er sich für Malerei interessiert.
3. Larissa fährt nach Salzburg, weil sie die berühmten Salzburger Festspiele besuchen möchte.
4. Judith sucht ein neues Studienfach, denn das alte Studienfach macht ihr keinen Spaß mehr.
5. Wir haben unser Haus verkauft, weil wir nach Hamburg ziehen wollen.
6. Ich spare fleißig, denn ich möchte in ein paar Jahren eine Weltreise machen.

Gesamtwiederholung Strukturen

Ü5 Verben im Perfekt

Wer hat was gemacht? Bilden Sie Sätze im Perfekt.

▶ *(Schüler unterrichten)*
Frau Lauenstein ist Lehrerin. Sie hat gestern Schüler unterrichtet.

1. *(Gäste bedienen)*
   Herr Schmidt ist Kellner. Er hat ....
2. *(einige Rechnungen kontrollieren, E-Mails lesen und beantworten)*
   Frau Müller ist Assistentin. Sie hat ....
3. *(ein neues Softwareprogramm entwickeln)*
   Max ist Informatiker. Er hat ....
4. *(einige Experimente durchführen)*
   Laura ist Physikerin. Sie hat gestern ....
5. *(seine Kunden beraten und drei Autos verkaufen)*
   Herr Klein ist Autohändler. Er ....
6. *(mit Kollegen sprechen, Telefongespräche führen)*
   Julia ist Projektkoordinatorin. Sie ....
7. *(zu einer Firma fahren und dort an einer Besprechung teilnehmen)*
   Herr Krämer ist Manager. Er ....
8. *(Vorlesungen und Seminare besuchen und seine Semesterarbeit schreiben)*
   Jan ist Student. Er ....

Ü6 Modalverben im Präteritum

Formulieren Sie die Sätze im Präteritum.

▶ Ich kann die Gäste nicht abholen. – Ich konnte die Gäste nicht abholen.

1. Kannst du die Dokumente kopieren? – ....?
2. Karl muss am Mittwoch länger arbeiten. – ....
3. Helene will mehr Sport machen. – ....
4. Sie sollen Frau Körner zurückrufen. – ....
5. Wir wollen nach Spanien fahren. – ....
6. Die Praktikantin darf nicht an der Sitzung teilnehmen. – ....

Ü7 Reflexive Verben

a Ergänzen Sie die Reflexivpronomen.

▶ Ich stehe um 7.00 Uhr auf. Danach dusche ich mich und fahre ins Büro.

1. Interessieren Sie .... für Sport?
2. Streitet ihr .... oft, du und dein Bruder?
3. Mein Freund hat .... um eine neue Stelle beworben.
4. Erinnerst du .... noch an deinen letzten Urlaub?
5. Wir beschäftigen .... mit Kunst und Literatur.
6. Carola hat .... in ihren Chef verliebt.
7. Frau Müller freut .... über die Blumen.
8. Ich ärgere .... jeden Tag über den Stau.

b Welches Verb passt? Ordnen Sie zu. Achten Sie auf die Konjugation.

- ~~sich vorbereiten~~
- sich interessieren
- sich unterhalten
- sich ärgern
- sich einschreiben
- sich entspannen

▶ Ich will mich auf meine Prüfung vorbereiten, denn ich möchte eine gute Note bekommen.

1. Udo .... für Pflanzen. Später will er Botaniker werden.
2. Meine Kollegin .... über die Technik, weil der Beamer schon wieder nicht funktioniert.
3. Tanja will Italienisch lernen. Sie hat .... für einen Italienischkurs ....
4. Ich bin müde. Heute Abend bleibe ich zu Hause und ....
5. Meine Kollegen und ich .... oft über Probleme am Arbeitsplatz.

Ü8 › Höflichkeitsform

a Formulieren Sie höfliche Fragen im Konjunktiv.

▶ Zeig mir den Weg. – Könntest/Würdest du mir den Weg zeigen?

1. Reparieren Sie meine Waschmaschine. – ....?
2. Rufen Sie mich morgen an. – ....?
3. Sprich lauter. – ....?
4. Holen Sie mich vom Flughafen ab. – ....?
5. Helft mir. – ....?
6. Fahren Sie langsamer. – ....?

b *Würde-*, *wäre-* oder *hätte-*? Ergänzen Sie die Sätze.

▶ Ich würde gern eine Stadtrundfahrt machen.

1. Wie .... es, wenn wir heute ins Theater gehen?
2. Wir .... lieber ins Kino gehen.
3. Ich .... gern ein Schnitzel mit Kartoffeln.
4. Wann .... Sie Zeit?
5. Ich .... vorschlagen, dass wir uns um 15.00 Uhr treffen.
6. Vielleicht können wir Ihnen helfen und schon morgen einen Monteur schicken.
   – Das .... nett!

Ü9 › Vorschläge mit *sollte-*

Formulieren Sie Vorschläge.

- langsamer fahren
- ~~mehr schlafen~~
- noch einmal über das Problem sprechen
- den Akku austauschen
- einen Yogakurs machen
- sich gut vorbereiten

▶ Friedrich ist immer müde.
– Er sollte mehr schlafen.

1. Wir haben noch keine Lösung gefunden.
   – Wir ....
2. Ich bin oft gestresst.
   – Vielleicht ....
3. Maria hat am Freitag eine wichtige Prüfung.
   – Sie ....
4. Ihr fahrt zu schnell und das ist gefährlich.
   – Ihr ....
5. Mein Handy funktioniert nicht mehr richtig.
   – Du ....

Ü10 Passiv
Was wird gerade gemacht? Bilden Sie Sätze im Passiv Präsens.

- ▶ *der Kopierer ▪ reparieren* — Der Kopierer wird gerade repariert.
1. *der Computer ▪ anschließen* ....
2. *die Technik im Besprechungsraum ▪ kontrollieren* ....
3. *die Besprechung ▪ vorbereiten* ....
4. *das Formular ▪ ausdrucken* ....
5. *eine E-Mail ▪ an die Mitarbeiter ▪ schreiben* ....
6. *die Rechnungen ▪ bezahlen* ....

Ü11 Verben mit Präpositionen
Welche Verben passen? Ergänzen Sie die Verben in der richtigen Form.

- ärgern
- bewerben
- ~~interessieren~~
- erinnern
- freuen
- verlieben
- ausgeben
- beschäftigen
- treffen

▶ Andreas interessiert sich für moderne Kunst.
1. .... du dich oft mit deinen Freunden?
2. Ich .... mich gerne an meine Schulzeit.
3. Jan und Hanna .... sich auf den Französischunterricht.
4. Ich .... mich oft über den Verkehr in der Stadt.
5. Rainer .... sich um eine neue Stelle.
6. Sabine .... sich mit diesem Thema.
7. Matthias hat sich in seine Kollegin ....
8. .... du viel Geld für Kleidung ....?

Ü12 Verben mit Dativ und/oder Akkusativ
Bilden Sie Sätze. Achten Sie auf die Konjugation und den Kasus.

- ▶ *wir ▪ danken ▪ Sie ▪ für Ihre Hilfe* — Wir danken Ihnen für Ihre Hilfe.
1. *wie ▪ gehen ▪ es ▪ du?* ....
2. *zeigen ▪ du ▪ die neue Kollegin ▪ das Haus?* ....
3. *geben ▪ Sie ▪ bitte ▪ die Praktikantin ▪ diese Mappe?* ....
4. *können ▪ ich ▪ Sie ▪ eine Tasse Kaffee ▪ anbieten?* ....
5. *lesen ▪ die Kollegen ▪ der Bericht?* ....
6. *können ▪ ihr ▪ der Chef ▪ die Adressliste ▪ schicken?* ....
7. *wir ▪ du ▪ ein Geschenk aus Berlin ▪ mitbringen* ....
8. *können ▪ Sie ▪ ich ▪ morgen ▪ zurückrufen?* ....

Ü13 *Der, die oder das?*
Ergänzen Sie den bestimmten Artikel.

▶ die Wohnung
1. .... Foto
2. .... Technologie
3. .... Forscher
4. .... Gebäude
5. .... Erfindung
6. .... Hotel
7. .... Mädchen
8. .... Museum
9. .... Seite
10. .... Drucker
11. .... Dokument

Ü14 Artikel und Adjektive

Ergänzen Sie die Endungen der Artikel und Adjektive *(N = Nominativ, A = Akkusativ, D = Dativ).*

- ▶ Wo liegt deine neue Wohnung? *(N)*

1. Der Computer ist ein..... sehr wichtig..... Erfindung des 20. Jahrhunderts. *(N)*
2. Ich möchte mein..... alt..... Drucker verkaufen. *(A)*
3. Wer hat dies..... wunderschön..... Foto gemacht? *(A)*
4. Wer wohnt in dies..... groß..... Gebäude? *(D)*
5. Kennst du d..... klein..... Mädchen, das am Fenster steht? *(A)*
6. Die Garderobe finden Sie auf d..... link..... Seite. *(D)*
7. D..... modern..... Technologie hat auch die Kommunikation revolutioniert. *(N)*
8. Im Zug bin ich mit ein..... bekannt..... Forscher gefahren. *(D)*

Ü15 Komparation der Adjektive

a Vergleiche: Ergänzen Sie die Adjektive im Komparativ.

▶	*warm*	In Spanien ist der Sommer wärmer als in Deutschland.
1.	*jung*	Meine Schwester ist fünf Jahre .... als ich.
2.	*teuer*	Mein neues Handy ist .... als das alte.
3.	*groß*	Unsere Wohnung ist etwas .... als eure Wohnung.
4.	*interessant*	Ich fand dieses Buch .... als den letzten Roman des Autors.
5.	*gern*	Ich spiele gern Tennis, aber ich mache noch .... Yoga.
6.	*gut*	Ich kenne Österreich .... als die Schweiz.

b Ergänzen Sie die Adjektive im Superlativ und den Artikel.

Kennen Sie	▶	den berühmtesten	deutschsprachigen Autor? *(berühmt)*
	1.	....	Berg in der Schweiz? *(hoch)*
	2.	....	Hotel in München? *(schön)*
	3.	....	Universität in Deutschland? *(alt)*
	4.	....	Museum in Österreich? *(interessant)*
	5.	....	Region in Europa? *(kalt)*
	6.	....	Stadt in der Schweiz? *(teuer)*

Ü16 Personalpronomen

Ergänzen Sie die Personalpronomen in der richtigen Form.

▶	*du:*	Soll ich dir ein Glas Wasser holen?
1.	*er:*	Ist Konrad im Büro? – Ich weiß nicht. Ich habe .... heute noch nicht gesehen.
2.	*ich:*	Können Sie .... bitte mit Frau Müller verbinden?
3.	*sie (Sg.):*	Claudia kann die Aufgabe alleine nicht lösen. Marianne hilft ....
4.	*sie (Pl.):*	Klara und Paul haben einen Film gesehen, aber er hat .... nicht gefallen.
5.	*er:*	Hast du den Termin abgesagt? – Nein, ich habe .... nicht abgesagt.
6.	*wir:*	Du kannst .... am nächsten Samstag gerne besuchen.
7.	*Sie:*	Darf ich .... zu einem Kaffee einladen?
8.	*ihr:*	Wo wart ihr? Wir haben .... überall gesucht!
9.	*es:*	Hast du das Protokoll geschrieben? Kannst du .... mir schicken?

Ü17 Negation

Nicht oder *kein-*? Ergänzen Sie.

- Ich habe kein Geld.
1. Die Kinder wollen noch .... ins Bett gehen.
2. Möchten Sie wirklich .... Schokoladenkuchen?
3. Ich fand die Ausstellung .... so interessant.
4. Das ist .... Bleistift, das ist ein Lippenstift.
5. Vera kann .... tanzen.
6. Warum hast du mir .... E-Mail geschickt?

Ü18 Orts- und Richtungsangaben

a *Wo* oder *wohin*? Ergänzen Sie die Nomen im richtigen Kasus.

- Das Bild hängt über dem Sofa. *(das Sofa)*
1. Ich gehe kurz in .... *(die Küche)*
2. Dein Mantel liegt noch in .... *(mein Auto)*
3. Alle Dokumente liegen auf .... *(der Tisch)*
4. Kann ich mich auf .... setzen? *(dieser Stuhl)*
5. Kannst du dieses Papier in .... legen? *(die Mappe)*
6. Mein Schreibtisch steht vor .... *(das Fenster)*
7. Sie können Ihren Mantel an .... hängen. *(die Garderobe)*
8. Frau Müller ist zwischen 10.00 und 12.30 Uhr in .... *(ihr Büro)*

b *Wo* oder *wohin*? Ergänzen Sie die Präpositionen.

- Im Sommer fliegen wir nach Kanada.
1. Monika fährt im Juli .... die Nordsee.
2. Leg bitte diese Briefe .... meinen Schreibtisch.
3. Ich gehe heute Nachmittag .... meiner Freundin.
4. Ab Februar studiere ich .... Berlin.
5. Mein Reisepass ist .... deiner Tasche.
6. Soll ich die Teller .... den Geschirrspüler stellen?
7. Dieses Jahr fliege ich zweimal .... Madrid.
8. Familie Klein fährt jeden Sommer .... Frankreich.

Ü19 Temporalangaben

Ergänzen Sie die temporalen Präpositionen.

- Am Samstag kaufe ich auf dem Markt frisches Gemüse.
1. .... Montag habe ich eine längere Besprechung.
2. Die Vorlesung beginnt .... 10.00 Uhr.
3. .... Juli ist das Wetter warm und sonnig.
4. .... Abend bleibe ich meistens zu Hause.
5. Ich stehe jeden Morgen .... halb acht auf.
6. .... Herbst fahre ich immer in die Berge.
7. .... Vormittag bin ich ganz fit.
8. Hätten Sie .... Wochenende Zeit?
9. Die Präsentation dauert .... 10.00 .... 12.00 Uhr.
10. Die Chefin kann erst .... der Besprechung mit dir reden.

Ü20 Gründe und Gegengründe
Weil oder *obwohl*? Ergänzen Sie.

▶ Ich kommuniziere gern in sozialen Netzwerken, weil ich neue Leute kennenlernen kann.
1. Ich muss Deutsch lernen, ... ich bei einer deutschen Firma arbeite.
2. Thomas lernt kein Deutsch, ... er die Sprache für seine Arbeit braucht.
3. Ich lese Zeitung, ... ich mich für aktuelle Nachrichten interessiere.
4. Ich fahre mit dem Rad zur Uni, ... es regnet.
5. Franz spielt Fußball, ... er kein guter Spieler ist.
6. Christoph geht in den Supermarkt, ... er Lebensmittel kaufen will.

Ü21 Bedingungen
Bilden Sie Nebensätze mit *wenn*.

▶ *Lisa ▪ eine Prüfung ▪ haben,* → lernt sie in der Bibliothek.
Wenn Lisa eine Prüfung hat, lernt sie in der Bibliothek.
1. *Max ▪ sich nicht wohlfühlen,* → macht er einen Spaziergang im Park.
....
2. *du ▪ wollen,* → können wir heute Abend zusammen lernen.
....
3. Die Assistentin kopiert die Unterlagen, → *sie ▪ Zeit haben*
....
4. *wir ▪ unsere Idee ▪ gut präsentieren,* → bekommen wir vielleicht etwas Geld.
....

Ü22 Temporale Nebensätze
Wenn oder *als*? Ergänzen Sie.

▶ Wenn ich Mittagspause habe, gehe ich in die Kantine.
1. .... ich klein war, habe ich in einem Dorf gewohnt.
2. .... ich mein Studium abschließe, gehe ich ein Jahr ins Ausland.
3. .... wir das erste Mal in Berlin waren, haben wir das Brandenburger Tor besucht.
4. Jedes Mal, ... ich nach München gefahren bin, habe ich meine alten Freunde getroffen.

Ü23 Finale Nebensätze
Verbinden Sie Sätze mit *damit*.

▶ Ich gebe dir meine Handynummer. Du kannst mich immer erreichen.
Ich gebe dir meine Handynummer, damit du mich immer erreichen kannst.
1. Ich mache den Fernseher leiser. Wir stören die Nachbarn nicht.
....
2. Wir bleiben Freitagabend zu Hause. Wir können uns erholen.
....
3. Drücken Sie die grüne Taste. Das Gerät startet.
....
4. Wir liefern alles sofort. Sie müssen auf die Ware nicht warten.
....
5. Du solltest eine To-do-Liste schreiben. Du vergisst nichts.
....
6. Wir tun alles. Sie fühlen sich bei uns wohl.
....

Ü24 Indirekte Fragen

Warum, wohin, wo, wann, wer, wie viel, worüber oder *wie lange*? Ergänzen Sie.

Weißt du,
- ▶ wann der Unterricht endet?
1. .... die Besprechung dauert?
2. .... heute das Projekt präsentiert?
3. .... der neue Kollege früher gearbeitet hat?
4. .... Frau Müller heute nicht im Büro ist?
5. .... der Chef verdient?
6. .... sich Christine heute Morgen geärgert hat?
7. .... das Konzert beginnt?
8. .... Matthias am Wochenende fährt?

Ü25 Nebensätze mit *dass* und *ob*

Dass oder *ob*? Ergänzen Sie die Sätze.

- ▶ Ich wusste, dass Tina heute Geburtstag hat.
1. Es ist noch nicht klar, ... Peter Projektleiter wird.
2. Ich weiß noch nicht, ... wir die Arbeit rechtzeitig beenden können.
3. Ich denke, ... die Besprechung noch zwei Stunden dauert.
4. Ich habe in der Zeitung gelesen, ... die Benzinpreise wieder steigen.

Ü26 Relativsätze

Ergänzen Sie die Relativpronomen.

- ▶ Wie heißt der Junge, der mit deiner Freundin spricht?
1. Das ist mein Kollege, ... du noch nicht kennst.
2. Die Wohnung, ... ich gemietet habe, ist 80 Quadratmeter groß.
3. Siehst du das Schild, ... im Schaufenster hängt?
4. Ich habe einen guten Freund in Bremen, ... ich oft anrufe.
5. Ist das der Schlüssel, ... du gesucht hast?
6. Kennst du die zwei Kolleginnen, ... mit dem Chef sprechen?
7. Ich möchte ein Museum besuchen, in .... ich moderne Kunst sehen kann.
8. Peter sucht ein Hotel, ... nicht so teuer ist.

Ü27 Infinitiv mit *zu*

Ergänzen Sie die Sätze. Orientieren Sie sich am Beispiel.

▶	die Prüfung bestehen	Es ist nicht leicht, die Prüfung zu bestehen.
1.	die E-Mail beantworten	Klaus hat jetzt keine Zeit, ...
2.	ins Kino gehen	Martina hat keine Lust, ...
3.	das Spiel gewinnen	Es ist möglich, ...
4.	das Projekt übernehmen	Eva hat nicht die Absicht, ...
5.	regelmäßig Sport treiben	Ich empfehle dir, ...
6.	hier parken	Es ist verboten, ...

Wichtige Wörter und Wendungen

Wiederholen Sie die Wörter und Wendungen.
Die Redemittel zum Hören und zweisprachige Redemittellisten finden Sie unter *http://www.schubert-verlag.de/spektrum.a2.dazu.php#K12*

Weihnachtsfest und Weihnachtsmarkt

- das wichtigste Familienfest in Deutschland sein
- *(den Weihnachtsbaum)* mit dem Fest verbinden
- Geschenke am Heiligen Abend überreichen/unter den Weihnachtsbaum legen
- zu den ältesten Weihnachtsmärkten zählen
- eine lange Tradition haben
- in historischen Dokumenten erwähnt werden
- sich im gesamten deutschen Sprachraum ausbreiten
- ein fester Bestandteil der Weihnachtszeit sein
- Verkaufsstände für Spielzeug und andere Kleinigkeiten errichten
- besondere Waren anbieten
- ein wichtiger Wirtschaftsfaktor für die Region sein
- von den Weihnachtsmärkten profitieren
- Geld für Weihnachtsgeschenke ausgeben
- die Liste der beliebtesten Geschenke anführen

Musikfestivals

- Hardrock und Heavy Metal hören
- das größte Heavy-Metal-Festival der Welt sein
- auf eine Idee kommen
- ein Instrument spielen
- ein Festival (privat) organisieren
- ein Konzert geben
- eine Wiese für das Festival vermieten
- erste finanzielle Erfolge feiern
- Toiletten und Duschen stehen bereit.
- über acht Bühnen verfügen
- sich über das Wachstum des Festivals freuen
- als Helfer beim Festival arbeiten
- mit dem Verkauf von Bier Geld verdienen
- Gewinne erzielen
- Bustouren werden organisiert.
- Die Zahl der Zuschauer steigt langsam an.
- Die Eintrittskarten sind ausverkauft.
- Die Ausgaben sind höher als die Einnahmen.
- Die Besucherzahlen nehmen zu.

Volksfeste

- ein wichtiges/besonderes/großes Fest sein
- jedes Jahr *(seit 1810) (im August)* stattfinden
- auf ein Fest stolz sein
- die Hauptattraktion auf/das Besondere an einem Fest sein
- eine Tracht *(ein Dirndl oder eine Lederhose)* tragen
- sich mit Freunden amüsieren
- für Kinder/Familien (nicht) geeignet sein
- Schiffe/Tanzgruppen sehen können
- eine Fahrt mit dem Schiff/mit dem Riesenrad machen
- Kreuzfahrtschiffe/Segelschiffe besichtigen
- etwas (nicht so) interessant finden

Feste *(Auswahl)*:
- Neujahr, Karneval, Ostern, Weihnachten, Namenstag, erster Schultag

Kulturveranstaltungen

- Kultur mit allen Sinnen erleben
- aus dem neuesten Buch lesen
- viele Besucher anziehen
- sich im Saal bewegen
- mit dem Publikum spielen
- spannende Aufführungen zeigen
- goldene Zeiten wieder aufleben lassen
- eine Veranstaltung über Architektur anbieten
- ein Stück erarbeiten
- Premiere haben

Verben im Kontext und Strukturen

Ausgewählte Verben des Kapitels

Lesen Sie die Verben. Üben Sie die Verben am besten mit Beispielsatz.

Einige regelmäßige Verben

Verb	Beispielsatz im Präsens	Verb im Präteritum	Verb im Perfekt
▪ anführen	Bücher führen die Liste der beliebtesten Weihnachtsgeschenke an.	sie führten an	sie haben angeführt
▪ sich amüsieren	Jan amüsiert sich mit Freunden auf dem Oktoberfest.	er amüsierte sich	er hat sich amüsiert
▪ sich bewegen	Die Schauspieler bewegen sich im Saal.	sie bewegten sich	sie haben sich bewegt
▪ erarbeiten	Die Tänzer erarbeiten zwei Stücke im Jahr.	sie erarbeiteten	sie haben erarbeitet
▪ errichten	Händler errichten Verkaufsstände auf dem Markt.	sie errichteten	sie haben errichtet
▪ feiern	Das Festival feiert erste Erfolge.	es feierte	es hat gefeiert
▪ erzielen	Das Festival erzielt hohe Gewinne.	es erzielte	es hat erzielt
▪ profitieren	Händler profitieren von den Weihnachtsmärkten.	sie profitierten	sie haben profitiert
▪ überreichen	Der Weihnachtsmann überreicht Geschenke.	er überreichte	er hat überreicht
▪ verfügen	Das Festival verfügt über acht Bühnen.	es verfügte	es hat verfügt
▪ verdienen	Die Einwohner von Wacken verdienen mit dem Festival Geld.	sie verdienten	sie haben verdient

Unregelmäßige Verben

Verb	Beispielsatz im Präsens	Verb im Präteritum	Verb im Perfekt
▪ anziehen	Das Festival zieht viele Besucher an.	es zog an	es hat angezogen
▪ ausgeben	Die Deutschen geben etwa 280 Euro für Weihnachtsgeschenke aus.	sie gaben aus	sie haben ausgegeben
▪ zunehmen	Die Besucherzahlen nehmen zu.	sie nahmen zu	sie haben zugenommen

Kausale Hauptsätze mit *deshalb*

Hauptsatz	Hauptsatz
Ich fühle mich nicht wohl,	**deshalb gehe** ich jetzt nach Hause. ich **gehe deshalb** nach Hause.

- Sätze mit *deshalb* verweisen auf den Grund, der im ersten Hauptsatz angegeben wird.

Konzessive Hauptsätze mit *trotzdem*

Hauptsatz	Hauptsatz
Ich fühle mich nicht wohl,	**trotzdem bleibe** ich im Büro. ich **bleibe trotzdem** im Büro.

- Sätze mit *trotzdem* verweisen auf den Gegengrund, der im ersten Hauptsatz angegeben wird.
- Sätze mit *deshalb* und *trotzdem* sind Hauptsätze. Das konjugierte Verb steht an zweiter Stelle.
- *Deshalb* und *trotzdem* sind Adverbien. Sie können an verschiedenen Stellen des Satzes stehen.

Meine Gesamtleistung
................/20

Kleiner Abschlusstest

Was können Sie schon? Testen Sie sich selbst.

T1 Weihnachten

............/8

Ergänzen Sie im Text die passenden Nomen.

- Heiligen Abend
- Sprachraum
- Weihnachtsbaum
- ~~Familienfest~~
- Freude
- Bestandteil
- Tradition
- Verkaufsstände
- Geschenke

Das wichtigste *Familienfest* in Deutschland ist das Weihnachtsfest. Die .... (1) werden am .... (2) überreicht. Manchmal bringt sie der Weihnachtsmann, manchmal werden sie unter den .... (3) gelegt.
Die .... (4) auf das Weihnachtsfest beginnt schon Ende November, wenn die Weihnachtsmärkte öffnen. Weihnachtsmärkte haben in Deutschland eine lange .... (5).
Bereits im 14. Jahrhundert errichteten Handwerker auf dem Markt .... (6) für Spielzeug und andere Kleinigkeiten. Zu den ältesten Weihnachtsmärkten in Deutschland zählen die Märkte in München und in Bautzen. Im Laufe der Zeit breiteten sich die Weihnachtsmärkte im gesamten deutschen .... (7) aus und wurden zu einem festen .... (8) der Vorweihnachtszeit.

T2 Ein Festival

............/4

Welches Verb passt? Ordnen Sie zu.

- feiern
- kommen
- ~~hören~~
- sein
- organisieren
- arbeiten
- spielen
- verdienen
- verfügen

▶ Heavy Metal *hören*
1. das größte Festival der Welt ....
2. auf eine Idee ....
3. ein Instrument..........................
4. ein Festival ....
5. erste finanzielle Erfolge ....
6. über acht Bühnen ....
7. als Helfer beim Festival ....
8. mit dem Festival Geld ....

T3 *Deshalb* und *trotzdem*

............/8

Formen Sie die Sätze um. Verwenden Sie *deshalb* oder *trotzdem*.

▶ Weil es zu wenig Interesse gab, fand die Veranstaltung nicht statt.
Es gab zu wenig Interesse, deshalb fand die Veranstaltung nicht statt.

1. Weil Martin Suter aus seinem neuen Roman liest, fahre ich heute nach Bern.
....

2. Obwohl ich mich nicht gut fühle, gehe ich heute Abend ins Theater.
....

3. Obwohl uns moderne Kunst nicht interessiert, besuchten wir das *Museum of Modern Art*.
....

4. Weil ich gerne Heavy-Metal-Musik höre, habe ich Karten für das *Wacken Open Air* bestellt.
....

Übungstest für die Prüfung *Goethe-Zertifikat A2*

Die Prüfung *Goethe-Zertifikat A2* besteht aus vier Hauptteilen: Lesen, Hören, Schreiben und Sprechen.

Lesen

Der Hauptteil Lesen hat vier Teile. Er dauert etwa 30 Minuten.
Sie lesen eine E-Mail, Informationen und Artikel aus der Zeitung und dem Internet. Für jede Aufgabe gibt es nur eine richtige Lösung. Wörterbücher und Mobiltelefone sind nicht erlaubt.

1 **Teil 1: Was ist richtig?**
Sie lesen in einer Zeitung diesen Text.
Wählen Sie für die Aufgaben 1 bis 5 die richtige Lösung. Kreuzen Sie an: *a*, *b* oder *c*.

Mit dem Fahrrad um die Welt

Als Felix 22 wurde, kaufte er sich ein neues Fahrrad. Er wollte mit dem Rad um die Welt fahren. Das Verrückte an seinem Projekt war, dass Felix vor seiner Reise nicht richtig trainieren konnte. Im Mai 2016 machte er sich auf den Weg.

Der Anfang war schwer: Für eine Strecke, die gut trainierte Radfahrer in vier bis fünf Tagen schaffen, brauchte er drei Wochen. Als Felix in Kroatien ankam, wurde er krank. Er hatte eine Infektion und konnte nicht weiterfahren. Zum Glück lernte er nette Menschen kennen, die ihm halfen: Sie gaben ihm Medikamente und Felix konnte bei ihnen übernachten. Nach sechs Tagen Krankheitspause fuhr er weiter.

Für Russland bekam er kein Visum, deshalb flog er nach Asien. Dort fuhr er mit seinem Rad durch Thailand, Singapur und Laos. Das war nicht immer einfach. Für eine solche Reise braucht man Ausdauer. „Es gab Tage, an denen ich nur eins wollte: zurück nach Deutschland. Es waren die Menschen, die mich motiviert haben, weiterzumachen“, sagt er.

Von Asien ging es weiter nach Neuseeland und dann an die Westküste der USA. Meistens blieb er ein oder zwei Tage am selben Ort. Wenn ihm ein Ort sehr gut gefiel, blieb er auch länger. In Kalifornien verbrachte er eine Woche und in Bangkok fünf Tage. Er traf viele Menschen, mit denen er in Kontakt bleiben will.

Während seiner Reise führte Felix ein Tagebuch, in dem er seine Gedanken und Erlebnisse beschrieb. Jetzt will er das Tagebuch veröffentlichen. „Ich habe es an mehrere Verlage geschickt, aber noch keine Antwort bekommen. Es ist für mich kein Problem, wenn ich keinen Verlag finde“, sagt er. „Dann mache ich eben einen Blog und publiziere alles dort.“

(0) Felix
- a) ☐ ist vor seiner Reise nie Rad gefahren.
- b) ☐ hat vor seiner Reise viel trainiert.
- c) ☒ hat vor seiner Reise nicht so viel trainiert.

(1) In Kroatien
- a) ☐ konnte er fast eine Woche nicht weiterfahren.
- b) ☐ hat er Medikamente gekauft.
- c) ☐ hat er sich ein Haus gekauft.

(2) Er
- a) ☐ ist von Laos zurück nach Deutschland gefahren.
- b) ☐ fand es manchmal schwer, motiviert zu bleiben.
- c) ☐ hatte Probleme mit der Kommunikation.

(3) Felix
- a) ☐ ist in jeder Stadt einige Tage geblieben.
- b) ☐ musste von jedem Ort ganz schnell weg.
- c) ☐ hat Kalifornien besonders gut gefallen.

(4) Felix
- a) ☐ will mit jedem in Kontakt bleiben, den er kennengelernt hat.
- b) ☐ hat zu den Leuten, die er kennengelernt hat, keinen Kontakt mehr.
- c) ☐ hat seine Erlebnisse auch aufgeschrieben.

(5) Felix sagt,
- a) ☐ dass man sein Tagebuch in den Buchhandlungen kaufen kann.
- b) ☐ dass er noch auf die Antwort der Verlage wartet.
- c) ☐ dass er im Moment einen Blog über seine Reise schreibt.

2 Teil 2

Sie lesen die Informationstafel in einem Kaufhaus.
Lesen Sie die Aufgaben 6 bis 10 und den Text. In welchen Stock gehen Sie?
Wählen Sie die richtige Lösung. Kreuzen Sie an: *a, b* oder *c*.

Kaufhaus Mannheim

4. Stock
- Elektronik • Haushaltsgeräte
- Computer • Fernseher
- Smartphones und Zubehör
- Schlüsseldienst

3. Stock
- Damenbekleidung • Damenschuhe
- Schmuck • Lederwaren
- Kundenservice • Toiletten

2. Stock
- Herrenbekleidung • Herrenschuhe
- Sportbekleidung • Sportartikel
- Fahrräder • Campingausrüstung

1. Stock
- Kindermode • Kinderbücher
- Spielzeuge • Plüschtiere • Bücher
- Musik • Kindermöbel

EG
- Getränkemarkt • Lebensmittel
- Büro- und Schreibwaren • Café
- Geldautomat

UG
- Fundbüro • Fotostudio • Bäcker
- Kartenvorverkauf

(0) Sie wollen Kopfhörer für Ihr Handy kaufen.
- a) ☒ 4. Stock
- b) ☐ 3. Stock
- c) ☐ anderer Stock

(6) Sie suchen ein Buch für Ihre fünfjährige Tochter.
- a) ☐ 2. Stock
- b) ☐ 1. Stock
- c) ☐ anderer Stock

(7) Sie wollen Turnschuhe kaufen.
- a) ☐ Untergeschoss
- b) ☐ Erdgeschoss
- c) ☐ anderer Stock

(8) Sie möchten Ihrer Schwester eine Tasche schenken.
- a) ☐ 1. Stock
- b) ☐ Erdgeschoss
- c) ☐ anderer Stock

(9) Sie haben im Kaufhaus Ihren Regenschirm verloren.
- a) ☐ 2. Stock
- b) ☐ Untergeschoss
- c) ☐ anderer Stock

(10) Sie möchten eine Waschmaschine kaufen.
- a) ☐ 4. Stock
- b) ☐ 2. Stock
- c) ☐ anderer Stock

3 Teil 3

Sie lesen eine E-Mail. Wählen Sie für die Aufgaben 11 bis 15 die richtige Lösung.
Kreuzen Sie an: *a*, *b* oder *c*.

Neue Nachricht

Von: stefanie.lang@gmx.de

An: maria.koenig@gmail.de

Betreff: Alles neu

Liebe Maria,

wie geht es dir?
Mir geht es prima. Stell dir mal vor: Ich habe einen neuen Job und wohne seit zwei Wochen in Berlin!!! Ich bin total glücklich. Ich wollte schon immer in Berlin leben, weil ich die Stadt so toll finde.
Ich wohne in Friedrichshain, das ist ein Viertel, in dem viele Studenten wohnen. Mit dem Fahrrad bin ich in 25 Minuten an meinem Arbeitsplatz, das ist in Ordnung. So treibe ich jeden Tag 50 Minuten Sport und tue etwas für meine Gesundheit. :-)
Ich arbeite in der Personalabteilung einer kleinen Firma, die Spielzeuge aus Holz herstellt. Ihr Konzept ist, dass Kinder mit Spielzeug aus natürlichem Material spielen, denn das ist besser als Kunststoff.
In meinem Job gibt es viele neue Aufgaben. Ich habe eine nette, aber auch strenge Kollegin, die mir hilft und mir regelmäßig Feedback gibt. Wir arbeiten im Moment noch zusammen, aber in der nächsten Woche muss ich schon alleine ein Projekt organisieren. Ich hoffe, ich schaffe das!
Du musst mich unbedingt besuchen. Berlin bietet so viel! Wir können tolle Museen besuchen, in schöne Geschäfte, gute Restaurants und Cafés gehen und am Wochenende können wir eine Fahrradtour nach Brandenburg machen.
Was meinst du? Hättest du Lust, mich im nächsten Monat zu besuchen? Meine Wohnung ist nicht sehr groß, aber für Freunde habe ich immer Platz!

Ganz liebe Grüße
Stefanie

Berlin: Strausberger Platz

Berlin: Skulptur Molecul Man in der Spree

(11) Stefanie
- a) ☐ ist vor zwei Wochen umgezogen.
- b) ☐ wohnt schon lange in Berlin.
- c) ☐ hat einen neuen Job, deshalb wohnt sie nicht mehr in Berlin.

(12) In der Gegend, wo Stefanie wohnt,
- a) ☐ wohnen ganz viele junge Menschen.
- b) ☐ wohnen nicht so viele junge Leute.
- c) ☐ wohnen vor allem ältere Leute.

(13) Stefanie findet den Weg zur Arbeit
- a) ☐ sehr lang.
- b) ☐ okay.
- c) ☐ schön.

(14) In der nächsten Woche muss Stefanie
- a) ☐ ein Projekt präsentieren.
- b) ☐ mit einer Kollegin sprechen.
- c) ☐ alleine arbeiten.

(15) Stefanie schlägt Maria vor,
- a) ☐ dass sie nach Berlin kommt.
- b) ☐ dass sie zusammen in ein Spielzeuggeschäft gehen.
- c) ☐ dass sie zusammen nach einer neuen Wohnung suchen.

4 Teil 4

Sechs Personen suchen im Internet nach Informationen. Lesen Sie die Aufgaben 16 bis 20 und die Anzeigen A bis H. Welche Anzeige passt zu welcher Person? Für eine Aufgabe gibt es keine Lösung. Markieren Sie diese mit X. Die Anzeige aus dem Beispiel können Sie nicht mehr wählen.

▶	Vera sucht ein kinderfreundliches Restaurant.	B
16.	Katja möchte besser kochen.	
17.	Rudolf sucht ein Geschäft, wo er spanischen Schinken kaufen kann.	
18.	Karl möchte vegetarische Rezepte ausprobieren.	
19.	Elvira möchte Informationen über italienische Essgewohnheiten.	
20.	Ina sucht einen Nebenjob in einem Café.	

A – www.rezeptfinder.de

Entdecken Sie neue Rezepte:

- Gerichte mit und ohne Fleisch
- Internationale Küche

Hier geht es zu den Rezepten.

~~B~~ – www.heidis-restaurant.at

Ein Restaurant für die ganze Familie

Heidis Restaurant

- Täglich geöffnet von 17 bis 23 Uhr
- Großer Garten, Terrasse und Spielecke

C – www.alles-fuer-die-kueche.de

Alles für Ihre Küche

Küchengeräte und Küchenmöbel
Günstige Preise, große Auswahl!

Katalog anschauen

D – www.mediterrane-kueche.de

Lebensmittel aus Südeuropa

Spanische, italienische und griechische Produkte

Adresse: Kaiserweg 33

Öffnungszeiten:
Mo-Sa 9.00 bis 17.00 Uhr

E – www.cafe-zille.ch

Unser Café sucht eine/einen

Kellnerin/Kellner

für montags, mittwochs und freitags.
Bewerbungen an:
info@cafe-zille.ch

F – www.mehr-spass-am-kochen.ch

Wir bieten:

Vierwöchige Kochkurse samstags von 9 bis 14 Uhr

Melden Sie sich hier an und haben Sie mehr Spaß am Kochen!

G – www.wir-kochen-fuer-sie.de

Keine Lust aufs Kochen?

Kein Problem.

Unsere Profi-Köche kochen für Sie.

Bestellen Sie unter dieser Nummer: 01577 2859821

H – www.koch-werden.ch

Ausbildung zur/zum

Köchin/Koch

Schicken Sie bitte Ihre Bewerbung an:
ilse.mueller@koch-werden.ch

Hören

Der Hauptteil Hören hat vier Teile. Er dauert etwa 30 Minuten. Sie hören Sendungen aus dem Radio, Gespräche, Nachrichten auf dem Anrufbeantworter und Durchsagen. Lesen Sie zuerst die Aufgaben. Hören Sie dann den Text dazu. Für jede Aufgabe gibt es nur eine richtige Lösung. Wörterbücher und Mobiltelefone sind nicht erlaubt.

1 Teil 1

Sie hören fünf kurze Texte. Sie hören jeden Text zweimal.
Wählen Sie für die Aufgaben 1 bis 5 die richtige Lösung. Kreuzen Sie an: *a*, *b* oder *c*.

2 45

1. Was soll Martin tun?
   a) ☐ in seiner Wohnung nach Tinas Telefon suchen
   b) ☐ ein neues Smartphone kaufen
   c) ☐ schnell nach Hause fahren

2. Was sollen die Passagiere für den Flug nach Athen tun?
   a) ☐ in das Flugzeug einsteigen
   b) ☐ zum Gate gehen
   c) ☐ warten

3. Wann kommt der Monteur?
   a) ☐ am Vormittag
   b) ☐ am Nachmittag
   c) ☐ am Abend

4. Was soll die Frau tun?
   a) ☐ die Sprachschule zurückrufen
   b) ☐ sich zu einem neuen Kurs anmelden
   c) ☐ eine E-Mail an die Sprachschule schicken

5. Welche Information bekommt Frau Müller?
   a) ☐ Sie kann ihre Karten an der Kasse abholen.
   b) ☐ Sie kann die Aufführung zu einem späteren Zeitpunkt sehen.
   c) ☐ Die Aufführung fällt komplett aus.

2 Teil 2

Sie hören ein Gespräch. Sie hören den Text einmal. Was haben die Kollegen am Wochenende gemacht? Wählen Sie für die Aufgaben 6 bis 10 ein passendes Bild aus A bis I. Wählen Sie jeden Buchstaben nur einmal. Sehen Sie sich jetzt die Bilder an.

2 46

A

B

C

D

E

F

G

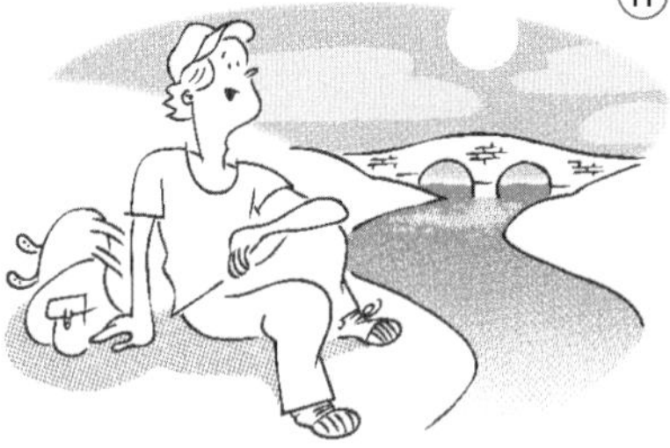
H

I

▶	Josef	A	6.	Karl	☐	7.	Joachim	☐
8.	Stefan	☐	9.	Dimitri	☐	10.	Sebastian	☐

3 Teil 3

Sie hören fünf kurze Gespräche. Sie hören jeden Text einmal.
Wählen Sie für die Aufgaben 11 bis 15 die richtige Lösung. Kreuzen Sie an: *a*, *b* oder *c*.

2 47

11. Was will die Frau nicht in ihrem Salat haben?

a) ☐ Obst   b) ☐ Paprika   c) ☐ Käse

12. Welche Größe hat die Frau?

a) ☐ Größe 36 b) ☐ Größe 38 c) ☐ Größe 40

13. Wo ist Frau Steinbachs Büro?

a) ☐ im 3. Stock b) ☐ im 5. Stock c) ☐ im Erdgeschoss

14. Was schenken die Männer ihrem Freund?

a) ☐ Buch b) ☐ Torte c) ☐ Pflanzen

15. In welchem Raum findet der Spanischkurs statt?

a) ☐ Raum 310 b) ☐ Raum 321 c) ☐ Raum 312

4 **Teil 4**

Sie hören ein Interview. Sie hören den Text zweimal. Wählen Sie für die Aufgaben 16 bis 20 die richtige Lösung. Kreuzen Sie an: *a*, *b* oder *c*. Lesen Sie jetzt die Aufgaben.

2 48

Ⓑ Dorothea Martin ist

a) [X] in Deutschland geboren.
b) [ ] in der Schweiz geboren.
c) [ ] in Österreich geboren.

16. Frau Martin

a) [ ] hat in vielen Städten eine eigene Wohnung.
b) [ ] ist schon sehr oft umgezogen.
c) [ ] hat nur in Berlin und Hamburg gewohnt.

17. Frau Martin fühlt sich inspiriert,

a) [ ] wenn sie neue Leute kennenlernt.
b) [ ] wenn sie bekannte Menschen trifft.
c) [ ] wenn sie ihre alten Freunde wiedersieht.

18. Ihr erstes Buch

a) [ ] war ein Science-Fiction-Roman.
b) [ ] ein Kriminalroman.
c) [ ] ein Märchenbuch.

19. In Deutschland

a) [ ] lesen viele Menschen Krimis.
b) [ ] interessieren sich die meisten Leser für Science-Fiction.
c) [ ] kaufen die Menschen heutzutage nicht so viele Bücher.

20. Der Detektiv Max Müller

a) [ ] ist Familienvater.
b) [ ] hat viele Freunde.
c) [ ] hat ein Haustier.

Schreiben

Der Hauptteil Schreiben hat zwei Teile. Er dauert etwa 30 Minuten. Sie schreiben eine SMS und eine E-Mail. Schreiben Sie bitte deutlich und nicht mit Bleistift.

1 **Teil 1**

Sie haben für heute Abend zwei Konzertkarten und möchten Ihren Freund Simon einladen. Schreiben Sie ihm eine SMS.

- Sagen Sie, warum Sie schreiben.
- Schreiben Sie etwas über das Konzert.
- Nennen Sie einen Ort und eine Uhrzeit für das Treffen.

Schreiben Sie 20 bis 30 Wörter. Schreiben Sie etwas zu allen drei Punkten.

2 **Teil 2**

Ihre Deutschlehrerin, Frau Müller, organisiert eine kleine Party. Sie hat Ihnen eine Einladung geschickt. Schreiben Sie Frau Müller eine E-Mail:

- Bedanken Sie sich und schreiben Sie, dass Sie kommen.
- Fragen Sie, ob Sie helfen können.
- Fragen Sie, ob Sie etwas mitbringen sollen.

Schreiben Sie 30 bis 40 Wörter.

Schreiben Sie etwas zu allen drei Punkten.

Sprechen

Der Hauptteil Sprechen hat drei Teile. Er dauert etwa 15 Minuten.

1 **Teil 1**

Sie bekommen vier Karten und stellen mit diesen Karten vier Fragen. Ihre Partnerin/Ihr Partner antwortet. Dann stellt Ihre Partnerin/Ihr Partner vier Fragen und Sie antworten.

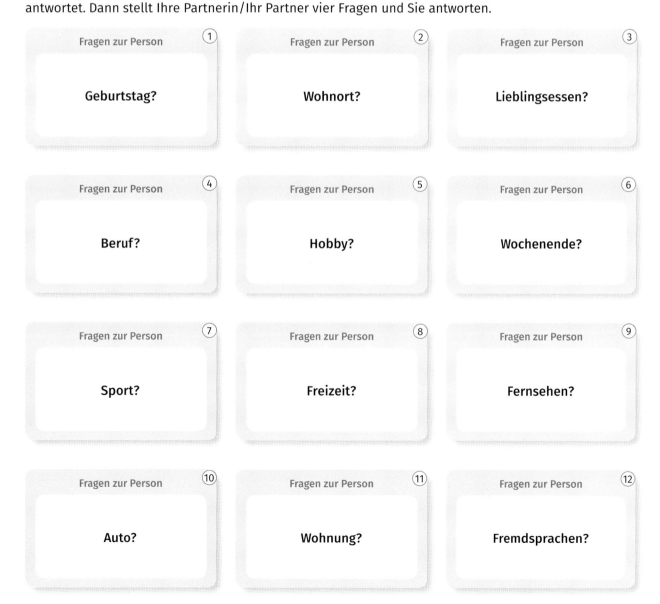

Fragen zur Person ① **Geburtstag?**	Fragen zur Person ② **Wohnort?**	Fragen zur Person ③ **Lieblingsessen?**
Fragen zur Person ④ **Beruf?**	Fragen zur Person ⑤ **Hobby?**	Fragen zur Person ⑥ **Wochenende?**
Fragen zur Person ⑦ **Sport?**	Fragen zur Person ⑧ **Freizeit?**	Fragen zur Person ⑨ **Fernsehen?**
Fragen zur Person ⑩ **Auto?**	Fragen zur Person ⑪ **Wohnung?**	Fragen zur Person ⑫ **Fremdsprachen?**

2 Teil 2

Sie bekommen eine Karte und erzählen etwas über Ihr Leben.
Eine Prüfungsteilnehmerin/Ein Prüfungsteilnehmer bearbeitet Karte A, eine Prüfungsteilnehmerin/ein Prüfungsteilnehmer Karte B.

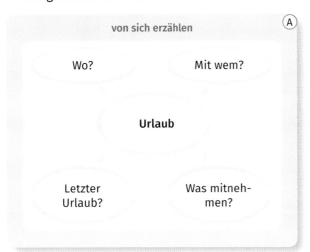

(A) von sich erzählen

Urlaub

- Wo?
- Mit wem?
- Letzter Urlaub?
- Was mitnehmen?

(B) von sich erzählen

Sprachen lernen

- Wo?
- Mit wem?
- Hausaufgaben?
- Lesen? Radio hören? Fernsehen?

3 Teil 3

Ihre Freundin Laura ist krank und liegt zu Hause im Bett. Zusammen mit Ihrer Partnerin/Ihrem Partner wollen Sie sie am Samstag besuchen. Finden Sie einen Termin.

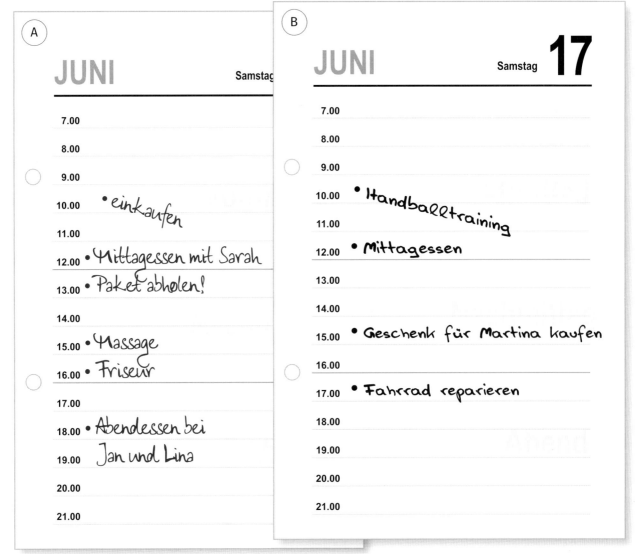

(A) JUNI – Samstag

7.00	
8.00	
9.00	
10.00	• einkaufen
11.00	
12.00	• Mittagessen mit Sarah
13.00	• Paket abholen!
14.00	
15.00	• Massage
16.00	• Friseur
17.00	
18.00	• Abendessen bei
19.00	Jan und Lina
20.00	
21.00	

(B) JUNI – Samstag 17

7.00	
8.00	
9.00	
10.00	• Handballtraining
11.00	
12.00	• Mittagessen
13.00	
14.00	
15.00	• Geschenk für Martina kaufen
16.00	
17.00	• Fahrrad reparieren
18.00	
19.00	
20.00	
21.00	

Übersicht zu den Strukturen

Verben

Gebrauch der Zeitformen

gestern		heute	morgen
Perfekt	Präteritum	Präsens	Präsens
David **hat** frisches Gemüse auf dem Markt **gekauft**.	David **kaufte** frisches Gemüse auf dem Markt.	David **kauft** frisches Gemüse auf dem Markt.	David **kauft** morgen frisches Gemüse auf dem Markt.
▸ Perfekt: ▪ für die Vergangenheit (mündliche Kommunikation und informelle schriftliche Texte)	▸ Präteritum: ▪ für die Vergangenheit (schriftliche Kommunikation) ▪ bei Modalverben sowie bei *haben* und *sein*	▸ Präsens: ▪ für die Gegenwart	▸ Präsens: ▪ für die Zukunft (mit Zeitangabe)

Verben im Präsens

		Verben auf -t/-d	Verben auf -s/-ß/-z	Verben mit Vokalwechsel		
	wohnen	arbeiten	heißen	geben	lesen	fahren
ich	wohne	arbeite	heiße	gebe	lese	fahre
du	wohnst	arbeitest	heißt	gibst	liest	fährst
er/sie/es	wohnt	arbeitet	heißt	gibt	liest	fährt
wir	wohnen	arbeiten	heißen	geben	lesen	fahren
ihr	wohnt	arbeitet	heißt	gebt	lest	fahrt
sie	wohnen	arbeiten	heißen	geben	lesen	fahren
Sie	wohnen	arbeiten	heißen	geben	lesen	fahren

haben, *sein* und *werden* im Präsens

	haben	sein	werden
ich	habe	bin	werde
du	hast	bist	wirst
er/sie/es	hat	ist	wird
wir	haben	sind	werden
ihr	habt	seid	werdet
sie	haben	sind	werden
Sie	haben	sind	werden

Modalverben im Präsens und *möchte-*

	können	müssen	sollen	wollen	dürfen	mögen	*möchte-*
ich	**kann**	**muss**	**soll**	**will**	**darf**	**mag**	möchte
du	**kannst**	**musst**	**sollst**	**willst**	**darfst**	**magst**	möchtest
er/sie/es	**kann**	**muss**	**soll**	**will**	**darf**	**mag**	möchte
wir	können	müssen	sollen	wollen	dürfen	mögen	möchten
ihr	könnt	müsst	sollt	wollt	dürft	mögt	möchtet
sie	können	müssen	sollen	wollen	dürfen	mögen	möchten
Sie	können	müssen	sollen	wollen	dürfen	mögen	möchten

Verben mit Präfix

trennbare Verben (z. B. Verben mit den Präfixen *ab-*, *an-*, *auf-*, *aus-*, *ein-*, *fern-*, *mit-*, *teil-*, *vor-*)	**an**fangen: **auf**stehen: **aus**gehen: **ein**kaufen:	ich fange **an** ich stehe **auf** ich gehe **aus** ich kaufe **ein**
nicht trennbare Verben (z. B. Verben mit den Präfixen *be-*, *ent-*, *ver-*)	**be**ginnen: **ent**wickeln: **ver**einbaren:	ich **be**ginne ich **ent**wickle ich **ver**einbare

Reflexive und teilreflexive Verben

Reflexive Verben haben immer ein Reflexivpronomen.	Ich freue **mich**.	▪ sich bewerben ▪ sich freuen ▪ sich interessieren ▪ sich konzentrieren ▪ sich streiten ▪ sich verlieben
Teilreflexive Verben können mit einem Reflexivpronomen oder einem anderen Akkusativobjekt stehen.	Ich wasche **mich**. Ich wasche **meine Hose**.	▪ sich/jemanden anmelden ▪ sich/jemanden anziehen ▪ sich/jemanden ärgern ▪ sich/jemanden beschäftigen ▪ sich/jemanden duschen ▪ sich/jemanden einschreiben ▪ sich/jemanden erinnern ▪ sich/jemanden treffen ▪ sich/jemanden unterhalten ▪ sich/etwas vorbereiten ▪ sich/jemanden waschen ▪ sich/jemanden weiterbilden

Verben im Perfekt

regelmäßige Verben			wohnen	er hat **ge**wohn**t**
	Verben auf *-d/-t*		landen	er ist **ge**lande**t**
	Verben auf *-ieren*		studieren	er hat studier**t**
	Verben mit Präfix	trennbar	einkaufen	er hat ein**ge**kauf**t**
		nicht trennbar	bezahlen	er hat bezahl**t**

unregelmäßige Verben			trinken fahren	er hat **ge**trunk**en** er ist **ge**fahr**en**
	Verben mit Präfix	trennbar	ausgehen	er ist aus**ge**gang**en**
		nicht trennbar	beginnen	er hat begonn**en**

▸ Bildung: *haben/sein* + Partizip II

Verben im Präteritum

	regelmäßige Verben			unregelmäßige Verben		
	lernen	einkaufen	arbeiten	fahren	teilnehmen	gehen
ich du er/sie/es	lernte lerntest lernte	kaufte ein kauftest ein kaufte ein	arbeitete arbeitetest arbeitete	fuhr fuhrst fuhr	nahm teil nahmst teil nahm teil	ging gingst ging
wir ihr sie	lernten lerntet lernten	kauften ein kauftet ein kauften ein	arbeiteten arbeitetet arbeiteten	fuhren fuhrt fuhren	nahmen teil nahmt teil nahmen teil	gingen gingt gingen
Sie	lernten	kauften ein	arbeiteten	fuhren	nahmen teil	gingen

- Regelmäßige Verben bilden das Präteritum mit -t-: *ich lernte.*
- Unregelmäßige Verben haben im Präteritum einen Vokalwechsel: *wir fahren, wir fuhren.*
- Die 1. und 3. Person Singular sind identisch: *ich lernte, er lernte.*
  Bei unregelmäßigen Verben gibt es keine Endung: *ich fuhr, er fuhr.*

haben, *sein* und *werden* im Präteritum

	haben	sein	werden
ich du er/sie/es	hatte hattest hatte	war warst war	wurde wurdest wurde
wir ihr sie	hatten hattet hatten	waren wart waren	wurden wurdet wurden
Sie	hatten	waren	wurden

Modalverben im Präteritum

	können	müssen	sollen	wollen	dürfen	mögen
ich du er/sie/es	konnte konntest konnte	musste musstest musste	sollte solltest sollte	wollte wolltest wollte	durfte durftest durfte	mochte mochtest mochte
wir ihr sie	konnten konntet konnten	mussten musstet mussten	sollten solltet sollten	wollten wolltet wollten	durften durftet durften	mochten mochtet mochten
Sie	konnten	mussten	sollten	wollten	durften	mochten

Verben im Passiv

	Aktiv	Passiv Präsens	Passiv Präteritum
ich	warne	werde gewarnt	wurde gewarnt
du	warnst	wirst gewarnt	wurdest gewarnt
er/sie/es	warnt	wird gewarnt	wurde gewarnt
wir	warnen	werden gewarnt	wurden gewarnt
ihr	warnt	werdet gewarnt	wurdet gewarnt
sie	warnen	werden gewarnt	wurden gewarnt
Sie	warnen	werden gewarnt	wurden gewarnt

- Verwendung: Im Passivsatz steht die Handlung im Vordergrund, nicht die handelnde Person.
  Umweltforscher warnen vor Gefahren. → *Vor Gefahren wird gewarnt.*
- Bildung: *werden* + Partizip II

Verben im Imperativ

	bleiben	essen	arbeiten
du	**Bleib** (zu Hause)!	**Iss** (viel Obst)!	**Arbeite** (nicht so viel)!
ihr	**Bleibt** (zu Hause)!	**Esst** (viel Obst)!	**Arbeitet** (nicht so viel)!
Sie	**Bleiben Sie** (zu Hause)!	**Essen Sie** (viel Obst)!	**Arbeiten Sie** (nicht so viel)!

Verben im Konjunktiv II: Höfliche Fragen und Bitten

Können Sie mir helfen? → **Könnten** Sie mir helfen?
Wie ist es, wenn wir ins Museum gehen? → Wie **wäre** es, wenn wir ins Museum gehen?
Haben Sie am Montag Zeit? → **Hätten** Sie am Montag Zeit?
Öffnen Sie bitte das Fenster. → **Würden** Sie bitte das Fenster öffnen?

	können	sein	haben	öffnen
ich	könnte	wäre	hätte	würde öffnen
du	könntest	wärst	hättest	würdest öffnen
er/sie/es	könnte	wäre	hätte	würde öffnen
wir	könnten	wären	hätten	würden öffnen
ihr	könntet	wärt	hättet	würdet öffnen
sie	könnten	wären	hätten	würden öffnen
Sie	könnten	wären	hätten	würden öffnen

- Verwendung: Wenn Sie den Konjunktiv II verwenden, klingt die Bitte sehr höflich.
- Bildung: Einige Verben haben besondere Formen im Konjunktiv II:
  sein → *ich wäre* ▪ *haben* → *ich hätte* ▪ *können* → *ich könnte*
  Die meisten Verben benutzen im Konjunktiv II *würde* + Infinitiv: *öffnen* → *ich würde öffnen.*

Verben mit Dativ und Akkusativ

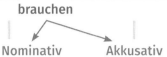

Verben mit Akkusativ Ich **brauche** einen neuen Drucker. brauchen Nominativ Akkusativ	**Verben mit Akkusativ (Frage: Wen? Was?)** ▸ Viele Verben haben eine Ergänzung im Akkusativ, z. B.: ▪ abholen ▪ anrufen ▪ beantworten ▪ begrüßen ▪ besuchen ▪ bezahlen ▪ brauchen ▪ essen ▪ finden ▪ haben ▪ hören ▪ sehen ▪ vereinbaren ▪ möchte-
Verben mit Dativ Frau Müller **hilft** dem Chef. helfen Nominativ Dativ	**Verben mit Dativ (Frage: Wem?)** ▸ Einige Verben stehen mit einer Ergänzung im Dativ, z. B.: ▪ danken ▪ gefallen ▪ gratulieren ▪ helfen ▪ leidtun ▪ passen ▪ schmecken
Verben mit Dativ und Akkusativ Paul **gibt** mir das Dokument. geben Nominativ Dativ Akkusativ	**Verben mit Dativ und Akkusativ (Frage: Wem? Was?)** ▸ Manche Verben haben eine Ergänzung im Dativ und im Akkusativ. Meistens ist das Dativobjekt eine Person und das Akkusativobjekt eine Sache. Bei einigen Verben ist das Dativobjekt nicht obligatorisch. ▪ anbieten ▪ bringen ▪ erklären ▪ geben ▪ schenken ▪ schicken ▪ schreiben ▪ zeigen

Verben mit Präpositionen

sich ärgern über	+ Akkusativ	Frau Müller ärgert sich **über** den Chef.
sich bedanken bei	+ Dativ	Bedankst du dich **bei** der Praktikantin?
sich beschäftigen mit	+ Dativ	Lukas beschäftigt sich **mit** Literatur.
sich bewerben um	+ Akkusativ	Paul bewirbt sich **um** eine Stelle.
sich erinnern an	+ Akkusativ	Erinnern Sie sich **an** Ihre Schulzeit?
sich freuen auf	+ Akkusativ	Wir freuen uns **auf** den Unterricht.
sich interessieren für	+ Akkusativ	Ich interessiere mich **für** Kunst.
sich unterhalten mit	+ Dativ	Lukas unterhält sich **mit** einem Freund.
sich verlieben in	+ Akkusativ	Er hat sich **in** Anna verliebt.
sich vorbereiten auf	+ Akkusativ	Ich bereite mich **auf** die Prüfung vor.

▸ Viele reflexive Verben haben eine Ergänzung mit einer Präposition.

Verben mit lokalen Ergänzungen

Wo? + Dativ	Wohin? + Akkusativ
▪ **liegen** *(es liegt ▪ es lag ▪ es hat gelegen)* Das Buch liegt **unter dem Kopfkissen**.	▪ **legen** *(ich lege ▪ ich legte ▪ ich habe gelegt)* Ich lege das Buch **unter das Kopfkissen**.
▪ **stehen** *(sie steht ▪ sie stand ▪ sie hat gestanden)* Die Vase steht **neben dem Laptop**.	▪ **stellen** *(ich stelle ▪ ich stellte ▪ ich habe gestellt)* Ich stelle die Vase **neben den Laptop**.
▪ **sitzen** *(ich sitze ▪ ich saß ▪ ich habe gesessen)* Ich sitze **auf dem Stuhl**.	▪ **setzen** *(ich setze ▪ ich setzte ▪ ich habe gesetzt)* Ich setze mich **auf den Stuhl**.
▪ **hängen** *(es hängt ▪ es hing ▪ es hat gehangen)* Das Bild hängt **über dem Sofa**.	▪ **hängen** *(ich hänge ▪ ich hängte ▪ ich habe gehängt)* Ich hänge das Bild **über das Sofa**.
▸ Diese unregelmäßigen Verben haben nur eine lokale Ergänzung.	▸ Diese regelmäßigen Verben haben eine lokale Ergänzung und eine Ergänzung im Akkusativ.

Wendungen mit *sein*

geöffnet sein	Das Museum **ist** von 10.00 Uhr bis 18.00 Uhr **geöffnet**.
geschlossen sein	Montags **ist** das Museum **geschlossen**.
bekannt sein	Die Schweiz **ist** für Käse und Schokolade **bekannt**.
beliebt sein	Gummibärchen **sind** in Deutschland sehr **beliebt**.
gesund sein	Süßwaren **sind** nicht **gesund**.
interessant sein	Das Studium **ist** nicht so **interessant**.

Nomengruppe

Nomen und Artikel

	Singular			Plural
	maskulin	feminin	neutral	
bestimmter Artikel	der Tisch	die Lampe	das Telefon	die Bücher
unbestimmter Artikel	ein Tisch	eine Lampe	ein Telefon	-- Bücher
negativer Artikel	kein Tisch	keine Lampe	kein Telefon	keine Bücher
Possessivartikel	mein Tisch	meine Lampe	mein Telefon	meine Bücher
Demonstrativartikel	dieser Tisch	diese Lampe	dieses Telefon	diese Bücher

Kasus

Kasus	Singular			Plural
	maskulin	feminin	neutral	
Nominativ	der Tisch ein Tisch mein Tisch	die Lampe eine Lampe meine Lampe	das Telefon ein Telefon mein Telefon	die Bücher -- Bücher meine Bücher
Akkusativ	den Tisch einen Tisch meinen Tisch			
Dativ	dem Tisch einem Tisch meinem Tisch	der Lampe einer Lampe meiner Lampe	dem Telefon einem Telefon meinem Telefon	den Büchern -- Büchern meinen Büchern
Genitiv	des Tisches eines Tisches meines Tisches	der Lampe einer Lampe meiner Lampe	des Telefons eines Telefons meines Telefons	der Bücher -- Bücher meiner Bücher

Nomen: Singular und Plural

Singular	Plural	
die Lampe die Zeitung	die Lampen die Zeitungen	▸ Endung: -(e)n
der Tisch der Stuhl	die Tische die Stühle	▸ Endung: -e (+ Umlaut)
der Drucker der Apfel	die Drucker die Äpfel	▸ Endung: – (+ Umlaut)
das Handy der Laptop	die Handys die Laptops	▸ Endung: -s
das Bild das Buch	die Bilder die Bücher	▸ Endung: -er (+ Umlaut)

Possessivartikel

		Singular			Plural
		maskulin	feminin	neutral	
Singular	ich und du und er/es und sie und	mein Vater dein Vater sein Vater ihr Vater	meine Tasche deine Tasche seine Tasche ihre Tasche	mein Auto dein Auto sein Auto ihr Auto	meine Freunde deine Freunde seine Freunde ihre Freunde
Plural	wir und ihr und sie und	unser Vater euer Vater ihr Vater	unsere Tasche eure Tasche ihre Tasche	unser Auto euer Auto ihr Auto	unsere Freunde eure Freunde ihre Freunde
formell	Sie und	Ihr Vater	Ihre Tasche	Ihr Auto	Ihre Freunde

Komposita

das Auto	+	der Schlüssel	=	**der** Autoschlüssel
das Gemüse	+	die Suppe	=	**die** Gemüsesuppe
der Wein	+	das Glas	=	**das** Weinglas

▸ Das letzte Nomen bestimmt den Artikel.

Pronomen

Personalpronomen

		Nominativ	Akkusativ	Dativ
Singular	1. Person	ich	mich	mir
	2. Person	du	dich	dir
	3. Person	er sie es	ihn sie es	ihm ihr ihm
Plural	1. Person 2. Person 3. Person	wir ihr sie	uns euch sie	uns euch ihnen
formell		Sie	Sie	Ihnen

Reflexivpronomen

Marie freut **sich** über das Geschenk.

Singular	ich	freue	mich
	du	freust	dich
	er/sie/es	freut	sich
Plural	wir	freuen	uns
	ihr	freut	euch
	sie	freuen	sich
formell	Sie	freuen	sich

Relativpronomen

Der bekannteste Student war Martin Luther, **der** hier von 1501 bis 1505 studierte.

	Singular			Plural
	maskulin	feminin	neutral	
Nominativ	der	die	das	die
Akkusativ	den	die	das	die
Dativ	dem	der	dem	**denen**

Adjektive

Komparation

	Positiv	Komparativ	Superlativ	
	klein schön	klein**er** schön**er**	**am** klein**sten** **am** schön**sten**	das klein**ste** Haus das schön**ste** Haus
-t -er	preiswert teuer	preiswert**er** teu**rer**	**am** preiswert**esten** **am** teuer**sten**	die preiswert**este** Stadt die teuer**ste** Stadt
a → ä o → ö u → ü	alt groß warm	**ä**lt**er** gr**ö**ß**er** w**ä**rm**er**	**am ä**lt**esten** **am** gr**ö**ß**ten** **am** w**ä**rm**sten**	die **ä**lt**este** Stadt das gr**ö**ß**te** Haus das w**ä**rm**ste** Zimmer
Sonderformen	hoch gut viel	**höher** **besser** **mehr**	**am höchsten** **am besten** **am meisten**	die **höchsten** Preise das **beste** Haus die **meisten** Mieter

Vergleiche

Die Schweiz ist **so groß wie** die Niederlande.
Im Osten sind die Wohnungen **preiswerter als** im Westen.

Deklination

<table>
<tr><th rowspan="2">Kasus</th><th colspan="3">Singular</th><th rowspan="2">Plural</th></tr>
<tr><th>maskulin</th><th>feminin</th><th>neutral</th></tr>
<tr><td>Nominativ</td><td>der Schinken
ein spanischer Schinken
der spanische Schinken
spanischer Schinken</td><td rowspan="2">die Milch
eine fettarme Milch
die fettarme Milch
fettarme Milch</td><td rowspan="2">das Bier
ein helles Bier
das helle Bier
helles Bier</td><td rowspan="2">die Kräuter
die frischen Kräuter
frische Kräuter</td></tr>
<tr><td>Akkusativ</td><td>den Schinken
einen spanischen Schinken
den spanischen Schinken
spanischen Schinken</td></tr>
<tr><td>Dativ</td><td>dem Schinken
einem spanischen Schinken
dem spanischen Schinken
spanischem Schinken</td><td>der Milch
einer fettarmen Milch
der fettarmen Milch
fettarmer Milch</td><td>dem Bier
einem hellen Bier
dem hellen Bier
hellem Bier</td><td>den Kräutern
den frischen Kräutern
frischen Kräutern</td></tr>
</table>

Präpositionen

Temporalangaben

Zeitpunkt: Wann?

<table>
<tr><td>um</td><td>+ Akkusativ</td><td colspan="2">Ich komme um 8.00 Uhr. (Uhrzeit)</td></tr>
<tr><td>an</td><td rowspan="4">+ Dativ</td><td>Der Kurs ist am Montag/Wochenende. (Tage/Tageszeiten)</td><td>an dem → am</td></tr>
<tr><td>in</td><td>Im Moment habe ich keine Zeit.
Im Januar/Winter fahre ich gern Ski. (Monate/Jahreszeiten)</td><td>in dem → im</td></tr>
<tr><td>vor
nach</td><td colspan="2">Die Besprechung ist vor/nach dem Mittagessen.</td></tr>
<tr><td>bei</td><td>Beim Kaffeetrinken reden wir oft über den Chef.</td><td>bei dem → beim</td></tr>
<tr><td>während</td><td>+ Genitiv</td><td colspan="2">Was machen Sie während der Arbeitszeit?</td></tr>
<tr><td>zwischen</td><td>+ Dativ</td><td colspan="2">Der Klempner kommt zwischen 9.00 und 10.00 Uhr.</td></tr>
</table>

Zeitdauer: Wie lange?

<table>
<tr><td>von</td><td>+ Dativ</td><td rowspan="2">Die Besprechung dauert von 11.00 bis 12.00 Uhr.</td></tr>
<tr><td>bis</td><td>+ Akkusativ</td></tr>
<tr><td>seit</td><td>+ Dativ</td><td>Ich lerne seit neun Monaten Deutsch.</td></tr>
</table>

Lokalangaben

Richtung: Wohin? Woher?

an	+ Akkusativ	Ich fahre **an den** Bodensee. *(Wasser)*	
auf	+ Akkusativ	Ich fahre **auf die** Insel Kreta. *(Inseln)*	
aus	+ Dativ	Ich komme **aus der** Schweiz. *(Herkunft)*	
in	+ Akkusativ	Ich fahre **in die** Türkei. *(Länder mit Artikel)* Ich gehe **in die** Bibliothek.	
nach	+ Dativ	Ich fahre **nach** Spanien/Berlin. *(Länder ohne Artikel und Städte)* Ich fahre **nach** Hause.	
zu	+ Dativ	Ich fahre **zur** Arbeit/**zum** Bahnhof. *(Richtung)*	zu der → zur zu dem → zum

Ort: Wo?

an	+ Dativ	Die Waschmaschine steht **am** Fenster.	an dem → am
auf	+ Dativ	Das Waschmittel steht **auf der** Waschmaschine.	
bei	+ Dativ	Ich bin **bei meiner** Tante. *(Personen)*	
in	+ Dativ	Ich arbeite **in der** Bibliothek.	
innerhalb	+ Genitiv	Die Altstadt befindet sich **innerhalb der** alten Stadtmauer.	
hinter neben vor	+ Dativ	Das Hemd liegt **hinter/neben/vor der** Waschmaschine.	
über	+ Dativ	Der Spiegel hängt **über dem** Waschbecken.	
unter	+ Dativ	Der Schrank steht **unter dem** Waschbecken.	
zwischen	+ Dativ	Das Handtuch hängt **zwischen dem** Waschbecken **und der** Waschmaschine.	

Weitere Angaben

mit	+ Dativ	Wir fahren **mit dem** Zug.	
von	+ Dativ	Das ist das Handy **vom** Chef.	von dem → vom
für	+ Akkusativ	Fahrkarten **für den** Zug sind teuer.	
gegen	+ Akkusativ	Ich nehme Tabletten **gegen** Kopfschmerzen.	
laut	+ Genitiv	**Laut** Statistik sank die Anzahl der Straftaten.	
ohne	+ Akkusativ	Ich trinke Kaffee **ohne** Milch und Zucker.	

Übersicht nach Kasus

mit dem Dativ	mit dem Akkusativ	mit Dativ oder Akkusativ	mit Genitiv
▪ aus ▪ bei ▪ mit ▪ nach ▪ seit ▪ von ▪ zu	▪ bis ▪ durch ▪ für ▪ gegen ▪ ohne ▪ um	▪ an ▪ auf ▪ hinter ▪ in ▪ neben ▪ über ▪ unter ▪ vor ▪ zwischen	▪ innerhalb ▪ laut ▪ während

Kurzformen:

an dem = am	an das = ans	bei dem = beim	in dem = im
in das = ins	von dem = vom	zu dem = zum	zu der = zur

Adverbien

Fragewörter

Zeitpunkt	Wann?	**Wann** fährt der Zug nach Berlin?
Zeitdauer	Wie lange?	**Wie lange** dauert das Konzert?
Ort	Wo?	**Wo** ist der Bahnhof?
Richtung	Woher? Wohin?	**Woher** kommst du und **wohin** gehst du?
Art und Weise	Wie?	**Wie** geht es dir?
Häufigkeit	Wie oft?	**Wie oft** gehst du ins Kino?
Anzahl	Wie viel?	**Wie viel** kostet ein Stück Käsekuchen?
Grund	Warum?	**Warum** hast du nicht gelernt?

Adverbien

Zeit	montags, dienstags morgens, abends jetzt, gleich heute, morgen zuerst, danach	**Montags** spiele ich Tennis. Frau Müller sieht **abends** fern. Ich habe **jetzt** keine Zeit. Wir gehen **gleich** ins Museum. Was machst du **morgen**? **Zuerst** frühstücke ich, **danach** gehe ich ins Büro.
Ort	geradeaus links, rechts	Gehen Sie **geradeaus**. An der Kreuzung fahren Sie nach **links**.
Häufigkeit	immer, oft, meistens, manchmal, selten, nie einmal, zweimal	Die Züge haben **immer/oft/meistens/manchmal/selten/nie** Verspätung. Hören Sie den Text **zweimal**.
Art und Weise	gern/gerne	Ich spiele **gern/gerne** Fußball.
Graduierung	sehr ein bisschen	Das Essen schmeckt **sehr** gut. Ich spreche **ein bisschen** Deutsch.

Einfache Sätze

Aussagesätze

Position 1	Position 2	Mittelfeld	Satzende
Frau Müller	**arbeitet**	als Assistentin in einer großen Firma.	
Sie	**druckt**	jeden Tag viele Dokumente	**aus.**
Sie	**muss**	auch viele E-Mails	**schreiben.**
Gestern Abend	**hat**	**Frau Müller** einen Krimi	**gelesen.**

Fragesätze

Position 1	Position 2	Mittelfeld	Satzende
Wo	**arbeitet**	**Frau Müller**?	
Hat	**Frau Müller**	gestern viele E-Mails	**geschrieben?**

Stellung der Ergänzungen im Satz

Position 1	Position 2	Mittelfeld	Satzende	
Martina Peter	will möchte	den Gästen die neue Kaffeemaschine ihnen das Haus	erklären. zeigen.	▸ Die Dativergänzung steht vor der Akkusativergänzung.
Paul	hat	es ihnen aber schon	gezeigt.	▸ Bei zwei Pronomen steht der Akkusativ vor dem Dativ.
Wir Martina	gratulieren erinnert	dir zum Geburtstag. ihren Mann an den Hochzeitstag.		▸ Eine Dativ- oder Akkusativergänzung steht vor präpositionalen Ergänzungen.
Wir	schenken	dem Brautpaar zur Hochzeit eine Lampe.		▸ Bei Dativ- und Akkusativergänzung steht die Ergänzung mit der Präposition zwischen Dativ und Akkusativ.

Negation

kein-	Ich trinke **keinen** Alkohol.	▸ nur vor Nomen
nicht	Ich trinke den Kaffee **nicht**.	▸ zur Negation von Sätzen oder Satzteilen

Position von *nicht*

am Satzende	Ich esse den Salat **nicht**.
vor dem Infinitiv	Ich kann heute **nicht** kochen.
vor bestimmten Adjektiven und Adverbien	Der Salat schmeckt **nicht** gut. Ich koche **nicht** gern.
vor lokalen Angaben	Wir fahren heute **nicht** nach Köln.

Zusammengesetzte Sätze

Hauptsatz – Hauptsatz: Verbindung mit Konjunktion

Addition	Marie lernt gern Sprachen	**und**	sie treibt viel Sport.
Alternative	Die Deutschen sitzen auf der Couch	**oder**	sie surfen im Internet.
Adversativangabe (Gegensatz)	Früher haben die Menschen im Garten gearbeitet,	**aber**	heute sitzen sie nur noch auf der Couch.
Kausalangabe (Grund)	Ich nehme eine Tablette,	**denn**	ich habe Kopfschmerzen.

Hauptsatz – Hauptsatz: Verbindung mit Konjunktionaladverb

Kausalangabe (Grund)	Ich fühle mich nicht wohl,	**deshalb** gehe ich jetzt nach Hause.
Konzessivangabe (Gegengrund/Einschränkung)	Ich fühle mich nicht wohl,	**trotzdem** bleibe ich im Büro.

Hauptsatz – Nebensatz: Verbindung mit Subjunktion

Kausalangabe (Grund)	Ich gehe jetzt nach Hause,	**weil** ich mich nicht wohlfühle.
Konzessivangabe (Gegengrund/Einschränkung)	Ich bleibe im Büro,	**obwohl** ich mich nicht wohlfühle.
Konditionalangabe (Bedingung)	Ich lerne viel,	**wenn** ich eine Prüfung habe.
Finalangabe (Ziel)	Ich wiederhole jeden Tag Vokabeln,	**damit** ich die Wörter nicht vergesse.
Temporalangabe (Zeit)	Ich höre Radio, Ich habe ihn besucht,	**wenn** ich Auto fahre. **als** ich in München war.

Dass-Sätze

Hauptsatz	Nebensatz
Ich weiß, 50 Prozent der Deutschen sagen,	**dass** Frau Müller heute nicht ins Büro kommt. **dass** sie zum Essen zu wenig Zeit haben.

Infinitiv mit *zu*

Es ist nicht leicht, einen Termin beim Facharzt **zu bekommen**.
Ich habe keine Lust, mein Zimmer **aufzuräumen**.

Indirekte Fragesätze

	direkte Frage	indirekte Frage
mit Fragewort	**Wann** kommt der Monteur?	Weißt du, **wann** der Monteur kommt? Ich weiß nicht, **wann** der Monteur kommt.
ohne Fragewort	Kommt der Monteur heute?	Weißt du, **ob** der Monteur heute kommt? Ich weiß nicht, **ob** der Monteur heute kommt.

Relativsätze

Nominativ	Akkusativ	Dativ
der Mann, **der** hier studiert hat	der Mann, **den** ich in Wien getroffen habe	der Mann, **dem** ich mein Auto geliehen habe
die Frau, **die** schon lange hier lebt	die Frau, **die** ich gut kenne	die Frau, **der** ich Blumen geschenkt habe
das Kind, **das** nebenan wohnt	das Kind, **das** ich jeden Tag sehe	das Kind, **dem** ich geholfen habe

- Relativpronomen richten sich in Genus und Numerus nach dem Bezugswort im Hauptsatz, im Kasus nach der Funktion im Relativsatz.

Lösungen

Kapitel 7

Hauptteil

2 **Transkription Hörtext:** *Warum lernen Sie Deutsch?*
1. Ich heiße Mario und ich komme aus Italien. Ich studiere Bauingenieurwesen an der Universität in Mailand. Ich will an der Technischen Universität München meinen Master machen. Das Masterstudium ist auf Englisch, aber ich brauche etwas Deutsch für den Alltag in Deutschland.
2. Ich bin Bertus aus Amsterdam. Ich habe mich in eine deutsche Frau verliebt. Sie heißt Julia und wohnt in Berlin. Ich möchte mich mit der Familie und mit den Freunden von Julia gern auf Deutsch unterhalten. Später, wenn wir mal verheiratet sind, wollen wir vielleicht in Berlin leben.
3. Ich bin Beatrice. Ich komme aus Frankreich und wohne jetzt in Brüssel. Ich arbeite bei einer europäischen Organisation und muss drei Amtssprachen sprechen. Meine Muttersprache ist Französisch, ich spreche außerdem sehr gut Englisch und lerne jetzt Deutsch als dritte Sprache. Ich finde es gut, wenn ich mit meinen deutschen Kollegen ein bisschen Deutsch sprechen kann. Ich habe Deutsch schon in der Schule gelernt, aber leider habe ich fast alles wieder vergessen.
4. Ich bin Sofia. Ich wohne in Santiago de Chile und arbeite als Übersetzerin. Meine Muttersprache ist Spanisch. Französisch und Englisch spreche ich fließend. Wenn ich jetzt noch Deutsch lerne, habe ich bessere Chancen auf dem Arbeitsmarkt. Dann kann ich auch für deutsche Firmen Texte übersetzen.
a) 1. falsch **2.** richtig **3.** richtig **4.** falsch **5.** falsch **6.** richtig **7.** richtig **8.** richtig
b) 1. Mario lernt Deutsch, weil er die Sprache für den Alltag in Deutschland braucht. **2.** Bertus macht einen Deutschkurs, weil er sich in eine deutsche Frau verliebt hat. **3.** Bertus ist motiviert, weil er sich mit der Familie seiner Freundin unterhalten will. **4.** Beatrice muss drei Amtssprachen sprechen, weil sie bei einer europäischen Organisation arbeitet. **5.** Beatrice lernt Deutsch noch einmal, weil sie alles wieder vergessen hat. **6.** Sofia lernt Deutsch, weil sie ihre Chancen auf dem Arbeitsmarkt verbessern will.

5 **a) 1.** b **2.** b **3.** c **4.** c
b) Aserbaidschanisch, Englisch, Deutsch, Italienisch, Russisch, Suaheli, Türkisch, Urdu, Hindi, Sanskrit, Irisch, Maltesisch, Litauisch, Bulgarisch, Albanisch
c) 1. g **2.** i **3.** a **4.** c **5.** e **6.** b **7.** d **8.** h
d) 1. die Sprachenpolitik **2.** die Sprachkenntnisse **3.** der Arbeitsmarkt **4.** das Nachbarland **5.** die Muttersprache **6.** der Beitrittskandidat **7.** die Fremdsprache **8.** die Freizeit **9.** das Sprachgenie

6 **b) 1.** Damit Max mit anderen Leuten zusammen lernen kann **2.** damit sie das Land besser kennenlernt. **3.** damit man gute Chancen auf dem Arbeitsmarkt hat. **4.** Damit Frau Müller die richtigen Wörter findet **5.** Damit Claudia mit den italienischen Kollegen besser kommunizieren kann **6.** damit alle den Inhalt verstehen.

8 **a)** Moskau – Russland, Tokio – Japan, Washington – die Vereinigten Staaten (die USA), Ankara – die Türkei, Athen – Griechenland, Khartum – der Sudan
b) maskulin: der Sudan | **feminin:** die Türkei; Ich komme aus der Schweiz. Ich fahre in die Schweiz. | **neutral:** Russland, Japan, Griechenland; Ich komme aus Frankreich. Ich fahre nach Frankreich | **Plural:** die Vereinigten Staaten (die USA)

9 **Transkription Hörtext:** *Urlaubsplanung*
Hans: Liebling, wir müssen langsam unseren Urlaub planen. Die Reisen werden immer teurer. | **Eva:** Gut, wenn du willst. | **Hans:** Also, wohin fahren wir in diesem Sommer? Wieder nach Griechenland? | **Eva:** Nein, Schatz, in Griechenland ist es immer so warm. Ich möchte lieber nach Kanada fahren. | **Hans:** Nach Kanada? Was willst du in Kanada machen? Bären beobachten? | **Eva:** Nein, aber wir können uns dort ein Auto mieten und das Land entdecken. In Kanada gibt es tolle Wälder, Seen und interessante Städte. Ich nehme meine neue Angel mit und wir können angeln gehen! Das wird ein richtiger Abenteuerurlaub! | **Hans:** Auf gar keinen Fall! Erstens ist Kanada viel zu weit weg, der Flug dauert viel zu lange und es ist dort viel zu kalt. Zweitens möchte ich im Urlaub nicht mit dem Auto fahren, nicht in den Wald gehen und auch nicht angeln! | **Eva:** Was möchtest du denn dann machen, Hans? | **Hans:** Ich möchte in einem schönen Hotel wohnen, am Pool liegen, einen Krimi lesen und in guten Restaurants essen. Ich möchte mich erholen! | **Eva:** Das ist doch total langweilig! | **Hans:** Immer, wenn ich etwas mag, findest du das langweilig! Ich möchte auf jeden Fall in ein warmes Land fahren. | **Eva:** Dann fahren wir nach Portugal: Dort gibt es gute Wanderwege, es ist warm und wir können in einem schönen Hotel wohnen. | **Hans:** Na gut, Liebling, Portugal ist eine gute Alternative. Aber wandern musst du alleine. Ich gehe an den Strand und lese meine Bücher. | **Eva:** Ich fahre doch nicht mit dir in den Urlaub und gehe dort alleine wandern! Dann sollten wir vielleicht besser zu Hause bleiben. Im Sommer ist es auch in Deutschland warm, ich gehe wandern und du liest deine Bücher. Und das Beste dabei ist: Der Urlaub kostet nichts. | **Hans:** Zu Hause bleiben ist doch kein Urlaub! ... Dann gehe ich lieber mit dir in Portugal wandern.
a) 1. richtig **2.** falsch **3.** richtig **4.** falsch **5.** richtig **6.** falsch
b) 1. mieten **2.** interessante Städte **3.** weit weg, lange **4.** dem Auto fahren **5.** liegen **6.** (total) langweilig **7.** Wanderwege **8.** kostet nichts **9.** Portugal

10 **b) 1.** wandern, Pilze suchen, spazieren gehen **2.** Blumen pflücken, Picknick machen **3.** spazieren gehen, Picknick machen **4.** Ski fahren, wandern, auf einen Berg steigen/klettern **5.** angeln, schwimmen, Kajak fahren, mit dem Boot fahren, rudern, segeln **6.** angeln, Kajak fahren, mit dem Boot fahren, rudern **7.** schwimmen, tauchen, mit dem Boot fahren, segeln **8.** sich sonnen, spazieren gehen

12 **b) 1.** Ich nehme meinen Führerschein mit, damit ich ein Auto mieten kann. **2.** Ich nehme eine Angel mit, damit ich angeln kann. **3.** Ich nehme (eine) Sonnencreme mit, damit ich mich vor der Sonne schützen kann. **4.** Ich nehme mein Tablet mit, damit ich E-Mails checken kann. **5.** Ich nehme mein Smartphone mit, damit ich mit der Familie telefonieren kann. **6.** Ich nehme einen Reiseführer mit, damit ich mich über das Urlaubsland informieren kann.

13 **b) Beispielsätze:** In dem Text steht, dass die meisten Menschen mit dem Flugzeug in den Urlaub fliegen. Auf dem zweiten Platz folgt das Auto. Bus und Bahn nutzen nicht so viele Menschen für ihre Urlaubsreisen.
d) 1. die Sicherheitskontrolle **2.** der Informationsschalter **3.** der Check-in-Schalter **4.** der Sitzplatz **5.** die Fahrkartenkontrolle **6.** die Haltestelle **7.** das Flugticket **8.** die Tankstelle **9.** die Passkontrolle **10.** die Verkehrskontrolle **11.** das Bahnticket

14 **Transkription Hörtext:** *Verkehrsdurchsagen* **1.** Achtung: Sicherheitshinweis. Bitte lassen Sie Ihr Gepäck nicht unbeaufsichtigt. Melden Sie allein stehende Gepäckstücke und Gegenstände dem Sicherheitspersonal. **2.** Achtung: Es gibt eine Gate-Änderung für den Flug LH 5263 nach Rom. Bitte gehen Sie zu Flugsteig A24. Fluggäste nach Rom, bitte zu Flugsteig A24. **3.** Sehr geehrte Reisende, leider kann der Zug nicht nach Erfurt weiterfahren. Durch den Sturm liegen zahlreiche Bäume auf den Gleisen. Bitte steigen Sie hier aus. Sie können zur Weiterfahrt nach Erfurt die

Ersatzbusse der Deutschen Bahn benutzen. Die Busse stehen am Ausgang des Bahnhofs für Sie bereit.
4. Wir erreichen in Kürze Leipzig Hauptbahnhof. Es gibt folgende Anschlusszüge: Intercity nach Frankfurt, Abfahrt 12.34 Uhr von Gleis 4, Intercity nach Hamburg, Abfahrt 12.38 Uhr von Gleis 8, Regionalexpress nach Dresden, Abfahrt 12.42 Uhr von Gleis 14. Der Intercity nach München, planmäßige Abfahrtszeit 12.43 Uhr, hat voraussichtlich 30 Minuten Verspätung.
5. Hier ist eine Information für die Besucher des Fußballländerspiels Deutschland gegen Italien. Am Bahnhofsausgang Südseite stehen kostenlose Sonderbusse zum Stadion bereit. Sie können auch mit den Straßenbahnen 8 und 15 Richtung Grünau fahren. Steigen Sie an der Haltestelle Sportforum aus. Die Haltestelle der Straßenbahn befindet sich am Ausgang Süd.
1. a **2.** b **3.** b **4.** b **5.** c

15 **Beispiel-SMS: Eva:** Hallo Eva, komme eine halbe Stunde später. Der Zug fährt nicht, komme mit dem Bus. Bis dann. **Paul Ehrmann:** Lieber Herr Ehrmann, es gab einen Unfall auf der Autobahn und ich stehe leider im Stau. Ich kann sicher nicht um 10.00 Uhr im Büro sein. Ich melde mich später noch einmal. Max Grünspan **Anna:** Hallo Anna, habe schlechte Nachrichten: Die Piloten in Athen streiken, komme heute vielleicht nicht mehr nach Berlin, eventuell musst du den Vortrag alleine halten. Tut mir leid. Ich melde mich nochmal. Juliane

17 **a) 1.** einen kurzen; Akkusativ **2.** Der kurze; Nominativ **3.** ein kleines; Akkusativ **4.** einer großen; Dativ **5.** einem schönen; Dativ **b) Nominativ maskulin:** der kurze Ausflug | **Akkusativ maskulin:** den kurzen, einen kurzen Ausflug | **Dativ feminin:** einer großen Insel | **Dativ neutral:** einem schönen Hotel **c) 1.** dem warmen Süden **2.** die wunderschöne Schweiz **3.** einem sehr guten Hotel **4.** einem tollen Ausblick **5.** einen langen Spaziergang **6.** einem gemütlichen Restaurant

19 **b)** Reisegedanken, drei, Sauseschritt, wir, werden, älter, träger, müder, kälter, erkennt, begreifen, Freunde, der, Natur, Reisen, Kultur, Darum

Vertiefungsteil

Ü1 **1.** Barbara lernt Spanisch, damit sie in Madrid in der Landessprache kommunizieren kann. **2.** Joachim hat eine externe Festplatte für seinen Computer gekauft, damit er mehr Speicherplatz hat. **3.** Paula trifft sich zweimal in der Woche mit Marek, damit sie ein bisschen Polnisch üben kann. **4.** Ingo hat alle Termine abgesagt, damit er sich auf seine Prüfung konzentrieren kann. **5.** Ben macht seine Hausaufgaben in der Mittagspause, damit er abends frei hat. **6.** Wir haben einen Spezialisten gefragt, damit wir schnell eine Lösung für das Problem finden.

Ü2 **1.** weil **2.** damit **3.** damit **4.** Wenn **5.** dass **6.** dass **7.** damit **8.** weil

Ü3 **a) 1.** Du solltest dich mit Freunden oft auf Deutsch unterhalten. **2.** Du solltest dich jeden Tag mit der neuen Sprache beschäftigen. **3.** Du solltest dich auch für deutsche Literatur interessieren. **4.** Du solltest dich nicht über lange Wörter ärgern. **5.** Du solltest dich über kleine Erfolge freuen. **b) 1.** Ihr solltet euch über das Reiseland informieren. **2.** Ihr solltet einige Wörter in der Landessprache lernen. **3.** Ihr solltet rechtzeitig ein Hotelzimmer buchen. **4.** Ihr solltet hilfreiche Apps herunterladen. **5.** Ihr solltet andere Leute nach ihren Erfahrungen fragen. **6.** Ihr solltet eine Liste mit Sehenswürdigkeiten erstellen.

Ü4 **Wir waren:** im Gebirge, im Wald, in der Schweiz, im Zoo | **Wir fahren/gehen:** in die Türkei, nach Spanien, in ein warmes Land, in den Wald, auf eine einsame Insel

Ü5 in, auf, in, in, in, auf, am, nach, nach, aus

Ü6 **1.** spazieren gegangen **2.** gesucht **3.** gefahren **4.** geangelt **5.** geschwommen **6.** gepflückt **7.** gekauft **8.** gelernt

Ü7 **1.** Am Mittwochnachmittag haben wir den Botanischen Garten besucht. **2.** In dieser Stadt gibt es keinen Zoo. **3.** Man kann die Insel mit dem Segelboot erreichen. **4.** Habt ihr einen Flug nach Griechenland gebucht? **5.** Unter den beliebtesten Verkehrsmitteln belegt das Flugzeug den ersten Platz. **6.** Ich nehme meinen Reisepass immer mit. **7.** Wir wollen im Urlaub ein Abenteuer erleben. **8.** Machst du wieder einen Ausflug auf die Blumeninsel?

Ü8 **a) 1.** in eine kleine Stadt **2.** in einen tollen Abenteuerpark **3.** in ein charmantes Dorf **4.** an die spanische Küste **5.** auf eine einsame Insel **b) 1.** in einem ausgezeichneten Hotel **2.** an der französischen Küste **3.** in einer kleinen Stadt **4.** auf einer einsamen Insel **5.** in einem dunklen Wald

Ü9 **Lösungswort:** Verspätung **1.** VERKEHRSMITTEL **2.** STRASSENBAHN **3.** FAHRKARTE **4.** HALTESTELLE **5.** PARKPLATZ **6.** GATE-ÄNDERUNG **7.** TANKSTELLE **8.** ZUG **9.** AUTOBAHN **10.** FLUGZEUG

Ü10 **1.** Flugsteig **2.** Sturm, Bäume **3.** Ersatzbusse **4.** Ausgang **5.** Anschlusszug, Gleis **6.** Sonderbusse **7.** Richtung **8.** Staus, Autobahnen **9.** Unfall, Hinweisschilder

Abschlusstest

T1 **1. Lernstil:** Du solltest deinen persönlichen Lernstil finden. **2. Wörter:** Sie sollten neue Wörter regelmäßig wiederholen. **3. Sprache:** Sie sollten sich jeden Tag mit der Sprache beschäftigen. **4. Angst:** Ihr solltet keine Angst vor Fehlern haben. *(4 x 2 P.)*

T2 **1.** damit er sein Spanisch nicht vergisst. **2.** damit sie bessere Chancen auf dem Arbeitsmarkt haben. *(2 x 1 P.)*

T3 **a) 1.** entdecken **2.** erleben **3.** pflücken **4.** fahren **5.** steigen **6.** sonnen *(6 x 1 P.)*
b) 1. auf eine Insel **2.** in die Schweiz **3.** nach Bulgarien **4.** in die Niederlande **5.** im Wald **6.** in der Schweiz **7.** in einem Restaurant **8.** im Park *(8 x 0,5 P.)*

Kapitel 8

Hauptteil

1 **c) 1.** a (h) (i) **2.** f **3.** i (a) (h) **4.** d **5.** b **6.** e **7.** g (c) **8.** h

2 **Transkription Hörtexte:** *Tun Sie manchmal zwei Dinge gleichzeitig?*
Petra: Ob ich manchmal zwei Dinge gleichzeitig tue? Ja, natürlich. Zum Beispiel bügle ich Wäsche, wenn ich fernsehe. Dann finde ich das Bügeln nicht so langweilig. Ich telefoniere beim Fernsehen auch manchmal mit meiner Mutter oder mit Freunden.
Birgit: Ich höre beim Kochen gern Musik, am liebsten Opern. Das inspiriert mich. Wenn ich fernsehe, checke ich oft meine E-Mails, manche E-Mails beantworte ich auch gleich.
Luca: Wenn ich frühstücke, lese ich auf meinem Tablet die Nachrichten. Das mache ich jeden Morgen. Außerdem höre ich beim Laufen Musik. Das motiviert mich, dann laufe ich schneller.
Yannick: Wenn ich an der Uni Vorlesung habe, sende ich oft Nachrichten an meine Freunde. Leider höre ich dann nicht richtig zu und bekomme in der Prüfung eine schlechte Note. Aber wenn die Vorlesung sehr langweilig ist ... was soll man da machen?
Jan: Ich mache viele Dinge gleichzeitig. Wenn ich Auto fahre, telefoniere ich mit Kunden, über die Freisprechanlage natürlich. Dann muss ich die Gespräche nicht im Büro führen und spare Zeit. Beim Mittagessen lese ich oft Berichte oder spreche mit Kollegen. Ich habe viel zu tun und wenig Zeit.
a) 1. fernsieht, beim Fernsehen **2.** beim Kochen, fernsieht, beantwortet **3.** frühstückt, beim Laufen **4.** eine Vorlesung hat **5.** telefoniert mit Kunden, Beim Mittagessen, spricht
c) 1. beim Fußballspielen **2.** wenn ich telefoniere **3.** beim Bügeln **4.** wenn ich Fahrrad fahre **5.** beim Essen **6.** beim Lernen **7.** wenn ich Kartoffeln schäle
d) 1. Was machst du, wenn du fernsiehst? – Wenn ich fernsehe, checke ich E-Mails. **2.** Was machst du beim Autofahren? – Beim Autofahren achte ich auf den Verkehr. **3.** Was

machst du beim Zugfahren? – Beim Zugfahren mache ich Hausaufgaben oder lerne Vokabeln. **4.** Was machst du, wenn du Vorlesungen besuchst? – Wenn ich Vorlesungen besuche, höre ich zu oder spiele ein Spiel auf dem Smartphone. **5.** Was machst du, wenn du einen Kaffee trinkst? – Wenn ich einen Kaffee trinke, rede ich mit Kollegen oder Freunden. **6.** Was machst du, wenn du Essen kochst? – Wenn ich Essen koche, höre ich Musik und singe laut mit.

3 **b) 1.** richtig **2.** falsch **3.** richtig **4.** falsch **5.** richtig **6.** richtig **c) Lösungswort:** Leistung **1.** MULTITASKING **2.** TÄTIGKEITEN **3.** DINGE **4.** WISSENSCHAFTLER **5.** KONZENTRATIONSFÄHIGKEIT **6.** FEHLERQUOTE **7.** ERGEBNIS **8.** GEHIRN **d) 1.** konzentrieren **2.** laufen ab **3.** kommen/kamen **4.** versteht

5 **b) 1.** Fußball **2.** die beliebte Krimireihe Tatort **3.** Fußball, Krimis, Trend **4.** Fußballereignisse, deutsche Krimiserien **5.** Quizshows, Sendungen für die Partnersuche **6.** Showsendungen **c) 1.** die Plätze **2.** die Krimis **3.** die Fußballereignisse **4.** die Überraschungen **5.** die Serien **6.** die Städte **7.** die Zuschauer **d) 1.** Auf Platz eins liegt wie jedes Jahr der Fußball. **2.** Auf Platz zwei folgt die beliebte Krimireihe Tatort mit 9,61 Millionen Zuschauern. **3.** Bei den Tatortkrimis steht der Tatort aus Münster an der Spitze. **4.** Die folgenden Plätze belegen wieder Fußballereignisse und deutsche Krimiserien. **5.** Zu den beliebten Fernsehsendungen zählen auch deutsche Serien, Quizshows oder Sendungen für die Partnersuche. **6.** Das Interesse an Showsendungen sinkt seit einigen Jahren.

7 **der:** Fußball, Partner, Montag | **die:** Tätigkeit, Konzentration, Überraschung, Leistung, Partnersuche, Reportage, Redakteurin, Information, Untersuchung, Zuschauerin, Zeit, Spitze | **das:** Experiment, Auto, Ergebnis, Autofahren, Handy, Land, Telefon, Museum, Buch, Kochen, Erlebnis, Studio, Fernsehen, Dokument | **Endungen der Nomen:** Feminin sind Nomen auf *-ung*, *-keit*, *-ion* und viele Nomen auf *-e*. Neutral sind viele Nomen auf *-ment* und *-nis*. **Weitere Regeln: 1)** Nomen aus dem Infinitiv *(Autofahren)* und viele internationale Wörter *(Radio, Telefon)* sind neutral. **2)** Männliche Personen *(Partner)* und Zeitangaben wie Tage oder Monate sind maskulin. **3)** Weibliche Personen *(Zuschauerin)* sind feminin (Ausnahme: *das Mädchen*).

9 **1.** Internationale Beziehungen **2.** Wirtschaft **3.** Umwelt **4.** Kunst und Kultur **Mögliche Überschriften: 1.** Deutsch-polnisches Regierungstreffen **2.** Sparen ist out **3.** Das gefährlichste Tier für den Menschen **4.** Kunstmesse in Basel

10 **1.** b **2.** c **3.** c **4.** c **5.** a

11 **a) 1.** für den Bau von mehr Wohnungen **2.** des Regierungstreffens, der Zusammenarbeit **3.** der Sicherheitspolitik **4.** der Bundesbürger **5.** für Interessenten mit großem Geldbeutel **6.** der Kunstmesse **7.** an Kunst **8.** eines Mückenstichs **b) 1.** für **2.** als **3.** vor **4.** an **5.** vor **5.** an **c) A: 1.** c **2.** e **3.** b **4.** a | **B: 1.** g **2.** c **3.** a **4.** f **5.** d **6.** b

12 **c) 1.** werden getroffen **2.** werden geführt **3.** wird ausgegeben **4.** werden angeboten **5.** wird verkauft **6.** wird gewarnt **7.** werden übertragen

13 **Transkription Hörtext:** *Nachrichten im Radio*
Es ist 9.00 Uhr, Sie hören die Kurznachrichten. | **Wirtschaftsminister in Japan:** Der deutsche Wirtschaftsminister ist heute mit einer Wirtschaftsdelegation nach Japan gereist. Ab morgen finden Gespräche mit dem japanischen Wirtschaftsminister und Vertretern der Wirtschaft statt. Im Mittelpunkt steht eine Vertiefung der Zusammenarbeit in den Bereichen Technik, Digitalisierung und Städtebau. Konkret geht es um neue technische Standards in der Telekommunikation. | **Straftaten in Deutschland:** Heute hat der Innenminister die neue Kriminalstatistik präsentiert. Laut Statistik hat sich die Anzahl der Straftaten in Deutschland nicht verändert. Eine Zunahme gibt es bei politisch motivierten Straftaten und bei den Einbrüchen in Wohnungen und Häuser. Die Anzahl anderer Straftaten ging zurück. Die gefährlichste Stadt in Deutschland ist wie im letzten Jahr Frankfurt. | **Weltkulturerbe in Stuttgart:** Zwei Häuser in Stuttgart gehören ab jetzt zum Weltkulturerbe. Die UNESCO nahm am Sonntag einige Bauwerke des Architekten Le Corbusier in sieben Ländern in die Liste des Weltkulturerbes auf. Dazu zählen auch die Corbusier-Häuser in Stuttgart. Laut UNESCO hat Le Corbusier großen Einfluss auf die Architektur des 20. Jahrhunderts. | **FC Bayern verliert im Finale:** Der FC Bayern verlor gestern Abend das Finale der UEFA Champions League gegen Real Madrid eins zu zwei. Das war für die Bayern bereits die dritte Niederlage in einem Finale der Champions League. | **Und zum Schluss das Wetter:** Im Norden von Deutschland scheint die Sonne, im Süden ist es überwiegend wolkig. Vor allem in Niederbayern regnet es seit gestern Abend. Die Temperaturen liegen zwischen 18 und 22 Grad.
a) 1. falsch **2.** richtig **3.** falsch **4.** richtig **5.** falsch **6.** richtig **7.** falsch **d) 1.** gereist, finden statt, steht, geht **2.** präsentiert, verändert, gibt, ging zurück, ist **3.** gehören, nahm auf, zählen **4.** verlor, war **5.** scheint, regnet, liegen

14 **a) 1.** die Vertiefung der Zusammenarbeit in bestimmten Bereichen (Technik, Digitalisierung, Städtebau), es geht um technische Standards **2.** der Innenminister, die Kriminalstatistik, die Anzahl der Straftaten verändert sich/geht zurück, es gibt eine Zunahme bei politisch motivierten Straftaten/bei Einbrüchen in Wohnungen und Häuser, die gefährlichste Stadt sein **3.** zum Weltkulturerbe gehören/zählen, die UNESCO, einige Bauwerke in die Liste des Weltkulturerbes aufnehmen, großen Einfluss auf die Architektur des 20. Jahrhunderts haben **4.** ein Finale verlieren, eine Niederlage sein **5.** die Sonne scheint, es ist (überwiegend) wolkig, es regnet, die Temperaturen liegen zwischen 18 und 22 Grad

16 **a) 1.** Bundestag **2.** Grundgesetz **3.** Bundeswehr **4.** Bundestagswahl, Partei **5.** die Bundeskanzlerin/der Bundeskanzler **6.** Staatsoberhaupt **b) 1.** Funktionen, Gesetze **2.** Mittel **3.** Stimmen **4.** Abgeordnete **5.** Regierungsgeschäfte **6.** Richtlinien **7.** Aufgaben

18 **Beispiel-SMS: 1.** Hallo Julia, tut mir leid, ich komme etwas später. Ich stehe noch im Stau. Kannst du auf mich warten? Ich bin etwa um 11.30 Uhr da. Danke! Bis dann! **2.** Hallo Jakob, wir wollten doch die Kunstmesse besuchen. Ich kann am Samstag. Wollen wir uns um 14.00 Uhr am Eingang treffen? Abends können wir dann etwas essen gehen. Ich hoffe, der Samstag passt dir. Bis dann.

Vertiefungsteil

Ü1 **1.** Wir sprechen über Politik, wenn wir Kaffee trinken. Wir sprechen beim Kaffeetrinken über Politik. **2.** Ich erhole mich, wenn ich male. Ich erhole mich beim Malen. **3.** Ich chatte mit meinen Freunden, wenn ich fernsehe. Ich chatte beim Fernsehen mit meinen Freunden. **4.** Ich höre Musik, wenn ich laufe. Ich höre beim Laufen Musik. **5.** Wir fühlen uns besonders wohl, wenn wir wandern. Wir fühlen uns beim Wandern besonders wohl. **6.** Wir lesen Zeitung, wenn wir frühstücken. Wir lesen beim Frühstücken Zeitung.

Ü2 **1.** Ein Mensch kann nicht mehrere Tätigkeiten gleichzeitig durchführen. **2.** Wir können uns nur auf eine Sache hundertprozentig konzentrieren. **3.** Für einige Tätigkeiten brauchen wir keine volle Konzentration. **4.** Wenn man beim Autofahren telefoniert, steigt die Fehlerquote. **5.** Wenn wir telefonieren und gleichzeitig mitschreiben, verstehen wir nur die Hälfte.

Ü3 **a) 1.** war **2.** diskutierten **3.** gab **4.** kosteten **5.** verdienten **6.** lief **7.** konnten **8.** hatte **b) 1.** die **2.** der **3.** das **4.** die **5.** die **6.** das **7.** die **8.** der

Ü4 **1.** Überraschung **2.** Wettbewerb **3.** Sportsendung **4.** Zuschauer **5.** Wahlen **6.** Spiele **7.** Partnersuche

Ü5 **a) 1.** werden gebaut **2.** wird präsentiert **3.** wird eröffnet **4.** werden geführt **5.** wird ausgegeben **6.** werden gekauft **7.** werden erklärt **b) 1.** 300 000 neue Wohnungen gebaut werden **2.** die neue Kriminalstatistik präsentiert wird **3.** die größte europäische Kunstmesse in Paris eröffnet wird **4.** wichtige Gespräche über die Sicherheitspolitik geführt werden **5.** heute mehr Geld für Kleidung und Reisen ausgegeben wird

Ü6 **a) 1.** c **2.** e **3.** a **4.** f (c) **5.** d **b) 1.** geht (um) **2.** gehören/zählen (zu) **3.** zählen/gehören (zu) **4.** warnen (vor) **5.** handeln (mit) **c) 1.** die Verbesserung **2.** die Intensivierung **3.** die Besprechung **4.** die Untersuchung **5.** die Regierung **6.** die Wohnung **7.** die Zusammenarbeit **8.** der Gewinn **7.** der Wohnungsbau **10.** das Experiment

Ü7 **1.** Moment, Zahl, Grund, Arbeit **2.** entdeckten, handelt, lebte, gaben **3.** Woche, Rennen, Sonntag, Aussagen, Folgen

Ü8 **Lösungswort:** Politik **1.** PARLAMENT **2.** STAATSOBERHAUPT **3.** RICHTLINIEN **4.** MINISTER **5.** GESETZE **6.** STIMMEN **7.** KANDIDATEN

Abschlusstest

T1 **1.** sieht **2.** hört **3.** interessiert **4.** sendet **5.** lädt herunter **6.** liest *(6 x 0,5 P.)*

T2 **1.** Ich lese Zeitung, wenn ich frühstücke. **2.** Ich trinke Kaffee, wenn ich Pause mache. **3.** Ich treffe Dr. Klein, wenn ich in München bin. *(3 x 1 P.)*

T3 **1.** werden getroffen **2.** werden verkauft **3.** wird präsentiert **4.** wird verbessert **5.** werden geführt **6.** werden übertragen *(6 x 1 P.)*

T4 **1.** Wirtschaft, Mittelpunkt, Zusammenarbeit **2.** Kriminalstatistik, Anzahl **3.** Lage, Wohnungen, Maßnahmen *(8 x 1 P.)*

Kapitel 9

Hauptteil

1 **a) 1.** d **2.** f **3.** h **4.** c **5.** b **6.** a **7.** e **8.** g

2 **b) 1.** wurde benutzt **2.** wurde verkauft **3.** wurde untersucht **4.** wurden weitergeführt **5.** wurde präsentiert **6.** wurde erfunden

3 **a) 1.** die Entwicklung **2.** die Herstellung **3.** die Produktion **4.** die Präsentation **5.** die Wirkung **6.** die Rettung **7.** die Benutzung **b) 1.** f **2.** a **3.** d (e) **4.** i **5.** h **6.** c **7.** b **8.** g

5 **Lösungswort:** Erfinder **1.** HERD **2.** SMARTPHONE **3.** FAHRRAD **4.** MIKROWELLE **5.** KÜHLSCHRANK **6.** DRUCKER **7.** WASCHMASCHINE **8.** RADIO

7 **Transkription Hörtext:** *Einkaufsgespräch*
Verkäufer: Guten Tag. Kann ich Ihnen helfen? | **Sofie:** Ja, wir brauchen eine neue Waschmaschine. Unsere alte Waschmaschine ist kaputt. | **Verkäufer:** Wie oft waschen Sie, wenn ich fragen darf? | **Sofie:** Wir haben Kinder, wir waschen jeden Tag. | **Verkäufer:** Dann empfehle ich Ihnen eine größere Waschmaschine, z. B. diese hier von der Firma Cleanfix. Das ist sozusagen der Porsche unter den Waschmaschinen. Sie kann bis zu zehn Kilogramm Wäsche waschen und hat ein ganz modernes Design. Alles wird elektronisch gesteuert. Sie können die Waschmaschine im Büro mit Ihrem Smartphone einschalten und die Wäsche ist fertig, wenn Sie nach Hause kommen. | **Anton:** Wie viel kostet die Waschmaschine? | **Verkäufer:** 2 199 Euro. Qualität hat ihren Preis. | **Sofie:** Also, ich möchte lieber eine einfache Waschmaschine. | **Verkäufer:** Aha, einfach. Dann gehen wir mal auf die andere Seite ... Hier zum Beispiel steht die RX 3000, ein sehr beliebtes Modell. Sie können mit der Waschmaschine acht Kilogramm Wäsche waschen. Wasser- und Energieverbrauch sind im Vergleich zu anderen Waschmaschinen günstig und das Preis-Leistungs-Verhältnis ist gut. Die Maschine kostet normalerweise 699 Euro. Sie ist aber im Moment im Angebot und kostet nur 599 Euro. | **Anton:** Ah, diese Maschine gefällt mir viel besser. | **Verkäufer:** Man kann die Maschine auch sehr einfach bedienen. Sie schließen die Maschine an Strom und Wasser an. Dann öffnen Sie die Tür und legen die Wäsche in die Trommel. Hier ist das Fach für das Waschmittel. Wenn Sie keine Vorwäsche haben, füllen Sie das Waschmittel nur in das zweite Fach ein. Danach drehen Sie diesen Knopf. Damit können Sie das Waschprogramm einstellen. Hier auf dem Display sehen Sie dann die Temperatur und die Waschzeit. Zum Schluss drücken Sie auf die Starttaste und es geht los. | **Sofie:** Das ist ja wirklich einfach. Wann können Sie die Maschine liefern? | **Verkäufer:** Einen Moment, ich sehe mal in den Terminkalender. Wir können die Maschine in der nächsten Woche liefern, am Donnerstag. |
Anton: Gut, dann nehmen wir diese Waschmaschine.
a) 1. kaputt ist **2.** zehn Kilogramm, modernes **3.** Smartphone **4.** 2 199 **5.** einfache **6.** acht Kilogramm **7.** Angebot, 599 Euro **8.** der nächsten Woche
b) Modell, Energieverbrauch, Preis-Leistungs-Verhältnis, Angebot, Tür, Vorwäsche, Knopf, Temperatur, Starttaste, Terminkalender **c) 1.** anschließen **2.** öffnen **3.** legen **4.** einfüllen **5.** drehen **6.** einstellen **7.** sehen **8.** drücken **9.** steuern

8 **c) 1.** b **2.** f **3.** c **4.** g **5.** a **6.** d

10 **b) 1.** Könnte ich mal deinen Drucker benutzen? **2.** Könnten Sie mich mit Frau Müller verbinden? **3.** Wann hätten Sie Zeit? **4.** Hätten Sie noch ein Käsebrötchen? **5.** Könntest du bitte das Fenster öffnen? **6.** Könnte ich mal den Chef sprechen? **7.** Könnten Sie die E-Mail für mich ausdrucken?

11 **1.** b **2.** c **3.** a **4.** b

13 **a) 1.** Guten Tag, *(Max Müller)* hier. **2.** Ich möchte bitte *(Frau Klein)* sprechen. Können Sie mich mit *(Frau Schwarz)* verbinden? **3.** Bitte richten Sie *(Frau Klein)* aus, dass ich angerufen habe. Könnten Sie *(Frau Klein)* sagen, dass sie mich zurückrufen soll? **4.** Es geht um *(ein neues Projekt). (Unser Kopierer)* ist kaputt. Wir brauchen dringend *(einen Monteur).* **5.** Ich möchte einen Termin vereinbaren. Wann hätten Sie Zeit? Hätten Sie *(am Mittwoch um 11.00 Uhr)* Zeit? Passt es Ihnen *(am Mittwoch)*? **6.** Vielen Dank für *(Ihre Hilfe).* Auf Wiederhören.

16 **a) 1.** a **2.** c **3.** b **4.** a **5.** b **6.** b
c) 1. b **2.** e **3.** a **4.** c
e) 1. Sie bekamen vier Kinder. **2.** Der jüngste Sohn Adi interessierte sich für viele Sportarten. **3.** Nach dem Ersten Weltkrieg machte der Junge aus seinem Interesse ein Geschäft. **4.** Drei Jahre später stieg auch Adis Bruder Rudolf in das kleine Unternehmen ein. **5.** 1924 gründeten sie zusammen die „Gebrüder Dassler Schuhfabrik". **6.** Die Partnerschaft funktionierte am Anfang gut. **7.** Adi arbeitete an der Weiterentwicklung der Schuhe. **8.** Rudolf verkaufte sie. **9.** 1936 fuhr Adi nach Berlin und gab seine Schuhe Jesse Owens. **10.** Owens gewann in Dasslers Schuhen vier Goldmedaillen. **11.** Nach vielen Konflikten teilten die Brüder die Firma. **12.** Adi und Rudolf gaben ihren Firmen die Namen Adidas und Puma. **13.** Die Söhne Horst und Armin Dassler führten den Kampf der Väter weiter. **14.** Am Ende verkaufte die Familie Dassler beide Firmen.

18 **a)** in der Vergangenheit **c) 1.** Als Max noch klein war, träumte er von einem Formel-1-Auto. **2.** Als Anja in die erste Klasse ging, fand sie das Lernen schön. **3.** Als Phillip noch studierte, entwickelte er seine ersten Geräte. **4.** Als Phillip mit dem Studium fertig war, gründete er eine Firma. **5.** Als Susanne im dritten Studienjahr war, machte sie ein Praktikum in einem großen Unternehmen.
d) Beispielsätze: 1. hatte ich meine ersten Klavierstunden. **2.** habe ich dreimal in der Woche Fußball gespielt. **3.** habe ich viel gelesen. **4.** reise ich in fremde Länder und genieße das Leben.

19 **Beispielmail:** Liebe Luise, danke für deine Mail. Du willst dir also ein neues Smartphone kaufen. Das ist eine gute Idee. Ich habe selbst auch eins. Ohne mein Smartphone kann ich nicht mehr leben. ;-)
Ich telefoniere viel, fotografiere, schreibe Kurznachrichten, checke meine E-Mails und lese die neuesten Nachrichten. Ich habe das Jupiter 15, es ist ganz neu und kostet 700 Euro. Das ist nicht preiswert, aber es ist ein tolles Telefon. Ich kann es dir sehr empfehlen. Du solltest auf jeden Fall in ein Geschäft gehen, wenn du ein Smartphone kaufen willst. Dort kann man dich gut beraten. Viel Glück und liebe Grüße Maxi

Vertiefungsteil

Ü1 **1.** war **2.** experimentierte, hatte, führte weiter, präsentierte **3.** rettete **4.** erfanden, revolutionierte **5.** stellte her

Ü2 **1. a)** Amerika entdeckt wurde? **b)** wurde 1492 entdeckt. **2. a)** Weißt du, wann der Eiffelturm gebaut wurde? **b)** Er wurde zwischen 1887 und 1889 gebaut. **3. a)** Weißt du, wann das erste iPhone präsentiert wurde? **b)** Es wurde 2007 präsentiert. **4. a)** Weißt du, wann die Schweizer Firma Nestlé gegründet wurde? **b)** Sie wurde 1867 gegründet. **5. a)** Weißt du, wann das Auto erfunden wurde? **b)** Es wurde 1886 erfunden.

Ü3 **1.** wird gelegt, wird gemacht **2.** wird gegessen, werden verkauft, werden informiert, wurde angemeldet **3.** wurde hergestellt, wird produziert

Ü4 **1.** Als das erste Studienjahr vorbei war **2.** Als ich mich um meinen ersten Job bewarb/beworben habe **3.** Als ich meine Frau kennenlernte **4.** als ich meine eigene Firma gründete. **5.** Als ich meine erste wichtige Besprechung hatte

Ü5 **1.** Wenn **2.** Als **3.** Wenn **4.** wenn **5.** Wenn **6.** Als **7.** Wenn **8.** Als **9.** Wenn

Ü6 **Verkäufer:** Guten Tag, was kann ich für Sie tun? | **Kundin:** Guten Tag. Gestern habe ich bei Ihnen ein Smartphone gekauft. Heute Morgen wollte ich es benutzen, aber es funktioniert nicht. | **Verkäufer:** Haben Sie den Kassenzettel mit? | **Kundin:** Ja, hier ist der Kassenzettel. | **Verkäufer:** Danke. Wo liegt das Problem? | **Kundin:** Also, wenn ich das Telefon anschalte, passiert gar nichts. | **Verkäufer:** Darf ich mal sehen? | **Kundin:** Ja, natürlich. | **Verkäufer:** Ich denke, wir können das Gerät nicht reparieren. | **Kundin:** Ich will ja auch keine Reparatur. Ich möchte das Handy umtauschen. Ist das möglich? | **Verkäufer:** Ja, selbstverständlich. Sie bekommen ein neues Gerät. | **Kundin:** Vielen Dank.

Ü7 **1.** lesen **2.** anschließen **3.** öffnen, legen, schließen **4.** vergessen **5.** einstellen **6.** drücken **7.** funktioniert, anrufen, umtauschen

Ü8 **1.** Könnten Sie **2.** Könntest du **3.** Könntet ihr **4.** Hätten Sie **5.** Hättest du **6.** Könnten Sie **7.** Könntet ihr **8.** Könntest du

Ü9 **1.** Produktion **2.** Verkauf **3.** Transport **4.** Ausbildung **5.** Motivation **6.** Beratung **7.** Herstellung **8.** Erfindung **9.** Eröffnung

Abschlusstest

T1 **1.** wird hergestellt **2.** wurde entwickelt **3.** werden untersucht **4.** wurden weitergeführt **5.** wurden präsentiert **6.** wurde revolutioniert *(6 x 1 P.)*

T2 **1.** Könnte ich **2.** Könnten Sie **3.** Hätten Sie **4.** Könntest du *(4 x 1 P.)*

T3 **1.** funktioniert/geht **2.** Kassenzettel **3.** Garantie **4.** Problem **5.** umtauschen **6.** bekommen *(6 x 1 P.)*

T4 **1.** wenn **2.** Wenn **3.** Als **4.** Als *(4 x 1 P.)*

Kapitel 10

Hauptteil

1 **a) 1.** Handball **2.** Kajakfahren **3.** Boxen **4.** Skispringen **5.** Wasserball **6.** Turnen **7.** Fußball **8.** Schwimmen **9.** Gymnastik **10.** Radfahren

b) Beispiele: Basketball, Fechten, Gewichtheben, Golf, Hockey, Judo, Leichtathletik (Laufen, Kugelstoßen, Weitspringen), Reiten, Tauchen, Tennis, Volleyball

d) Transkription Hörtext: *Umfrageergebnisse*

1. Die meisten Menschen in Deutschland interessieren sich für Fußball. Er belegt Platz eins. Auf Platz zwei folgt das Boxen, Platz drei belegt das Skispringen. In der Regel können die Sportfans die wichtigsten Wettkämpfe in diesen Sportarten live im Fernsehen sehen.

2. Die meisten Deutschen, etwa 9,5 Millionen, sind Mitglied in einem Fitnessclub und machen regelmäßig Fitness und Gymnastik. Auf Platz zwei folgt der Fußball mit etwa 6,9 Millionen Vereinsmitgliedern. Platz drei belegen die Turnvereine. Sie haben fast fünf Millionen Mitglieder.

3 **Transkription Hörtext:** *Berichte zum Thema Sport*

Lena: Ich heiße Lena und bin Studentin an der Universität Wien. Ich sitze den ganzen Tag in Lehrveranstaltungen, in der Bibliothek oder zu Hause am Computer. Ich hatte das Gefühl, dass ich für meine Fitness wieder etwas tun muss. Ich habe eine Studentenkarte für das Fitnesscenter „F4" gekauft, obwohl die Jahreskarte 350 Euro kostet. Das ist für mich sehr viel Geld.

Insgesamt bin ich mit dem Fitnesscenter zufrieden, es gibt viele neue Geräte und man kann es gut mit öffentlichen Verkehrsmitteln erreichen. Ich gehe jetzt zweimal in der Woche zum Training, einmal in der Woche nehme ich an einem Yoga-Kurs teil. Am Anfang fand ich Yoga anstrengend und ein bisschen langweilig, jetzt macht es mir sehr viel Spaß. Ich fühle mich körperlich wieder fit und habe das Gefühl, dass ich mich auch beim Lernen besser konzentrieren kann.

Max: Mein Name ist Max Ehrlich. Ich bin Manager in einer großen Firma. Ich habe im Beruf viel Verantwortung und arbeite viel. Manchmal bin ich bis 20.00 Uhr im Büro. Obwohl ich viel zu tun habe, nehme ich mir jeden Morgen eine Stunde Zeit und laufe. Das Laufen ist gut für meinen Körper, es baut Stress ab und es gibt mir Energie. Wenn ich danach ins Büro gehe, fühle ich mich gut.

Das Laufen hilft mir auch beim Reisen, es reduziert die Folgen des Jetlags. Ich laufe jetzt seit zehn Jahren, am Wochenende trainiere ich vier bis fünf Stunden. Im letzten Jahr bin ich meinen ersten Marathon gelaufen, 42,195 km. Das war hart. Die ersten zehn Kilometer waren die schlimmsten, aber ich habe nicht aufgehört, ich bin weitergelaufen. Am Ende war ich einfach nur froh, dass ich angekommen bin. Im Moment bereite ich mich auf den Marathon-Lauf in Frankfurt vor. Ich will auf jeden Fall wieder ins Ziel kommen.

Claudia: Ich bin Claudia Paulsen. Ich arbeite als Unternehmensberaterin. An Wochentagen bin ich viel unterwegs, oft in anderen Städten. Aber am Wochenende bin ich zu Hause. Ich spiele jeden Samstag Fußball, in der Frauenmannschaft des Fußballvereins Großkoschen. Wir spielen in der dritten Kreisliga. Ich habe mich schon früher für Fußball interessiert und bin mit meinem Bruder zu Fußballspielen gegangen.

Heute spiele ich in erster Linie aus Spaß und weil ich mich bewegen will. Durch das Fußballspielen bleibe ich körperlich fit und lerne neue Leute kennen. Ich habe im Fußballverein viele Freundinnen. Im letzten Sommer sind wir alle zusammen zum Pokalfinale nach Berlin gefahren. Es war ein tolles Spiel. Von den Profis kann man sehr viel lernen.

a) Max: 1. Manager **2.** Laufen/Marathon **3.** jeden Tag **4.** gut für den Körper/baut Stress ab/gibt Energie/hilft beim Reisen | **Claudia: 1.** Unternehmensberaterin **2.** Fußball **3.** jeden Samstag **4.** Spaß/Bewegung/körperlich fit bleiben/neue Leute kennenlernen

b) Beispielsätze: Lena: Lena ist Studentin. Sie macht Fitness und Yoga. Sie trainiert dreimal pro Woche./Sie geht zweimal pro Woche ins Fitnessstudio, einmal pro Woche macht sie Yoga. Sie trainiert, weil sie sich dann körperlich fit fühlt und sich beim Lernen besser konzentrieren kann. | **Max:** Max arbeitet als Manager. Er läuft jeden Tag. Am Wochenende trainiert er vier bis fünf Stunden. Er läuft auch. Er läuft, weil es gut für den Körper ist und weil er Stress abbauen kann./ Laufen gibt ihm Energie und hilft beim Reisen. | **Claudia:** Claudia arbeitet als Unternehmensberaterin. Sie spielt Fußball. Sie trainiert jeden Samstag. Sie macht Sport, weil es ihr Spaß macht und weil sie sich bewegen will./Sie möchte körperlich fit bleiben und neue Leute kennenlernen.

c) 1. macht **2.** fühlt **3.** konzentrieren **4.** läuft **5.** baut ab **6.** gibt **7.** reduziert **8.** spielt **9.** bleibt **10.** lernt kennen

d) 1. Sie sitzt den ganzen Tag in Lehrveranstaltungen. **2.** Lena hat eine Studentenkarte für das Fitnesscenter „F4" gekauft. **3.** Insgesamt ist Lena mit dem Fitnesscenter zufrieden. **4.** Man kann das Fitnesscenter mit öffentlichen

Verkehrsmitteln gut erreichen. **5.** Lena geht zweimal in der Woche zum Training. **6.** Einmal in der Woche nimmt sie an einem Yogakurs teil. **7.** Max Ehrlich läuft seit zehn Jahren. **8.** Er trainiert am Wochenende vier bis fünf Stunden.

4 **b) 1.** Weil Lena regelmäßig Sport treibt, kann sie sich besser konzentrieren. **2.** Obwohl Max die ersten zehn Kilometer beim Marathon schlimm fand, ist er weitergelaufen. **3.** Max trainiert am Wochenende hart, weil er am Frankfurt-Marathon teilnehmen möchte. **4.** Obwohl Petra sich nicht für Fußball interessiert, geht sie jeden Sonntag mit ihrem Freund ins Stadion. **5.** Susanne macht regelmäßig Gymnastik, weil sie Probleme mit ihrem Rücken hat. **6.** Obwohl das Wetter schön ist, bleibt Jan vor seinem Computer sitzen.

6 **a) 1.** b **2.** c **3.** a **4.** b **5.** c | **b) 1.** a **2.** b **3.** d | **c) Spalte 1:** das Immunsystem stärken, die Konzentration verbessern | **Spalte 2:** den Körper fit halten, gesund bleiben | **Spalte 3:** Stress abbauen, sich weniger bewegen, die Folgen des Jetlags reduzieren

7 **1. a)** Lauf jeden Morgen 30 Minuten. **b)** Du solltest jeden Morgen 30 Minuten laufen. **2. a)** Fahr öfter mit dem Fahrrad. **b)** Du solltest öfter mit dem Fahrrad fahren. **3. a)** Achte auf deine Ernährung. **b)** Du solltest auf deine Ernährung achten. **4. a)** Melde dich im Fitnessstudio an. **b)** Du solltest dich im Fitnessstudio anmelden. **5. a)** Spiel weniger mit dem Smartphone. **b)** Du solltest weniger mit dem Smartphone spielen. **6. a)** Trink ausreichend Wasser. **b)** Du solltest ausreichend Wasser trinken. **7. a)** Schlaf länger. **b)** Du solltest länger schlafen.

8 **b) 1.** ! **2.** ? **3.** ? **4.** ! **5.** ! **6.** ? **7.** !

10 **Lösungswort:** Gesundheit **1.** BEIN **2.** HALS **3.** BAUCH **4.** KNIE **5.** HAND **6.** HAAR **7.** NASE **8.** FINGER **9.** SCHULTER

12 **a) 1.** behandelt **2.** überweist **3.** verschreibt **4.** operiert **b) 1.** geht **2.** wartet **3.** holt | **c) 1.** der Facharzt **2.** die Krankenversicherung **3.** die Behandlungskosten **4.** das Gesundheitssystem **5.** die Versicherungspflicht

15 **Transkription Hörtext:** *Gespräch im Büro*
Alex: Hallo Leonie. | **Leonie:** Hallo Alex, wie geht es dir? | **Alex:** Ach, frag nicht. Ich bin total gestresst. | **Leonie:** Was ist denn los? | **Alex:** Ich muss im Moment so viel arbeiten, das glaubst du nicht. | **Leonie:** Warum musst du denn so viel arbeiten? | **Alex:** Meine Kollegin Elena hat sich beim Skifahren das Bein gebrochen und mein Kollege Hans hat eine Erkältung. Er liegt mit Fieber im Bett. Ich muss nun die ganze Arbeit alleine machen. | **Leonie:** Ach, du Armer. Warum fragst du denn nicht deinen Chef, ob du Hilfe bekommen kannst? | **Alex:** Das habe ich doch schon gemacht. Aber es gibt überall Personalprobleme. Es ist Grippezeit. Auch in anderen Abteilungen sind viele Kollegen krank. | **Leonie:** Komm doch morgen früh mit mir ins Schwimmbad. Sport hilft, wenn man so viel arbeitet. Schwimmen ist gut für den Stressabbau. | **Alex:** Nein, danke, ich schwimme nicht gern. | **Leonie:** Dann können wir vielleicht abends mal ins Kino gehen. | **Alex:** Nein, ich habe abends keine Lust, ins Kino zu gehen. Ich bin so müde, ich gehe heute Abend um neun ins Bett. | **Leonie:** Ich habe gehört, dass man sich bei einem Spaziergang in der Mittagspause gut erholen kann. Mach das doch mal! | **Alex:** Ich habe wirklich keine Zeit, mittags einen Spaziergang zu machen. | **Leonie:** Na, dann wirst du bestimmt auch bald krank, wenn du so weitermachst.
a) 1. richtig **2.** richtig **3.** richtig **4.** falsch **5.** richtig **6.** falsch
b) 1. Alex muss viel arbeiten, weil seine Kollegen krank sind. **2.** Er kann keine Hilfe bekommen, weil es überall Personalprobleme gibt. **3.** Schwimmen ist gesund, weil es gut für den Stressabbau ist. **4.** Sport hilft, wenn man viel arbeiten muss. **5.** Alex will abends nicht ins Kino gehen, weil er sehr müde ist. **6.** Er wird bestimmt bald krank, wenn er so weitermacht.

16 **b) B:** Läufst du am Morgen im Park? | **A:** Nein, ich habe keine Zeit, am Montag im Park zu laufen. Machst du regelmäßig Pause? | **B:** Nein, ich habe keine Zeit, regelmäßig Pause zu machen. Gehen wir heute Abend ins Fitnesscenter? | **A:** Nein, ich habe keine Lust, heute Abend ins Fitnesscenter zu gehen. Fährst du mit dem Fahrrad ins Büro? | **B:** Nein, ich habe keine Lust, mit dem Fahrrad ins Büro zu fahren.
c) 1. Ich empfehle dir, einen Yoga-Kurs zu machen. **2.** ... am Wochenende keine beruflichen E-Mails zu beantworten. **3.** ... mit deiner Chefin über die Arbeit zu sprechen. **4.** ... ausreichend zu schlafen. **5.** ... nicht zu lange zu sitzen. **6.** ... nicht immer alles alleine zu machen. **7.** ... weniger Kaffee zu trinken. **8.** ... viel Obst und Gemüse zu essen.

17 **c) 1.** Was machst du denn hier? **2.** Warum kommst du denn mit dem Bus? **3.** Mein Auto ist kaputt. Das weißt du doch. **4.** Mach doch mal Pause! **5.** Wie viel kostet denn eine Jahreskarte? **6.** Das ist doch nicht möglich! **7.** Wann beginnt denn der Yogakurs? **8.** Komm doch mal mit!

20 **a) 1.** b **2.** b **3.** b **4.** c | **b) 1.** a **2.** e **3.** b **4.** d **5.** c **6.** f | **c) 1.** dass wir Angst vor Fehlern und Misserfolgen haben. **2.** dass negative Gedanken nicht gut für unsere Gesundheit sind. **3.** dass wir manchmal auch traurig sein dürfen.

22 **a) 1.** B **2.** D **3.** C **4.** E

23 **1.** Worauf ist Franziska stolz? **2.** Worüber freut sich der Gärtner? **3.** Worüber ärgern sich viele Menschen? **4.** Wovor hat Martina Angst? **5.** Worüber freut sich Frau Müller? **6.** Über wen ärgerst du dich?

Vertiefungsteil

Ü1 **1.** Bernd geht ins Fitnessstudio, weil er sich besser fühlen möchte. **2.** Eric läuft viel, weil er sein Herz und seinen Kreislauf fit halten möchte. **3.** Lisa macht jeden Tag Gymnastik, weil sie ihr Immunsystem stärken will. **4.** Carola schwimmt viel, weil sie ihre Rückenschmerzen reduzieren möchte. **5.** Conrad und Susanne spielen Tennis, weil sie sich nach dem Arbeitstag entspannen wollen.

Ü2 **1.** Marco wandert gerne, obwohl er kein sportlicher Mensch ist. **2.** Maria ist nicht fit, obwohl sie regelmäßig ins Fitnessstudio geht. **3.** Wir haben uns erkältet, obwohl wir warme Kleidung getragen haben. **4.** Jana will einen Marathon laufen, obwohl sie nicht trainiert hat. **5.** Sonja und Olaf wollen ans Meer fahren, obwohl sie nicht schwimmen können.

Ü3 **1.** Es gibt keine klaren Grenzen mehr zwischen Arbeit und Freizeit. **2.** Die Folgen von langem Sitzen können körperliche Probleme sein. **3.** Gegen Stress hilft nach Meinung von Wissenschaftlern Bewegung. **4.** Aber die Menschen in Deutschland bewegen sich immer weniger.

Ü4 **1. a)** Wenn Sie sich besser fühlen wollen, sollten Sie regelmäßig Sport treiben. **b)** Treiben Sie Sport, wenn Sie sich besser fühlen wollen. **2. a)** Wenn du dich nach einem langen Arbeitstag entspannen willst, solltest du ein paar Kilometer Fahrrad fahren. **b)** Fahr ein paar Kilometer Fahrrad, wenn du dich nach einem langen Arbeitstag entspannen willst. **3. a)** Wenn ihr das Immunsystem stärken wollt, solltet ihr jeden Morgen 30 Minuten laufen. **b)** Lauft jeden Morgen 30 Minuten, wenn ihr das Immunsystem stärken wollt. **4. a)** Wenn Sie Stress abbauen wollen, sollten Sie sich mehr bewegen. **b)** Bewegen Sie sich mehr, wenn Sie Stress abbauen wollen. **5. a)** Wenn du gesund bleiben willst, solltest du weniger Fastfood essen. **b)** Iss weniger Fastfood, wenn du gesund bleiben willst.

Ü5 **1.** Ich habe im Moment keine Zeit, Bücher zu lesen. **2.** Es ist leicht, das Gerät zu bedienen. **3.** Es ist noch nicht möglich, den Raum zu betreten. **4.** Es ist schön, dich zu sehen. **5.** Es ist wichtig, sich jeden Tag mit der neuen Sprache zu beschäftigen.

Ü6 **1.** Es ist nicht erlaubt/Es ist verboten **2.** Aus Sicherheitsgründen ist es nicht erlaubt **3.** Wir bitten darum **4.** Es ist nicht möglich/Es ist nicht erlaubt/Es ist verboten **5.** Wir bitten darum **6.** Wir bitten darum

Ü7 **1.** mit einem positiven Gedanken zu beenden. **2.** ein Fotoalbum mit schönen Bildern zu machen. **3.** seine Lieblingsmusik zu hören. **4.** negative Gedanken durch positive zu ersetzen. **5.** keine Angst vor Fehlern zu haben.

Ü8 a) **1.** hat **2.** konzentrieren **3.** denken nach **4.** sehen **5.** verstehen **6.** sein | **b) 1.** für **2.** über **3.** vor **4.** zu, zu **5.** auf | **c) 1.** Ratgeber **2.** Wissenschaftler **3.** Studien **4.** Fehler **5.** Gefühle **6.** Probleme **7.** Folgen **8.** Misserfolge **9.** Gedanken

Ü9 **2.** F **3.** A **4.** B **5.** X **6.** D

Abschlusstest

T1 **1.** arbeite **2.** nehme **3.** baut ab **4.** gibt **5.** fühle **6.** hilft **7.** reduziert **8.** trainiere **9.** bereite vor **10.** kommen *(10 x 0,5 P.)*

T2 **1.** Viele Menschen sitzen stundenlang im Auto oder am Computer. **2.** Nach Meinung von Medizinern ist das kein großes Problem, wenn man regelmäßig Sport treibt. **3.** Wenn man krank ist, muss man in Deutschland zu einem Hausarzt gehen. **4.** Die Krankenkasse übernimmt die Kosten für die Behandlung. *(4 x 1,5 P.)*

T3 **1.** dir zu helfen. **2.** mittags einen Spaziergang zu machen. **3.** den Brief ins Spanische zu übersetzen. **4.** heute ins Fitnessstudio zu gehen. **5.** im Gebäude zu rauchen. *(5 x 1 P.)*

T4 **1.** Obwohl Max sich nicht wohlfühlt,/Obwohl sich Max nicht wohlfühlt, nimmt er am Marathonlauf teil. **2.** Julia geht nicht zum Arzt, obwohl sie Probleme mit dem Rücken hat. *(2 x 2 P.)*

Kapitel 11

Hauptteil

2 **b) Beispielsätze:** Wissenschaftler haben herausgefunden, dass schöne Erlebnisse durch Fotos noch schöner werden. Wenn man fotografiert, erlebt man die Aktivitäten intensiver und hat mehr Spaß. Der positive Effekt hält eine Woche an. Man sollte aber nicht schon während der Reise die Fotos anschauen oder löschen. | **c) 1.** g **2.** d **3.** f **4.** a **5.** i **6.** e **7.** b (e) **8.** j **9.** h

4 **d) Beispielsätze: Erfurt 1.** Die ersten schriftlichen Dokumente stammen aus dem Jahr 742. **2.** Im 13. Jahrhundert war die Stadt ein bedeutendes Bildungszentrum. **3.** 1379 wurde die Universität Erfurt gegründet. **4.** Von 1501 bis 1505 studierte Martin Luther an der Universität Erfurt. **5.** Die innere Altstadt befindet sich innerhalb der Stadtmauern und zeigt noch heute ein mittelalterliches Bild. **6.** Die Krämerbrücke wurde 1117 gebaut. | **Basel 1.** Basel liegt im Dreiländereck Deutschland–Frankreich–Schweiz. **2.** Basel blickt auf eine (mehr als) 1600-jährige Geschichte zurück. **3.** 1460 wurde die Universität gegründet. **4.** Erasmus von Rotterdam lebte und arbeitete im 16. Jahrhundert in Basel. **5.** Das Basler Münster befindet sich in der Altstadt und ist ein Wahrzeichen der Stadt. **6.** Basel gilt als wichtiger Standort der chemischen und pharmazeutischen Industrie. | **Graz 1.** In Graz leben 45 000 Studenten. **2.** 1245 erhielt Graz das Stadtrecht. **3.** Seit 1999 zählt die Grazer Altstadt zum UNESCO-Weltkulturerbe. **4.** Der Grazer Dom ist ein bedeutendes Bauwerk aus dem 15. Jahrhundert. **5.** Auf dem Schlossberg hat man eine fantastische Aussicht über die Stadt. **6.** Das Kunsthaus Graz ist ein modernes Gebäude aus Stahl und Glas und zieht Besucher magisch an.

5 **a) Beispiele:** in einem Bundesland/einem Kanton liegen, aus (dem Jahr 742) stammen, schriftlich erwähnt werden, das Stadtrecht erhalten, auf eine lange Geschichte zurückblicken, ein bedeutendes Bildungszentrum sein/werden, (1379) gegründet werden, die älteste Universität in Deutschland sein, an einer Universität studieren, sich innerhalb der Stadtmauern befinden, ein mittelalterliches Bild zeigen/bieten, Kirchen sehen können, ein Wahrzeichen der Stadt sein, die Geschichte der Stadt entdecken, Gebäude aus vergangenen Jahrhunderten bewundern, in einer Kirche beigesetzt werden, besonders sehenswert sein, zum UNESCO-Weltkulturerbe zählen, sich (in der Altstadt) befinden, aus dem 15. Jahrhundert sein/stammen, einen fantastischen Ausblick haben/bieten, ein historisches Erbe erhalten, neue Architektur harmonisch einfügen, perfekt in die traditionelle Stadtstruktur passen, Besucher magisch anziehen, als wichtiger Standort gelten | **b) 1.** e **2.** g **3.** h **4.** f **5.** c **6.** a **7.** b

7 **b) Nominativ:** die, das | **Akkusativ:** den | **die Dativ:** der, dem | **c) 1.** der **2.** das, dem **3.** das, das **4.** das, das **5.** dem, der

9 **Beispielmail:** Liebe Sofia, lieber Johannes, ich hoffe, es geht euch gut. Ich wohne jetzt in Graz und studiere Medizin. Ihr könnt mich gern einmal besuchen, Graz ist eine schöne Stadt. Ihr könnt hier im Hotel übernachten. Es gibt Hotels, die nicht so teuer sind. Wenn ihr hier seid, zeige ich euch die Universität. Dann machen wir eine Stadtrundfahrt und besuchen das Kunstmuseum. Abends könnten wir etwas essen gehen. Wie findet ihr meinen Vorschlag? Liebe Grüße Lukas

10 **Beispielsätze: 1.** Ich würde am liebsten jetzt etwas essen gehen. – Ich nicht. Ich habe noch keinen Hunger. **2.** Wir könnten doch eine Stadtrundfahrt machen. – Den Vorschlag finde ich prima. **3.** Wie wäre es, wenn wir das Basler Münster besichtigen? – Super Idee! **4.** Ich würde am liebsten in die Berge fahren und dort zwei Stunden wandern. – Nein, ich mag keine Berge und wandern möchte ich auch nicht. **5.** Wir könnten doch in eine Disco gehen und die ganze Nacht tanzen. – Oh nein, keine Disco!

11 **c) der:** Weg, Euro, Balkon, Stellplatz | **die:** Lage, Wohnung, Fläche, Etage, Kaltmiete, Monatsmiete, Kaution, Garage, Angabe, Besonderheit, Einbauküche | **das:** Baujahr, Zimmer, Dachgeschoss | **Plural:** Zimmer, Nebenkosten

13 **Transkription Hörtext:** *Ein Treffen auf der Straße* **Christine:** Hallo Kerstin. | **Kerstin:** Hallo Christine, dich habe ich aber lange nicht mehr gesehen. | **Christine:** Ja, wir wohnen nicht mehr hier in der Gegend. Ich besuche nur eine Freundin, die noch hier wohnt. | **Kerstin:** Wo wohnst du denn jetzt? | **Christine:** Wir wohnen jetzt in einem kleinen Haus am Stadtrand. In Sonnenfeld. | **Kerstin:** Oh, Sonnenfeld, da gibt es doch so viele neue Häuser. Nach Sonnenfeld kommt man doch mit dem Bus, oder? | **Christine:** Ja, man kann den Bus nehmen oder die Straßenbahn, Linie 10. Mit der Straßenbahn fährt man vom Bahnhof 40 Minuten, mit dem Bus 45 Minuten. | **Kerstin:** Das ist ziemlich weit. | **Christine:** Ach, das ist kein Problem, ich lese in der Straßenbahn. | **Kerstin:** Und, habt ihr auch neu gebaut? | **Christine:** Ja, unser Haus ist neu, es hat vier Zimmer und einen großen Garten. Im Moment müssen wir im Garten noch viel machen, aber wir hoffen, dass er später sehr schön wird. | **Kerstin:** Also, ein Garten – das ist nichts für mich. Zu viel Arbeit! Ich wohne lieber im Zentrum, da habe ich alles zusammen: gute Einkaufsmöglichkeiten, viele Restaurants und einen kurzen Arbeitsweg. | **Christine:** Ja, das sind natürlich Pluspunkte, wenn man im Zentrum wohnt. Der lange Weg nach Hause, das ist ein Nachteil vom Häuschen im Grünen. Es gibt aber auch Vorteile: Es ist ruhig, die Luft ist sauber, man hat schnell Kontakt zu den Nachbarn und man kann in der Sonne im Garten liegen und sich entspannen. Besuch uns doch mal. | **Kerstin:** Gern, aber im Moment muss ich viel arbeiten. Ich rufe dich an, wenn ich Zeit habe. | **Christine:** Na dann, tschüss ...
Fragen: Christine: 1. in einem Haus am Stadtrand/in Sonnenfeld **2.** 40 Minuten (mit der Straßenbahn), 45 Minuten (mit dem Bus) **3.** lesen **4.** vier Zimmer/einen Garten | **Kerstin: 1.** im Zentrum **2.** gute Einkaufsmöglichkeiten/viele Restaurants/kurzer Arbeitsweg

15 **b)** Hessen, Anna, Eis, Hund, Halt, aus, Herde, als

16 **Beispielmail:** Hallo Frank, wie geht es dir? Mir geht es gut. Ich habe eine neue Wohnung. Ich bin umgezogen und wohne jetzt in Dortmund. Meine Wohnung hat viele Vorteile: Sie ist neu und liegt im Zentrum der Stadt. Hier gibt es viele Einkaufsmöglichkeiten und Restaurants. Ich habe auch einen sehr kurzen Arbeitsweg. Natürlich hat die Wohnung auch einige Nachteile, aber das ist normal. Zum Beispiel ist es hier ziemlich laut. Leider habe ich keinen Balkon, das finde ich schade. Besuch mich doch mal, wenn du Zeit hast.

Du kannst bei mir übernachten, denn ich habe jetzt auch ein Gästezimmer. Liebe Grüße Michael

17 **a)** 1. das Bett **2.** die TV-Kommode/der TV-Schrank, der Fernseher **3.** der Wäsche-/Kleiderschrank **4.** der Teppich **5.** der Sessel **6.** der Schreibtisch **7.** der Stuhl **8.** das Bild **9.** das Sofa/die Couch **10.** die Gardine, das Fenster **11.** der Computer, der Bildschirm, die Tastatur
b) 1. Ich stelle das Bett an die Wand. **2.** Ich stelle den Fernseher auf die TV-Kommode. **3.** Ich lege/hänge die Sachen in den Wäscheschrank. **4.** Ich lege den Teppich unter das Sofa. **5.** Ich stelle den Sessel auf den Teppich. **6.** Ich stelle den Schreibtisch in das Arbeitszimmer. **7.** Ich stelle den Stuhl vor den Schreibtisch. **8.** Ich hänge das Bild über das Bett. **9.** Ich stelle das Sofa neben die Stehlampe. **10.** Ich hänge die Gardinen vor das Fenster. **11.** Ich stelle den Bildschirm hinter die Tastatur.
c) 1. Das Bett steht an der Wand. **2.** Der Fernseher steht auf der TV-Kommode. **3.** Die Sachen liegen/hängen im Wäscheschrank. **4.** Der Teppich liegt unter dem Sofa. **5.** Der Sessel steht auf dem Teppich. **6.** Der Schreibtisch steht im Arbeitszimmer. **7.** Der Stuhl steht vor dem Schreibtisch. **8.** Das Bild hängt über dem Bett. **9.** Das Sofa steht neben der Stehlampe. **10.** Die Gardinen hängen vor dem Fenster. **11.** Der Bildschirm steht hinter der Tastatur.

18 **a) Wo?** unter dem Kopfkissen, neben dem Laptop, auf dem Stuhl, über dem Sofa | **Wohin?** unter das Kopfkissen, neben den Laptop, auf den Stuhl, über das Sofa
b) 1. Hängen **2.** stellt **3.** liegt **4.** hängen **5.** steht **6.** lege **7.** setze **8.** sitzt

19 **1.** In diesem Restaurant **2.** ins (in das) Fitnessstudio **3.** auf meinem Schreibtisch **4.** in die Kantine **5.** neben das Tor **6.** im Büro **7.** auf der Insel Sylt **8.** ins (in das) Stadtzentrum

22 **b) 1.** richtig **2.** richtig **3.** falsch **4.** falsch **5.** richtig
c) Fragen: 1. Haben Sie die Nachbarskinder schon einmal betreut? **2.** Haben Sie die Nachbarn schon einmal zum Geburtstag eingeladen? **3.** Haben Sie den Nachbarn schon einmal Gegenstände geliehen? **4.** Haben Sie mit den Nachbarn schon einmal über private Themen gesprochen?

Vertiefungsteil

Ü1 **1.** Bei einem Experiment haben mehr als 2 000 Probanden an einer Stadtrundfahrt teilgenommen. **2.** Sie haben auch ein Museum besucht und in einer Markthalle gegessen. **3.** Die Hälfte der Teilnehmer durfte fotografieren, die andere Hälfte durfte nicht fotografieren. **4.** Danach haben die Teilnehmer ihre Erlebnisse in einem Fragebogen beschrieben. **5.** Die Ergebnisse haben selbst die Wissenschaftler überrascht. **6.** Die Teilnehmer mit dem Fotoapparat hatten mehr Spaß und erlebten ihre Aktivitäten intensiver.

Ü2 **Transkription Hörtext:** *Die Stadt Tübingen*
Tübingen liegt im Bundesland Baden-Württemberg, südlich von Stuttgart. Tübingen hat 87 000 Einwohner und ist die Stadt mit dem niedrigsten Altersdurchschnitt (39,1 Jahre) in Deutschland. Nach Beschreibungen von Kaufleuten gab es im Jahr 1191 bereits einen Marktplatz, das Stadtrecht erhielt Tübingen aber erst 1231.
Die kleine Stadt im Süden Deutschlands gehört zu den ältesten deutschen Universitätsstädten. Die Eberhard Karls Universität wurde 1477 gegründet und zählt bis heute zu den bekanntesten deutschen Universitäten. Knapp 30 Prozent der Einwohner von Tübingen sind Studenten.
Die Tübinger Altstadt ist eine Sehenswürdigkeit für sich. Hier können Besucher die ältesten Gebäude der Universität, alte Fachwerkhäuser und Kirchen bewundern oder in den engen mittelalterlichen Gassen spazieren gehen. Auf dem Schlossberg über der Altstadt befindet sich das Schloss Hohentübingen aus dem 11. Jahrhundert. Die Stadt Tübingen lebt bis heute von ihrer berühmten Universität. Sie ist der größte Arbeitgeber der Stadt. An der Universität und dem Universitätsklinikum arbeiten über 12 000 Menschen.
1. hat **2.** gab **3.** erhielt **4.** gehört **5.** gegründet **6.** sind **7.** bewundern **8.** spazieren gehen **9.** befindet **10.** lebt **11.** ist **12.** arbeiten

Ü3 **Lösungswort:** Wahrzeichen **1.** FACHWERKHÄUSER **2.** ALTSTADT **3.** KIRCHEN **4.** JAHRHUNDERT **5.** ZENTRUM **6.** NORDWESTEN **7.** GESCHICHTE **8.** STADTENTWICKLUNG **9.** HUMANISMUS **10.** KUNSTMETROPOLE **11.** STANDORT

Ü4 **1. b)** die **c)** der **d)** der **2. a)** das **b)** das **c)** dem **d)** das **3. a)** der **b)** dem **c)** den **d)** der

Ü5 **1.** das **2.** auf dem **3.** die **4.** in dem **5.** die **6.** in der

Ü6 **1.** Wie wäre es **2.** Ich würde gern **3.** Mich würde **4.** Wie wäre es **5.** könnten wir **6.** könnten wir

Ü7 **1.** Zentrum **2.** Zimmer **3.** Küche **4.** Fahrstuhl **5.** Etage **6.** Miete **7.** Nebenkosten **8.** Balkon **9.** Gegend **10.** Einkaufsmöglichkeiten **11.** Straßenbahnhaltestelle **12.** Nachteil **13.** Zeit

Ü8 **a) Beispielsätze: 1.** Das Fahrrad liegt unter dem Bett. **2.** Eine Socke liegt auf dem Sofa, die andere Socke liegt auf dem Bett. **3.** Ein Buch liegt auf dem Teppich, die anderen Bücher liegen am Fenster und auf dem Sofa. **4.** Der Fernseher steht neben dem Sofa. **5.** Eine Tasse steht neben der Tastatur, die andere steht am Fenster. | **b) 1.** Er bringt das Fahrrad in den Keller. **2.** Er legt die Socken in die Waschmaschine. **3.** Er stellt die Bücher ins Bücherregal. **4.** Er stellt den Fernseher neben das Bett. **5.** Er stellt die Tassen in die Geschirrspülmaschine.

Abschlusstest

T1 **1.** besuchen **2.** besichtigen **3.** essen/probieren/kaufen **4.** machen **5.** teilnehmen **6.** laufen/gehen/fahren **7.** essen *(7 x 1 P.)*

T2 **1.** Erfurt liegt in der Mitte von Deutschland **2.** Erste Dokumente stammen aus dem Jahr 742. **3.** Die Gründung der Universität war wichtig für die Entwicklung der Stadt/war für die Entwicklung der Stadt wichtig. **4.** Das neue Gebäude passt perfekt in die Stadtstruktur. *(4 x 2 P.)*

T3 **1.** der **2.** die **3.** die *(3 x 1 P.)*

T4 **1.** den **2.** das **3.** den **4.** der *(4 x 0,5 P.)*

Kapitel 12

Hauptteil

2 **b) 1.** die Kerze **2.** der Glühwein **3.** der Weihnachtsstern **4.** der Christstollen/die Stolle **5.** die Weihnachtskugel **6.** der Lebkuchen
c) Beispielsätze: 1. Die Deutschen verbinden mit dem Weihnachtsfest den Weihnachtsbaum, die Familie, gutes Essen und Geschenke. **2.** Die Weihnachtsgeschenke gibt es in Deutschland am Heiligen Abend/am 24.12. **3.** Traditionell isst man Gans. **4.** Die Tradition der Weihnachtsmärkte entstand im 14. Jahrhundert. **5.** Zu den ältesten Weihnachtsmärkten in Deutschland gehören die Märkte in München, Bautzen, Frankfurt und Dresden. **6.** Der größte Weihnachtsmarkt in Köln hat etwa fünf Millionen Besucher im Jahr. **7.** Man kann besondere Waren wie Weihnachtsdekoration oder weihnachtliche Lebensmittel kaufen. **8.** Von den Weihnachtsmärkten profitieren Produzenten von Lebensmitteln, Hotels, Gaststätten oder Taxiunternehmen.

3 **a)** das Weihnachtsfest, der Weihnachtsbaum, der Weihnachtsmann, der Weihnachtsfeiertag, der Weihnachtsmarkt/die Weihnachtsmärkte, die Vorweihnachtszeit, die Weihnachtsdekoration, der Weihnachtsstern/die Weihnachtssterne, die Weihnachtskugel/die Weihnachtskugeln, weihnachtliche Lebensmittel
b) 1. Die meisten Deutschen verbinden mit dem Weihnachtsfest den Weihnachtsbaum. **2.** Die Geschenke werden in Deutschland am Heiligen Abend überreicht. **3.** Manchmal werden die Geschenke unter den Weihnachtsbaum gelegt. **4.** Die Freude auf das Weihnachtsfest beginnt schon Ende November. **5.** Dann öffnen in vielen Städten die Weihnachtsmärkte. **6.** Die Tradition der Weihnachtsmärkte stammt aus dem 14. Jahrhundert. **7.** Handwerker errichteten auf dem Markt Verkaufsstände für Spielzeug und andere Kleinigkeiten. **8.** Zu den ältesten Weihnachtsmärkten zählen die Weihnachtsmärkte in München,

Bautzen, Frankfurt und Dresden. **9.** Heute gibt es in jeder Großstadt und in sehr vielen Kleinstädten einen Weihnachtsmarkt. **10.** Auf einem Weihnachtsmarkt werden meist besondere Waren angeboten. **11.** Der Gesamtumsatz der Weihnachtsmärkte beträgt etwa 2,5 Milliarden Euro.

4 **c) Beispiel:** Die Deutschen geben zu Weihnachten viel Geld für Geschenke aus. Die beliebtesten Geschenke sind Bücher bzw. E-Books und Geld oder Gutscheine. Auch Kleidung, Lebensmittel und Spielwaren werden oft verschenkt. Die meisten Deutschen kaufen die Weihnachtsgeschenke in Geschäften.

5 **1.** d **2.** f **3.** a **4.** i **5.** b **6.** g **7.** e **8.** j **9.** h

6 **a)** Ich schenke ... **1.** meiner Mutter (ein) Parfüm. **2.** meinem Bruder ein Buch/Bücher. **3.** meiner Kollegin Schokolade/eine Tafel Schokolade. **4.** meiner Freundin eine Kette/Schmuck. **5.** meinem Vater eine Krawatte. **6.** meiner Schwester ein Smartphone. **7.** meiner Tochter ein Spielzeug/ein Holzauto/ein Spielzeugauto.

7 **Beispieltext:** Liebe Christel, lieber Klaus, ich wünsche euch ein besinnliches Weihnachtsfest und einen guten Rutsch ins neue Jahr. Eure Alexandra

8 **Transkription Hörtext:** *Volksfeste*
Das Oktoberfest in München: Mein Name ist Franz Huber und ich wohne in München. Ich gehe auch in diesem Jahr wieder mit ein paar Freunden auf das Oktoberfest. Das Fest beginnt Mitte September und es ist das größte Volksfest der Welt. Darauf sind wir Münchner natürlich stolz. Das Oktoberfest findet seit 1810 auf der Theresienwiese in München statt und wird im Jahr von rund sieben Millionen Menschen besucht. Viele Besucher, auch Gäste aus Amerika oder Asien, kommen in Tracht, das heißt, die Männer ziehen Lederhosen an und die Frauen ein Dirndl. Die Hauptattraktion ist das Oktoberfestbier, das für das Fest extra hergestellt wird. Es gibt auf dem Oktoberfest aber auch noch andere Attraktionen, z. B. das Riesenrad. Auf jeden Fall kann man sich mit Freunden oder der Familie richtig gut amüsieren.
Der Karneval der Kulturen in Berlin: Ich heiße Emilia und wohne seit einigen Monaten in Berlin. Anfang Juni war ich zum ersten Mal beim Karneval der Kulturen. Der Karneval ist ein Straßenfest in Berlin mit rund 900 000 Besuchern. Er findet seit 1995 statt. Höhepunkt ist der Karnevalsumzug. In diesem Jahr haben 73 Gruppen und über 5 000 Akteure aus fast allen Kontinenten an dem Umzug teilgenommen. Man konnte brasilianische Sambagruppen sehen, chinesische Tänzer, Trommler aus Afrika oder Fasnacht-Bläser aus der Schweiz. Der Karneval dauert vier Tage, er ist bunt und lebensfroh. Für mich war es ein ganz tolles Erlebnis, deshalb bin ich im nächsten Jahr ganz sicher wieder dabei.
Die Hanse Sail in Rostock: Ich bin Piet und ich wohne in Rostock. Rostock liegt im Norden von Deutschland, an der Ostsee. Das größte Fest in unserer Gegend ist die Hanse Sail mit fast einer Million Besuchern. Die Hanse Sail dauert vier Tage und findet eigentlich auf dem Wasser statt. An diesen Tagen kommen rund 250 besondere Schiffe in den Hafen von Warnemünde. Das sind zum Beispiel große Kreuzfahrtschiffe und historische Segelschiffe. Viele Schiffe kann man besichtigen oder mit ihnen eine kleine Fahrt machen. Neben den Events auf dem Wasser gibt es an Land ein Volksfest mit Kultur- und Unterhaltungsangeboten. Ich persönlich finde die Schiffsbesichtigungen sehr interessant, deshalb freue ich mich schon auf das nächste Jahr.
a) 1. richtig **2.** richtig **3.** falsch **4.** falsch **5.** falsch **6.** falsch **7.** richtig **8.** richtig **9.** falsch **10.** richtig | **b) 1.** Mitte September **2.** seit 1810 **3.** in Tracht **4.** Oktoberfestbier **5.** ein Straßenfest **6.** seit 1995 **7.** 73, Kontinenten **8.** bunt **9.** einer Million **10.** in den Hafen

10 **a)** fällt, steigt | **b) B: ↘↘ A: ↗ B: ↘↗ A:↘↗**

11 **b) 1.** Auf dem Oktoberfest bekommt man ein besonderes Bier, deshalb gehen viele Menschen gern auf das Fest. **2.** Es gibt viele Attraktionen für Kinder, deshalb ist das Fest auch bei Familien beliebt. **3.** Die alten Segelschiffe kann man besichtigen, deshalb besuchen viele Segler die Hanse Sail. **4.** Ich hatte eine Grippe, deshalb war ich im letzten Jahr nicht auf dem Oktoberfest.

12 **a)** an letzter Stelle, an zweiter Stelle nach *denn*, an zweiter Stelle | **b) 1. a)** Viele Menschen gehen gern auf das Fest, weil man auf dem Oktoberfest ein besonderes Bier bekommt./Weil man auf dem Oktoberfest ein besonderes Bier bekommt, gehen viele Menschen gern auf das Fest. **b)** Viele Menschen gehen gern auf das Fest, denn man bekommt auf dem Oktoberfest ein besonderes Bier. **2. a)** Das Fest ist auch bei Familien beliebt, weil es viele Attraktionen für Kinder gibt./Weil es viele Attraktionen für Kinder gibt, ist das Fest auch bei Familien beliebt. **b)** Das Fest ist auch bei Familien beliebt, denn es gibt viele Attraktionen für Kinder. **3. a)** Viele Segler besuchen die Hanse Sail, weil man die alten Segelschiffe besichtigen kann./Weil man die alten Segelschiffe besichtigen kann, besuchen viele Segler die Hanse Sail. **b)** Viele Segler besuchen die Hanse Sail, denn man kann die alten Segelschiffe besichtigen.

15 **a) 1.** b **2.** a **3.** b **4.** a | **b) Beispielsätze: 1.** 1989 begann die Geschichte des größten Heavy-Metal-Festivals der Welt./kamen zwei Freunden aus Wacken auf die Idee, ein Open-Air-Konzert zu organisieren. **2.** 1990 fand das erste Festival mit rund 800 Besuchern in Wacken statt. **3.** 3 500 Besucher kamen 1993 (auf das Festival)./Das Festival hatte 1993 3 500 Besucher. **4.** Erst ab 1996 konnte das Festival finanzielle Erfolge feiern. **5.** Heute umfasst das Festivalgelände 220 Hektar. **6.** Jetzt kommen 75 000 Besucher. **7.** Seit 2002 fährt ein Sonderzug von Zürich nach Wacken. **8.** Fünf Liter Bier trinken die Besucher im Durchschnitt./beträgt der durchschnittliche Bierkonsum.

16 **b) 1.** Das Festival war kein finanzieller Erfolg, trotzdem haben die Veranstalter weitergemacht. **2.** Man kann nur in Zelten übernachten, trotzdem kommen viele Fans. **3.** Es bringt viel Unruhe ins Dorf, trotzdem mögen die Bewohner das Festival. **4.** Ich finde Heavy-Metal-Musik toll, trotzdem war ich noch nie in Wacken.

17 **a)** an letzter Stelle, an zweiter Stelle | **b) 1.** Obwohl das Festival kein finanzieller Erfolg war, haben die Veranstalter weitergemacht./Die Veranstalter haben weitergemacht, obwohl das Festival kein finanzieller Erfolg war. **2.** Obwohl man nur in Zelten übernachten kann, kommen viele Fans./Es kommen viele Fans/Viele Fans kommen, obwohl man nur in Zelten übernachten kann. **3.** Obwohl es viel Unruhe ins Dorf bringt, mögen die Bewohner das Festival./Die Bewohner mögen das Festival, obwohl es viel Unruhe ins Dorf bringt.

20 **Beispielmail:** Liebe Eva, ich habe gute Nachrichten: Morgen kommt unser Lieblingsautor Hans Georg Grusel und liest aus seinem neuen Krimi. Die Veranstaltung findet um 19.00 Uhr in der Buchhandlung Lehmanns statt. Kommst du mit? Wir könnten auch danach noch etwas trinken gehen. Ich lade dich ein. Liebe Grüße
Andrea

Vertiefungsteil

Ü1 **a) 2.** F **3.** B **4.** X **5.** A **6.** D | **b) 1.** Attraktion, Theaterstück **2.** Besucher, Museen **3.** Schauspieler, Publikum **4.** Konzert, Hits

Ü2 **1.** Ich habe geringe Chancen, trotzdem bewerbe ich mich um diese Stelle. **2.** Obwohl wir wenig Zeit haben, machen wir jeden Tag Gymnastik. **3.** Ich finde das Fach langweilig, trotzdem will ich das Studium nicht abbrechen. **4.** Obwohl Jana Naturwissenschaftlerin ist, interessiert sie sich für Literatur und Geschichte. **5.** Die Prüfung war sehr schwer, trotzdem habe ich eine gute Note bekommen. **6.** Obwohl ich schon zwei Tabletten genommen habe, habe ich immer noch Kopfschmerzen.

Ü3 **1.** deshalb fährt er nach Wacken zum Festival **2.** deshalb verbringe ich den Winterurlaub in einem warmen Land **3.** deshalb will sie am Wochenende eine Party organisieren **4.** deshalb kommt sie zu spät **5.** deshalb will er Ingenieur werden **6.** deshalb besuchen wir das Reichstagsgebäude in Berlin

Ü4 **1.** weil er besser spielen möchte. **2.** denn er interessiert sich für Malerei. **3.** denn sie möchte die berühmten Salzburger Festspiele besuchen. **4.** weil das alte Studienfach ihr keinen Spaß mehr macht. **5.** denn wir wollen nach Hamburg ziehen. **6.** weil ich in ein paar Jahren eine Weltreise machen möchte.

Gesamtwiederholung Strukturen

Ü5 **1.** Gäste bedient **2.** einige Rechnungen kontrolliert, E-Mails gelesen und beantwortet **3.** ein neues Softwareprogramm entwickelt **4.** einige Experimente durchgeführt **5.** hat seine Kunden beraten und drei Autos verkauft **6.** hat mit Kollegen gesprochen und Telefongespräche geführt **7.** ist zu einer Firma gefahren und hat dort an einer Besprechung teilgenommen **8.** hat Vorlesungen und Seminare besucht und seine Semesterarbeit geschrieben

Ü6 **1.** Konntest **2.** musste **3.** wollte **4.** sollten **5.** wollten **6.** durfte

Ü7 **a) 1.** sich **2.** euch **3.** sich **4.** dich **5.** uns **6.** sich **7.** sich **8.** mich
b) 1. interessiert sich **2.** ärgert sich **3.** sich eingeschrieben **4.** entspanne mich **5.** unterhalten uns

Ü8 **a) 1.** Könnten/Würden Sie meine Waschmaschine reparieren? **2.** Könnten/Würden Sie mich morgen anrufen? **3.** Könntest/Würdest du bitte etwas lauter sprechen? **4.** Könnten/Würden Sie mich vom Flughafen abholen? **5.** Könntet/Würdet ihr mir bitte helfen? **6.** Könnten/Würden Sie bitte langsamer fahren?
b) 1. wäre **2.** würden **3.** hätte **4.** hätten **5.** würde **6.** wäre

Ü9 **1.** Wir sollten noch einmal über das Problem sprechen. **2.** Vielleicht solltest du einen Yogakurs machen. **3.** Sie sollte sich gut vorbereiten. **4.** Ihr solltet langsamer fahren. **5.** Du solltest den Akku austauschen.

Ü10 **1.** Der Computer wird angeschlossen. **2.** Die Technik im Besprechungsraum wird kontrolliert. **3.** Die Besprechung wird vorbereitet. **4.** Das Formular wird ausgedruckt. **5.** Eine E-Mail an die Mitarbeiter wird geschrieben. **6.** Die Rechnungen werden bezahlt.

Ü11 **1.** Triffst **2.** erinnere **3.** freuen **4.** ärgere **5.** bewirbt **6.** beschäftigt **7.** verliebt **8.** Gibst aus

Ü12 **1.** Wie geht es dir? **2.** Zeigst du der neuen Kollegin das Haus? **3.** Geben Sie bitte der Praktikantin diese Mappe? **4.** Kann ich Ihnen eine Tasse Kaffee anbieten? **5.** Lesen die Kollegen den Bericht? **6.** Könnt ihr dem Chef die Adressliste schicken? **7.** Wir bringen dir ein Geschenk aus Berlin mit. **8.** Können Sie mich morgen zurückrufen?

Ü13 **1.** das Foto **2.** die Technologie **3.** der Forscher **4.** das Gebäude **5.** die Erfindung **6.** das Hotel **7.** das Mädchen **8.** das Museum **9.** die Seite **10.** der Drucker **11.** das Dokument

Ü14 **1.** eine sehr wichtige Erfindung **2.** meinen alten Drucker **3.** dieses wunderschöne Foto **4.** diesem großen Gebäude **5.** das kleine Mädchen **6.** der linken Seite **7.** Die moderne Technologie **8.** einem bekannten Forscher

Ü15 **a) 1.** jünger **2.** teurer **3.** größer **4.** interessanter **5.** lieber **6.** besser
b) 1. den höchsten **2.** das schönste **3.** die älteste **4.** das interessanteste **5.** die kälteste **6.** die teuerste

Ü16 **1.** ihn **2.** mich **3.** ihr **4.** ihnen **5.** ihn **6.** uns **7.** Sie **8.** euch **9.** es

Ü17 **1.** nicht **2.** keinen **3.** nicht **4.** kein **5.** nicht **6.** keine

Ü18 **a) 1.** in die Küche **2.** in meinem Auto **3.** auf dem Tisch **4.** auf diesen Stuhl **5.** in die Mappe **6.** vor dem Fenster **7.** an die Garderobe **8.** in ihrem Büro | **b) 1.** an **2.** auf **3.** zu **4.** in **5.** in **6.** in **7.** nach **8.** nach

Ü19 **1.** Am **2.** um **3.** Im **4.** Am **5.** um **6.** Im **7.** Am **8.** am **9.** von, bis **10.** nach

Ü20 **1.** weil **2.** obwohl **3.** weil **4.** obwohl **5.** obwohl **6.** weil

Ü21 **1.** Wenn Max sich nicht wohlfühlt **2.** Wenn du willst **3.** wenn sie Zeit hat **4.** Wenn wir unsere Idee gut präsentieren

Ü22 **1.** Als **2.** Wenn **3.** Als **4.** wenn

Ü23 **1.** Ich mache den Fernseher leiser, damit wir die Nachbarn nicht stören. **2.** Wir bleiben Freitagabend zu Hause, damit wir uns erholen können. **3.** Drücken Sie die grüne Taste, damit das Gerät startet. **4.** Wir liefern alles sofort, damit Sie auf die Ware nicht warten müssen. **5.** Du solltest eine To-do-Liste schreiben, damit du nichts vergisst. **6.** Wir tun alles, damit Sie sich bei uns wohlfühlen.

Ü24 **1.** wie lange **2.** wer **3.** wo **4.** warum **5.** wie viel **6.** worüber **7.** wann **8.** wohin

Ü25 **1.** ob **2.** ob **3.** dass **4.** dass

Ü26 **1.** den **2.** die **3.** das **4.** den **5.** den **6.** die **7.** dem **8.** das

Ü27 **1.** die E-Mail zu beantworten. **2.** ins Kino zu gehen. **3.** das Spiel zu gewinnen. **4.** das Projekt zu übernehmen. **5.** regelmäßig Sport zu treiben. **6.** hier zu parken.

Abschlusstest

T1 **1.** Geschenke **2.** Heiligen Abend **3.** Weihnachtsbaum **4.** Freude **5.** Tradition **6.** Verkaufsstände **7.** Sprachraum **8.** Bestandteil *(8 x 1 P.)*

T2 **1.** sein **2.** kommen **3.** spielen **4.** organisieren **5.** feiern **6.** verfügen **7.** arbeiten **8.** verdienen *(8 x 0,5 P.)*

T3 **1.** Martin Suter liest aus seinem neuen Roman, deshalb fahre ich heute nach Bern. **2.** Ich fühle mich nicht gut, trotzdem gehe ich heute Abend ins Theater. **3.** Moderne Kunst interessiert uns nicht/Uns interessiert moderne Kunst nicht, trotzdem besuchen wir das *Museum of Modern Art*. **4.** Ich höre gerne Heavy-Metal-Musik, deshalb habe ich Karten für das *Wacken Open Air* bestellt. *(4 x 2 P.)*

Übungstest für das *Goethe-Zertifikat A2*

Lesen

Teil 1 **1.** a **2.** b **3.** c **4.** c **5.** b
Teil 2 **6.** b **7.** c **8.** c **9.** b **10.** a
Teil 3 **11.** a **12.** a **13.** b **14.** c **15.** a
Teil 4 **16.** F **17.** D **18.** A **19.** X **20.** E

Hören

Teil 1: Transkription Hörtexte

1. Hallo Martin, ich bin's, Tina. Du, ich glaube, ich habe mein Smartphone bei dir im Wohnzimmer liegen lassen. Schaust du bitte mal, ob es irgendwo herumliegt? Gib mir bitte so bald wie möglich Bescheid, denn ich brauche mein Smartphone dringend. Danke, tschüss.
2. Hier folgt eine Durchsage für die Fluggäste des Fluges LH241 nach Athen. Das Flugzeug kann im Moment wegen schlechter Wetterbedingungen in Athen nicht starten. Das Boarding verschiebt sich um unbestimmte Zeit. Bitte warten Sie auf weitere Informationen.
3. Guten Morgen, Herr Vogel. Hier ist Sabine Kahl von der Firma WarmTec. Unser Monteur kommt morgen um 10 Uhr für die Reparatur Ihrer Heizung. Rufen Sie bitte zurück oder schicken Sie uns eine E-Mail, wenn Ihnen der Termin nicht passt. Herzlichen Dank und auf Wiederhören.
4. Guten Tag. Frau Gruber, Sie haben bei uns einen Sprachkurs auf Niveau B1 gebucht. Wir benötigen noch die Teilnahmebestätigung von Ihrem letzten Kurs. Könnten Sie uns die per E-Mail zuschicken? Herzlichen Dank. Auf Wiederhören.
5. Guten Tag, Frau Müller. Hier ist Martina Werner von der Theaterkasse. Die Aufführung von Wilhelm Tell im Marktplatztheater fällt heute Abend aus. Zwei Schauspieler sind krank. Als Ersatztermin für die Aufführung ist der 31. März vorgesehen. Sie können Ihre Karten bei uns umtauschen oder die Karten zurückgeben und Ihr Geld zurückbekommen. Vielen Dank für Ihr Verständnis.

1. a **2.** c **3.** a **4.** c **5.** b

Teil 2: Transkription Hörtext

Karl: Hallo Josef. Wie war das Wochenende? | **Josef:** Sehr schön. Nach langer Zeit war es wieder sonnig und da wollte ich natürlich nicht zu Hause bleiben. Ich habe einen Ausflug in den Wald gemacht. Ich bin 16 Kilometer gelaufen. | **Josef:** Und du, Karl? Hast du auch etwas Schönes

gemacht? | **Karl:** Ich habe meinen neuen Geschirrspüler angeschlossen. Das war schwierig. Weißt du, diese Bedienungsanleitungen sind so kompliziert, man versteht ja gar nichts. Aber gut, am Ende habe ich es doch geschafft. Der Geschirrspüler ist jetzt angeschlossen und funktioniert gut. | **Josef:** Dann ist es ja gut. Ich habe Joachim heute noch nicht gesehen. Weißt du vielleicht, wo er am Wochenende war? Wir wollten doch zusammen schwimmen gehen, aber er hat sich nicht gemeldet. | **Karl:** Weißt du das nicht? Er hat das ganze Wochenende für seine Statistikprüfung gelernt. Ich habe ihn gestern Abend angerufen, er war richtig müde. | **Josef:** Der Arme! Aber weißt du, wen ich gestern im Wald getroffen habe? Stefan! | **Karl:** Stefan? Im Wald? | **Josef:** Ja! Er hat mit ein paar Freunden ein Picknick gemacht. Es war so witzig, ihn in Freizeitkleidung zu sehen. | **Karl:** Ja, das kann ich mir vorstellen, sonst trägt er immer einen Anzug mit Krawatte. | **Josef:** Und ich habe Dimitri gesehen. Der war unten, am Fluss. Ich denke, er hat auf seine Freundin gewartet ... | **Karl:** Und? Ist sie gekommen? | **Josef:** Das weiß ich nicht, so lange bin ich gar nicht geblieben. Ach, und Sebastian hat sein Diplom am Wochenende bekommen, oder? | **Karl:** Nein, er bekommt es erst im nächsten Monat. Dann macht er bestimmt eine große Party. Am Wochenende war er allein zu Hause, glaube ich. Er hat sicher wieder am Computer gesessen, mit verschiedenen Leuten gechattet und mit seiner Freundin über das Internet telefoniert.
6. I **7.** D **8.** G **9.** H **10.** B

Teil 3: **Transkription Hörtexte**

11. **A:** Ich möchte einen Salat essen. Welchen empfehlen Sie? | **B:** Wenn Sie gerne Gemüse essen, dann würde ich Ihnen den mediterranen Salat empfehlen. | **A:** Das klingt gut. Was ist denn in dem Salat drin? | **B:** Oliven, Tomaten, Paprika, Gurken, Auberginen, grüner Salat, Kräuter und Schafskäse. | **A:** Gut, den Salat nehme ich, aber ohne Käse bitte. Ich darf keine Milchprodukte essen.
12. **A:** Ich hätte gerne diese Bluse da, die im Schaufenster. Welche Größe ist das? | **B:** 38. | **A:** Haben Sie die Bluse auch eine Nummer kleiner? | **B:** Ja, wir haben die Bluse in allen Größen von 34 bis 44. | **A:** Könnte ich Größe 36 mal anprobieren? | **B:** Natürlich. Da hinten ist die Umkleidekabine.
13. **A:** Verzeihung, wo finde ich die Marketingabteilung? | **B:** Haben Sie denn einen Termin? | **A:** Ja, mit Frau Steinbach. | **B:** Moment mal ... Das Büro von Frau Steinbach ist im 5. Stock, Zimmer 503. Der Fahrstuhl ist hier im Erdgeschoss. | **A:** Vielen Dank.
14. **A:** Weißt du, dass Olaf morgen Geburtstag hat? | **B:** Ja, ich weiß. Wir sollten ihm etwas kaufen. Hast du eine Idee? | **A:** Er liest so gern. Über den neuen Thriller von Sebastian Fitzek würde er sich bestimmt freuen. | **B:** Aber er hat schon so viele Bücher von Fitzek. Ich dachte an ein paar Kräuter und andere Pflanzen für seinen Garten oder vielleicht eine Torte. | **A:** Pflanzen sind eine gute Idee.
15. **A:** Hi Florian, hast du dich auch für den Spanischkurs eingeschrieben? | **B:** Ja. Aber ich weiß nicht, in welchem Raum der Kurs stattfindet. | **A:** Also, im letzten Semester waren wir in Raum 310 ... Jetzt sind wir wieder im dritten Stock, aber in Raum 321.
11. c **12.** a **13.** b **14.** c **15.** b

Teil 4: **Transkription Hörtexte**

Reporter: Hallo liebe Hörerinnen und Hörer, mein Gast ist heute die renommierte Krimiautorin Dorothea Martin. Frau Martin, Sie sind in Hamburg geboren und in Berlin aufgewachsen. In welcher Stadt fühlen Sie sich zu Hause? | **Krimiautorin:** Ich fühle mich in beiden Städten zu Hause – wie auch in vielen anderen Städten. Wissen Sie, ich kann nie lange an einem Ort bleiben und bin gerne unterwegs. Ich bin in meinem Leben schon sechzehnmal umgezogen ... | **Reporter:** Meinen Sie, Sie haben in 16 verschiedenen Städten gewohnt? | **Krimiautorin:** Ja. Ich brauche Inspiration und Freiheit, und das finde ich immer wieder an neuen Orten. | **Reporter:** Sie haben das Wort Inspiration benutzt. Was genau inspiriert Sie? | **Krimiautorin:** Vieles. Vor allem die Menschen. Jedes Mal, wenn ich jemanden kennenlerne, höre ich eine neue Lebensgeschichte. Diese Storys sind Material für meine Bücher. | **Reporter:** Ihr erstes Buch haben Sie mit 25 Jahren geschrieben. Das war kein Kriminalroman, es war ein Science-Fiction-Roman, in dem zwei Menschen auf einem neuen, unbewohnten Planeten landen. | **Krimiautorin:** Ja, das ist schon lange her. Ich habe mich damals sehr für Science-Fiction interessiert. Ich dachte, eine Frau, die Science-Fiction schreibt, ist automatisch erfolgreich. Heute sehe ich das etwas anders. | **Reporter:** Sie haben nach dem Science-Fiction-Buch angefangen, Krimis zu schreiben. | **Krimiautorin:** Ja, genau. Ich hatte sehr viele Ideen und wollte spannende Bücher schreiben. In Deutschland sind Krimis sehr beliebt, der Markt ist also sehr groß. Wenn man gute Geschichten erzählt, findet man auch viele Leser. | **Reporter:** Ihre Hauptfigur ist der Detektiv Max Müller. Er wohnt allein mit seinem Hund. | **Krimiautorin:** Ja, Max Müller ist ein bisschen einsam, aber nicht traurig. Als ich klein war, hatten wir einen Nachbarn, der einen großen Hund hatte. Der Mann war sehr nett und hat mir viele Geschichten erzählt. Max Müller hat viele Eigenschaften von diesem Nachbarn. | **Reporter:** Woran arbeiten Sie im Moment? | **Krimiautorin:** Ich arbeite an einem neuen Roman. Die Geschichte spielt im Hamburger Hafen. Mehr möchte ich dazu nicht sagen. | **Reporter:** Viel Erfolg und vielen Dank für das Gespräch.
16. b **17.** a **18.** a **19.** a **20.** c

Schreiben

Teil 1 **Beispiel-SMS:** Hallo Olaf, habe noch zwei Karten bekommen für das Konzert von Dixi: Jazz aus England! Ist der einzige Auftritt in Deutschland. Treffen wir uns um 19.00 Uhr vor der Konzerthalle? Melde dich, bis dann!

Teil 2 **Beispielmail:** Liebe Frau Müller, vielen Dank für die Einladung zu Ihrer Party. Ich komme gerne. Kann ich Ihnen bei der Vorbereitung helfen? Ich kann sehr gut kochen. Oder soll ich etwas mitbringen? Eine Torte vielleicht? Ich freue mich auf die Party. Herzliche Grüße Ahmed Fadel

Sprechen

Teil 1 **Mögliche Fragen: 1.** Wann hast du Geburtstag? **2.** Wo wohnst du? **3.** Was ist dein Lieblingsessen? **4.** Was bist du von Beruf?/Was machst du beruflich? **5.** Hast du Hobbys? **6.** Was machst du normalerweise am Wochenende?/Was hast du letztes Wochenende gemacht? **7.** Treibst du Sport? **8.** Was machst du in deiner Freizeit? **9.** Was siehst du im Fernsehen am liebsten?/Siehst du oft fern? **10.** Hast du ein Auto?/Fährst du viel/oft mit dem Auto? **11.** Hast du eine schöne/große Wohnung?/Wohnst du allein? **12.** Wie viele Fremdsprachen sprichst du?/Lernst du gern Fremdsprachen?

Teil 2 **Karte 1: Urlaub (Beispielsätze)** Ich fahre gern nach Spanien. Dort ist es schön warm. Ich reise immer mit meiner Frau und den Kindern. Wir buchen oft ein Hotel am Meer, das finden die Kinder toll. Im letzten Jahr waren wir aber nicht in Spanien. Wir sind nach Schweden gefahren, meine Frau wollte gern mal in Schweden Urlaub machen. Wir nehmen normalerweise Badesachen und Sportsachen mit, denn wir schwimmen gern und treiben auch im Urlaub Sport.

Karte 2: Sprachen lernen (Beispielsätze) Ich lerne im Moment Deutsch in einem Kurs an der Volkshochschule. Wir sind eine große Gruppe. Zu Hause und unterwegs lerne ich alleine, am liebsten mit der App, das macht Spaß. Die Hausaufgaben für den Kurs mache ich, wenn ich Zeit habe. Ich versuche manchmal, deutsche Nachrichten zu sehen. Einiges verstehe ich schon, das finde ich toll. Ich lese aber keine deutschen Bücher, das ist noch zu schwierig.

quellen: S. 139, 4/Info aus: Christoph B. Schiltz: Der Mann, der 32 Spra- n fließend spricht, 6.9.2014 [http://www.welt.de/politik/ausland/artic- 1957711/Der-Mann-der-32-Sprachen-fliessend-spricht.html], **S. 142, 8**/Info : Wichtigste Herkunftsländer von Touristen in Deutschland nach Übernach- gen im Jahr 2016 [https://de.statista.com/statistik/daten/studie/220356/ ıfrage/top-20-herkunftslaender-von-touristen-in-deutschland/], **S. 145, 13**/ fo aus: Meistgenutzte Reiseverkehrsmittel von deutschen Urlaubern in den ıren 2015 [https://de.statista.com/statistik/daten/studie/170823/umfrage/ eistgenutzte-verkehrsmittel-fuer-letzte-urlaubsreise/], **S. 161, 5a**/Info aus: as große Quoten-Ranking: die Top 100 des deutschen Fernsehens, 19.8.2015 ıttp://meedia.de/2015/08/19/das-grosse-quoten-ranking-die-top-100-des- eutschen-fernsehens/?utm_campaign=NEWSLETTER_SONDER&utm_ ource=newsletter&utm_medium=email], **S. 172, 4**/Info aus: TV Quoten 2015: Diese Sendungen und Sender sahen die Österreicher am liebsten! 25.1.2016 [http://www.hdaustria.at/blog/teletest-2015/], **S. 185, 12b/**Info aus: Smartphones: Neue Modelle sind nicht immer besser als ihre Vorgänger, 30.7.2015 [https://www.test.de/presse/pressemitteilungen/Smartphones-Neue-Modelle-sind-nicht-immer-besser-als-ihre-Vorgaenger-4886895-0/], **S. 187, 15/** Info aus: Barbara Smit: Adidas gegen Puma – Sportfeinde Herzogenaurach, 29.10.2010 [http://www.handelsblatt.com/unternehmen/industrie/deutsche-dynastien-adidas-gegen-puma-sportfeinde-herzogenaurach/3577376.html], **S. 200, 1d/**Info aus: Beliebteste Sportarten in Deutschland nach Interesse der Bevölkerung an dem Sport in den Jahren 2015 bis 2017 [http://de.statista.com/statistik/daten/studie/171072/umfrage/sportarten-fuer-die-besonderes-interesse-besteht/], Sportarten in Deutschland nach Anzahl der Mitglieder im Jahr 2016 [http://de.statista.com/statistik/daten/studie/184918/umfrage/sportarten-in-deutschland-nach-anzahl-der-mitglieder/], **S. 203, 5/**Info aus: Shari Langemak: Deutschland sitzt sich krank, 30.7.2013 [http://www.welt.de/gesundheit/article118525174/Deutschland-sitzt-sich-krank.html], **S. 210, 19/** Info aus: Angela Gatterburg: Das Seelenorchester, 20.8.2013 [http://www.spiegel.de/spiegelwissen/psychologie-optimismus-laesst-sich-trainieren-a-918075.html]; Sabine Hockling: „Wir sind auf Fehler fokussiert", 15.8.2015 [http://www.zeit.de/karriere/beruf/2015-08/positives-denken-karriere-job], **S. 211, 21/**Info aus: Darüber regen sich die Deutschen auf, 13.9.2013 [http://www.handelsblatt.com/panorama/aus-aller-welt/umfrage-darueber-regen-sich-die-deutschen-auf/8778304.html], **S. 222, 2a/**Info aus: Corinna Hartmann: Knips dich glücklich, 2.8.2016, [http://www.spektrum.de/magazin/fotografieren-macht-angenehme-momente-schoener/1416100], **S. 234, 22a/** Info aus: Elisabeth Niejahr: Das Netzwerk nebenan, 9.8.2012 [http://www.zeit.de/2012/33/Netzwerk-Nachbarschaft], **S. 244, 2a/**Info aus: Was verbinden Sie persönlich mit Weihnachten? [http://de.statista.com/statistik/daten/studie/169294/umfrage/was-die-deutschen-mit-weihnachten-verbinden/], **S. 246, 4b/**Info aus: Statistiken zum Thema Weihnachten in Deutschland [https://de.statista.com/themen/246/weihnachten/]

Bildquellen:

Fotolia: Fotolia: **S. 3**/(1, Cover) luckybusiness, (2, Cover) mhp, (3, Cover) juefraphoto, (4, Cover) vizafoto, (5, Cover) nd3000, (6, Cover) Antonioguillem, (7, Cover) Sergey Furtaev, (8, Cover) FSEID, (9, Cover) YakobchukOlena, (10, Cover) Rido, (11, Cover) Sinuswelle, **S. 4**/(1) luckybusiness, (2) mhp, (3) juefraphoto, **S. 5**/(1) vizafoto, (2) nd3000, (3) Antonioguillem, **S. 6**/(1) Sergey Furtaev, (2) FSEID, (3) YakobchukOlena, **S. 7**/(1) Rido, (2) Sinuswelle, **S. 15**/(1, Cover) Studio32, **S. 31**/(3, Cover) JFL Photography, **S. 55**/(2, Cover) Rawpixel.com, **S. 82**/(1, Cover) contrastwerkstatt, **S. 137**/Sergey Furtaev, **S. 138**/Harald Biebel, **S. 139**/Grecaud Paul, **S. 140**/Grecaud Paul, **S. 143**/(4) Hans und Christa Ede, (7) Bauer Alex, **S. 146**/twystydigi, **S. 147**/Benno Hoff, **S. 148**/sara_winter, **S. 150**/(1, Cover) Rico K., **S. 151**/m.mphoto, **S. 152**/(1) iana_kolesnikova, (2) disq, **S. 157**/(1) FSEID, **S. 159**/marcinmaslowski, **S. 161**/(1) Kzenon, (2) Voloshyn Roman, (3) dechevm, (4) homydesign, (5) Stockr, (6) 3000ad, (7) franz12, (8) carmeta, **S. 162**/dvoinik, **S. 163**/(1, Cover) LIGHTFIELD STUDIOS, (2) stockWERK, **S. 164**/(1) Calado, (2) weyo, **S. 166**/(1) kameraauge, **S. 168**/(1) highwaystarz, (2) Sabine Schönfeld, **S. 169**/(1) SD Fotografie, (2) Ralf Geithe, (3) kameraauge, (4) FSEID, **S. 170**/(1) JFL Photography, **S. 172**/(1) Morenovel, (2) dmitrimaruta, **S. 178**/Photographee.eu, **S. 179**/(1) YakobchukOlena, (2) catshila, (3) Otmar Smit, (4) Jenny Sturm, (5) Stockfotos-MG, (6) Dmitry Vereshchagin, (7) EcoPim-studio, (8) Africa Studio, (9) cristovao31, **S. 180**/Gerhard Seybert, **S. 181**/Dmitry_Evs, **S. 182**/JackF, **S. 183**/industrieblick, **S. 185**/Denys Prykhodov, **S. 187**/(1) André Franke, **S. 189**/Microgen **S. 191**/(1) YakobchukOlena, (2) EcoPim-studio, (3) eyetronic, **S. 192**/(1) Tanja, (2) rdnzl, (3) tunedin, **S. 193**/contrastwerkstatt, **S. 199**/Rido, **S. 200**/(1) Dusan Kostic, (2) Kzenon, **S. 201**/(1) Prostock-studio, (2) baranq, (3) WavebreakmediaMicro, (4) Prostock-studio, (5) baranq, (6) WavebreakmediaMicro, **S. 202**/pigprox, **S. 203**/lassedesignen, **S. 206**/Monkey Business, **S. 208**/thodonal, **S. 210**/(1, Cover) YakobchukOlena, **S. 211**/Ana Blazic Pavlovic, **S. 212**/Paolese, **S. 215**/Lars Zahner, **S. 221**/Sinuswelle, **S. 222**/bill_17, **S. 223**/(1) auremar, (2, Cover) pure-life-pictures, (3, Cover) M. Schönfeld, **S. 224**/Andreas, **S. 226**/(1) Boris Stroujko, (2) Sonja Birkelbach, (3) rh2010, (4) Hetizia, **S. 227**/(1, 3) ErnstPieber, (2) Vladislav Gajic, (4) Hetizia, (5) Antonioguillem, **S. 228**/(1, 2) Traumbild, **S. 229**/SolisImages, **S. 230**/SolisImages, **S. 231**/(1) magdal3na, (2) 2mmedia, (3) customdesigner, (4) Jürgen Fälchle, (5) Picture-Factory, (6) Coloures-Pic, (7, 8) Yoska, (10) Vadim Andrushchenko, (11) Springfield Gallery, (12) Scanrail, **S. 234**/highwaystarz, **S. 235**/PixelPower, **S. 237**/(1) T.Sander, (2) Jobchen, **S. 242**/thorabeti, **S. 243**/(2) Alik Mulikov, (3) Monkey Business, (4) contrastwerkstatt, (5) drubig-photo, (6) fserega, **S. 244**/(1) drubig-photo, (2) vulcanus, (3) naltik, (4) ClaraNila, (5) karepa, (6) Smileus, (7) Masson, **S. 245**/(1) Artenauta, (2) Matthias Enter, (3) my_stock, **S. 246**/(1) maho, (2) BillionPhotos.com, (3) Kara, (4) digieye, **S. 247**/(1) Tarzhanova, (2) Art_Photo, (3) bramgino, (4) Daniel Fuhr, (5) tiagozr, (6) Yvonne Bogdanski, (7) Rico K., **S. 248**/Andreas Rickli, **S. 250**/(1) ermeldruck, (2) DWP, **S. 252**/TTstudio, **S. 267**/(1) pixelklex, (2) lumen-digital, **S. 272**/biker3

Pixelio: **S. 3**/(12, Cover) Bodo Jacoby, **S. 142**/Olaf Schneider, **S. 143**/(1) Doris Jungo, (2) Annett Bockhoff, (3) Silvia Steffan, (5) Rosel Eckstein, (6) Uwe Wagschal, (8) Bernd Kasper, **S. 144**/Alexandra H., **S. 164**/(3) Frank Hollenbach, **S. 166**/(2, Cover) Bernd Sterzl, **S. 231**/(9) H.-Joachim Schiemenz, **S. 243**/(1) Bodo Jacoby

Wikimedia: **S. 141**/(1) SKopp, (2, 3, 5) Zscout370, (4, 6) Various, (7) Dbenbenn, Zscout370, Jacobolus, Indolences, Technion, (8) David Benbennick, (9) SKopp, (10) Vzb83, **S. 170**/(2) Daniel Spehr, **S. 171**/Ferdinand h2, **S. 187**/(2) Iba619GamerYT, (3) Maxim560, **S. 225**/Erasmus von Rotterdam

Zeichnungen: Jean-Marc Deltorn